Edwin Shneidman
In grenzenloser Unempfindlichkeit

Edwin Shneidman

In grenzenloser
Unempfindlichkeit

Briefe und Zeugnisse von Menschen,
die ihren Tod erwarten

verlegt bei Kindler

Titel der Originalausgabe
»Voices of Death«
© Copyright 1980 by Edwin S. Shneidman

Aus dem Amerikanischen von
Gabi Burkhardt

Umschlaggestaltung: Werner Rebhuhn, Cuxhaven
Satzarbeiten: Compusatz GmbH, München
Druck und Bindearbeiten: Freiburger Graphische Betriebe
3-463-40055-3
2 4 5 3 1

Inhaltsverzeichnis

Meinen geliebten Eltern, die nur vage ahnten, daß sie die goldene Opferbrücke waren, die von einem zaristischen *Schtedtl* zu einer amerikanischen Universität führte. Als ich nach ihrem Tod einmal in Athen war, suchte ich zwischen den stummen, lebensgroßen Grabreliefs auf dem antiken Kerameikos-Friedhof nach ihren Urbildern. Doch damals begriff ich, daß sie in Wirklichkeit in der Schatzkammer meines Herzens ruhen und ihre Stimmen noch im Tod unaufhörlich zu mir sprechen, durch den Pulsschlag meines Herzens.

Vorwort

Eine Reihe von Ereignissen, die mir geradezu die Vorsehung bestimmt zu haben scheint, haben mich zum Schreiben dieses Buches angeregt.

Im Grunde habe ich bereits vor dreißig Jahren mit der Arbeit an diesem Buch begonnen – als zum ersten Mal mein Interesse für die Nachtseite des Lebens (Selbstmord und das Sterben von Menschen) und für persönliche Dokumente aufflackerte. Rein zufällig stieß ich auf ein paar hundert Abschiedsbriefe, die man im Büro eines Untersuchungsrichters in Los Angeles einfach in den Tresor zu den Akten gelegt hatte, ohne ihren Wert zu erkennen.

Jahre später begegnete ich auf einem Symposium in einem anderen Bundesstaat einer jungen Frau. Sie erzählte mir, daß sie versucht hatte, sich zu verbrennen. Sie wollte mir darüber berichten. Ich schickte ihr einen Kassettenrecorder und ein paar Kassetten. Monate später – am selben Tag, als ich am Telefon erfuhr, daß sie gestorben war – erhielt ich mit der Post die Kassetten mit der Schilderung ihres Lebens und ihrer Selbstopferung. Sie bat mich, ihre Geschichte weiterzugeben.

Etwa zur selben Zeit gab mir ein befreundeter Kollege – der verstorbene, hochverehrte Dr. Eugene Pumpian-Mindlin – das Tagebuch eines dreißigjährigen Arztes, der an Leukämie gestorben war. Er schilderte darin den genauen Verlauf der Krankheit und seine Reaktionen auf die wachsende Bedrohung seines Lebens. Dr. Mindlin bat mich, das Tagebuch dieses jungen Arztes zu veröffentlichen.

Wenig später gab mir ein Student der University of California, der meine Vorlesung über Tod und Selbstmord besuchte, einige Broschüren, die er auf seiner Reise durch Osteuropa in Auschwitz bekommen hatte. Sie enthielten Dokumente, die Insassen des Konzentrationslagers geschrieben hatten. Diese Handschriften, die in Büchsen und Einmachgläsern unweit der Gaskammern vergraben waren, wurden in den sechziger Jahren aufgefunden.

Die Lektüre dieser Materialien, die alle von verschiedenen Todesarten zeugten, war für mich ein überwältigendes Erlebnis. Die Unmittelbarkeit der Berichte fesselte mein Interesse auf eine Weise, wie kein Roman es könnte. Sie halfen meinem Gedächtnis nach: ich erinnerte mich, daß ich selbst ja ähnliche Dokumente besaß, die mir Kollegen und Patienten über Jahre hinweg gegeben hatten. Das veranlaßte mich, nach weiteren persönlichen Berichten über das Sterben zu suchen.

Ich glaube, daß diese Dokumente Geheimnisse der menschlichen Seele enthüllen und daß wir vieles aus ihnen lernen können. Mir jedenfalls gingen diese Stimmen des Todes nicht mehr aus dem Kopf. Mit diesem Buch möchte ich sie auch anderen zu Gehör bringen.

Es gab mehrere Gründe, weshalb ich dieses Buch geschrieben habe. Ich wollte dem Leser mitteilen, was ich über den Tod und über Zeugnisse des Todes weiß, wie auch die Theorien, die ich zur Psychologie von Selbstmord, unheilbaren Krankheiten und Hinrichtungen entwickelt habe. Andererseits bin ich manchmal ganz bewußt zurückgetreten, um dem Leser den direkten Kontakt mit den Dokumenten selbst zu ermöglichen. Und schließlich wollte ich aufzeigen, auf welche Weise lebensbedrohliche Situationen einander ähnlich sind und wie sie sich voneinander unterscheiden.

Ich hoffe, daß dieses Buch nur ein Anfang ist, ein Anstoß für den Leser, seine eigene Reise zum Tod zu bedenken und zu bestimmen. Ich hoffe auch, daß das Buch denjenigen Lesern als Wegweiser dienen kann, deren Angehörige im Sterben liegen und diese Reise nicht mehr aufschieben können. Hin und wieder mag der Leser Stimmen wiedererkennen, die ihm aus seiner eigenen Erfahrung, seiner Phantasie, seinen Träumen oder auch seinen Alpträumen vertraut sind. Dann werden diese Stimmen in ihm widerhallen, und er wird ganz von selbst wissen, was sie ihm sagen wollen.

E. S.
University of California, Medizinische Fakultät
18. August 1979

Und siehe, zu uns kam auf einem Schiffe
Ein Greis mit den vom Alter weißen Haaren,
Und rief uns zu »... Ich will euch an das andere Ufer
führen
In ewige Finsternis, in Frost und Hitze...«

DANTE, *Göttliche Komödie, Hölle*
(Dritter Gesang, »Charon«)

Als Historiker war ich mir zeit meines Lebens der außerordentlichen Bedeutung von Dokumenten bewußt. Hunderte von ihnen hatte ich in Händen: Briefe, Berichte, Notizen, manchmal auch Tagebücher. Ich habe sie stets mit Respekt behandelt, und mit der Zeit entwikkelte ich sogar Zuneigung zu ihnen. Sie schlossen etwas in sich ein, das für mich mehr und mehr Bedeutung erlangte: eine irdische Form der Unsterblichkeit. Historiker kommen und gehen, aber das Dokument bleibt, und es besitzt die Bedeutung einer Sache, die weder zu ändern noch zu leugnen ist. Wer immer es auch geschrieben hat, er spricht weiterhin zu uns durch dieses Dokument. Es mag aufrichtig und vollständig sein, vielleicht aber ist es auch völlig unehrlich oder läßt etwas Wichtiges beiseite. Doch es steht da und hat all die Jahrhunderte überlebt.

ROBERTSON DAVIES, *World of Wonders*

... Der Körper liegt in grenzenloser Unempfindlichkeit. – Dies ist der Zeitpunkt der Entscheidung ...

THOMAS MANN, *Buddenbrooks*
(Kapitel 96)

Lotsenbücher des Todes

... mit bebenden Fingern wird im Logbuch
verzeichnet: »Untiefen, Klippen und Bre-
cher in dieser Gegend –Vorsicht!«

HERMANN MELVILLE,
Moby Dick (Kapitel 69)

Der Tod ist ein Geheimnis, und es ist uns ein dringendes
Bedürfnis, Hinweise und Anhaltspunkte zu seiner Erklärung zu finden. Wir suchen Worte, die uns angesichts
unserer Ängste und Sorgen Trost spenden können. Wir
halten Ausschau nach Leitlinien, die uns helfen, die
Untiefen und Riffe auf unserer Lebensreise zu umschiffen.

Als im sechzehnten und siebzehnten Jahrhundert – dem
Zeitalter der großen Entdeckungen – wagemutige und
abenteuerlustige Europäer über die Meere fuhren, um
Amerika und den Fernen Osten zu erkunden, war es
lebenswichtig, möglichst alle verfügbaren Wegweiser
oder Seekarten bei sich zu haben. Unter den Logbüchern
gab es spezielle Aufzeichnungen von Lotsen, die diese
entlegenen Orte bereits aufgesucht hatten. Diese überaus wertvollen Reiseführer nannte man *Lotsenbücher*. Bei
gefährlichen Unternehmungen war es wichtig, einen Lotsen zu haben, der aus eigener Erfahrung die Strapazen
einer solchen Reise kannte. Ein guter Lotse mit einem
guten Lotsenbuch war so wichtig wie ein gutes Schiff.
Ein solches Lotsenbuch war eine Art »Baedeker«, den

jemand verfaßt hatte, *der bereits vor Ort gewesen war.* Dieses Handbuch enthielt den genauen Kurs zwischen Ausgangs- und Zielpunkt der Reise. Es gab die exakten Lotungen, die Farbe des Wassers, die Beschaffenheit des Meeresgrundes, die Windverhältnisse und die Strömungen an. Ein Lotsenbuch zeigte dem Seefahrer an, wann er sich vor Stürmen in acht nehmen mußte und wann und wo er mit günstigem Wind rechnen konnte. Es beschrieb Riffe, versteckte Inseln und Felsen. Aber noch wichtiger war, daß es auch geschützte Häfen und Buchten, sichere Ankerplätze und andere Zufluchtsorte verzeichnete. Kurzum, ein Lotsenbuch enthielt alles, was für das Gelingen einer Fahrt notwendig war. Natürlich konnte es nicht die Sicherheit eines Schiffes garantieren, erhöhte aber zumindest die Wahrscheinlichkeit einer ruhigeren Fahrt. Und es sollte vor allem verhindern, daß die Reise ein unheilvolles Ende nahm.

So wie im sechzehnten und siebzehnten Jahrhundert Seeleute diesen unschätzbaren Reiseführer benutzten, um auf ihrer Fahrt Untiefen zu umschiffen, so, glaube ich, können wir heute Lotsenbücher für unser eigenes Sterben ausfindig machen. Der Tod bleibt ein Geheimnis; wir suchen den Horizont ab nach allen möglichen Anhaltspunkten, die uns dabei helfen könnten, die rauhen Gewässer bei der Überfahrt vom Leben zum Tod zu umschiffen. Wer von uns könnte nicht ein persönliches Lotsenbuch für das Sterben brauchen, geschrieben von einem wohlwollenden Todeslotsen?

Die wohl bekannteste Reise aller Zeiten war Ferdinand Magellans erste Weltumseglung im sechzehnten Jahrhundert. Der Reisebericht von Francisco Alvo (oder Albo oder Alvaro), der Magellan als Lotse begleitete, ist ein interessantes Beispiel eines bedeutsamen Lotsenbuches. Die folgenden Auszüge aus seinem Logbuch beziehen sich auf die Reise zu den (heutigen) Philippinen und den indonesischen Inseln. Sie wurden nach der Entdeckung der Meeresstraße, die um die Spitze Südamerikas führt (sie wurde später nach Magellan benannt) geschrieben – kurz vor Magellans Ermordung durch Eingeborene auf der Insel Matan (Mactan).

> Wir stachen [1521] von Mazaba aus in See und fuhren in Richtung Norden zu der Insel Seilani... Danach nahmen wir Kurs Nordwest und fuhren an der Küste von Borneo entlang bis zu der Stadt gleichen Namens; man muß wissen, daß *es notwendig ist, sich nahe am Land zu halten, weil es dort viele Untiefen gibt,* und *es ist erforderlich, mit dem Lotmaß in der Hand zu fahren,* denn die Küste ist sehr gefährlich. Borneo ist eine große Stadt und hat eine breite Bucht, innerhalb und außerhalb derselben *es viele Untiefen gibt; deshalb ist es unbedingt notwendig, einen Einheimischen als Lotsen dabei zu haben.* Wir blieben einige Tage hier und trieben mit den Einheimischen Handel, [aber] sie rüsteten ihre Kanus, 260 an der Zahl, um unser Schiff zu entern, und als wir sie kommen sahen, setzten wir in großer Eile die Segel... [Hervorhebungen vom Autor][1]

Wenden wir uns nun den Untiefen und Fährnissen zu, denen wir in Krankenzimmern begegnen, wo Menschen an lebensgefährlichen Krankheiten sterben. Manchmal äußern diese Klippen und Untiefen sich darin, daß wir nicht wissen, was wir einem Mitglied der »Mannschaft« –

einer feindseligen Krankenschwester oder einem überarbeiteten Assistenzarzt – sagen sollen, oder daß wir unsicher sind, wie wir auf gewisse (emotionale) Stürme reagieren oder mit plötzlichen Verschiebungen von (psychischem) Ballast oder Frachtgut fertig werden sollen. Schiffsreisen (oder Krankenhausaufenthalte oder schwere daheim erlittene Krankheiten) sind Mikrosituationen des Lebens schlechthin, in denen ein Lotse fast unabdingbar ist und in denen ein Lotsenbuch wie das von Francisco Alvo hilfreich wäre.

In dem amerikanischen Klassiker *Moby Dick* beschreibt Herman Melville das eisige Verhältnis zwischen dem düsteren Kapitän Ahab und dem geheimnisvollen parsischen Harpunier Fedallah. Der Parse prophezeit Ahab seinen eigenen Tod: »Wenn es soweit ist, dann werde ich dir als dein Lotse vorangehen.« Als Ahab dann den Leichnam des Parsen mit Seilen an den Rücken von Moby Dick gefesselt sieht – kurz bevor er selbst durch die Schlinge der Harpunenleine zu Tode kommt, wie es der Parse vorausgesagt hatte –, ruft er aus: »Ja, Parse, ich sehe dich wieder. – Ja, und du gehst voran.«

In diesem Sinne bin ich natürlich nicht »vorangegangen«. Doch zu Beginn dieser Reise, die Sie und ich zusammen unternehmen wollen, möchte ich sagen, daß ich als thanatologischer Lotse – abgeleitet von Thanatos, dem griechischen Gott des Todes – bereits einige Erfahrungen gesammelt habe. Ich habe jahrelang mit Selbstmördern und Sterbenden zu tun gehabt; dabei habe ich versucht, einige von ihrer Reise abzubringen und andere, deren Reise unausweichlich war, bei ihrer gefühlsbefrachteten Überfahrt über den Styx zu leiten.

Ein Teil meiner Arbeit mit Sterbenden, die an schweren Krankheiten litten, bestand darin, daß ich ihre persönlichen Berichte untersuchte, mündliche wie schriftliche. Außerdem habe ich mich ein Vierteljahrhundert lang mit den psychischen Qualen und dem inneren Aufruhr bei Selbstmord und Selbstmordversuchen beschäftigt; ich habe buchstäblich Tausende von Abschiedsbriefen studiert.

Es steht für mich außer Frage, daß die Lektüre solcher Aufzeichnungen sehr aufschlußreich sein kann. Die »persönlichen Dokumente« des Todes – dieser Ausdruck stammt aus Gordon Allports bahnbrechender Monographie zu diesem Thema[2] – sind im großen und ganzen getragen von der Absicht, tiefe und möglicherweise verborgene Aspekte des eigenen Innern zu offenbaren. Oft hat es den Anschein, als spreche einen der Schreibende ganz direkt an. Manchmal hat man fast das Gefühl, selbst dieser Mensch zu sein (und entsprechend intensiv mit ihm zu leiden). Und selbst wenn man sich bei der Untersuchung der Dokumente ein wenig distanziert, kann das Gefühl des Mitleidens immer noch sehr groß sein. Joyce Carol Oates drückt genau diesen Sachverhalt aus, wenn sie sagt, daß von allen Literaturformen das persönliche Dokument wahrscheinlich die verführerischste sei. »Es ist die ›einfachste‹ Form – einfach zu lesen und zu schreiben; es ist authentisch; man muß immer weiterlesen, wie hypnotisiert von der Überzeugung: *das hier ist echt*; also muß es einen Wert haben.«[3]

Persönliche Dokumente enthalten authentisches autobiographisches Material, und der Verfasser oder die Verfasserin äußern sich in ihnen mehr oder weniger offen über ihre persönliche Situation – etwa in persönlichen Briefen, Tagebüchern, Logbüchern, Beichten, Erinnerungen, Memoiren oder Autobiographien. Inzwischen gibt es eine neue Form des persönlichen Dokuments: die Tonbandaufnahme, die man entweder alleine oder zusammen mit einem Therapeuten macht.

Nach Ansicht von Allport gibt es verschiedene Gründe dafür, persönliche Empfindungen niederzuschreiben oder auszusprechen: der Wunsch nach geordneten Verhältnissen, die Suche nach einer eigenen Perspektive, der Abbau seelischer Spannungen, die Mithilfe bei der Psychotherapie, das Bedürfnis nach Erlösung und Beichte, der Dienst an der Allgemeinheit und die Sehnsucht nach Unsterblichkeit – das wohl sind die häufigsten Gründe. Dasselbe gilt natürlich auch für die Sterbenden.

Der Wunsch nach Unsterblichkeit scheint eines der stärksten Motive zu sein. Marie Bashkirtseff, eine wohlhabende junge Russin, die im neunzehnten Jahrhundert in Paris an Tuberkulose starb, verfaßte ihr heute bekanntes Tagebuch heimlich. Paradoxerweise (und verständlicherweise) war es ihr eine schreckliche Vorstellung, daß ihre Familie nach ihrem Tod das Tagebuch entdecken und vernichten könnte, so daß »... in kurzer Zeit nichts, aber auch gar nichts, von mir zurückbleiben würde! Dieser Gedanke hat mich schon immer gequält: zu leben, so voller Ehrgeiz zu stecken, zu leiden, zu weinen, zu kämpfen, um am Ende vergessen zu sein – gerade so, als ob ich nie existiert hätte.«

Es gibt einen Begriff für diesen Zustand, der noch schlimmer ist als der Tod und schlimmer als das Nichts. Melville nannte es »der Vergessenheit anheimfallen«.

Nicht wenige, die im Angesicht des Todes einen Brief schreiben, tun dies, weil sie wollen, daß andere Menschen nach ihrem Tod wissen, wie es gewesen ist, und vor allen Dingen, welche Sorgen und Schwierigkeiten (aber auch welche gelegentlichen Triumphe und Erkenntnisse) sie hatten. Das sind sehr besondere Lotsenbücher, geschrieben von Menschen, die fast bewußt versucht haben, Todeslotsen für diejenigen zu sein, die nach ihnen kommen. [4]

Die meisten von uns finden private und persönliche Dokumente des Todes faszinierend und fesselnd. Das mag seinen Grund auch in einem gewissen Voyeurismus haben: Wir erhalten Einblick in Gedanken und Geheimnisse, die uns normalerweise verborgen bleiben. Diese Dokumente offenbaren uns das Innerste eines Menschen, die heftigsten menschlichen Dramen, die (wie so oft im Drama) tiefe Emotionen eines anderen menschlichen Wesens zum Inhalt haben. Sie zu sehen bleibt dem Mitmenschen normalerweise verwehrt – es sei denn, er ist Psychotherapeut.

Tagebücher, Briefe und Aufzeichnungen von Sterbenden rühren uns auf ganz besondere Weise an. Wir wünschen uns und glauben daran, daß diese magischen Dokumente Aspekte der Geheimnisse unserer Existenz enthüllen, über die wir am meisten erfahren wollen: Liebe, Sexualität, unsere frühesten Wurzeln, unsere unmittelbare Zukunft und unseren eigenen Tod. Ich glaube, einige dieser Wünsche können in Erfüllung gehen, wenn wir den Stimmen des Todes nur aufmerksam genug zuhören.

Erster
Teil

Selbstzerstörung

Rückkehr vom Tod:
Betrachtungen zufällig Überlebender

> Als beide Gläser gefüllt waren, nahm Charlemont seines in die Hand, hob es hoch und fügte bescheiden hinzu: »Wenn du eines Tages das Ende nahen siehst und, weil du die Menschen zu verstehen glaubst, um deine Freunde und um deinen Stolz bangst; und wenn du, teils durch Liebe zu dem einen und Furcht vor dem anderen, beschließt, der Welt voraus zu sein und sie vor einer Sünde zu bewahren, indem du vorausschauend diese Sünde auf dich nimmst, dann wirst du tun, was einst einer getan hat, von dem ich jetzt träume. Du wirst leiden wie er; aber wie glücklich und wie dankbar solltest du sein, wenn du wie er, nach allem, was geschehen ist, wieder ein wenig fröhlich sein kannst.«
>
> HERMAN MELVILLE, *The Confidence-Man*
> (Kapitel 34)

In der griechischen Mythologie war es der alte Fährmann Charon, der die Toten über den Grenzfluß des Hades (Styx) aus dieser Welt in die nächste brachte. Natürlich war es von Vorteil, wenn man mit ihm auf gutem Fuß stand, obwohl diese Reise ohne Wiederkehr relativ kurz war. Die Rückreise trat er allein an, ohne menschliche Fracht. Er war der einzige Mensch auf dieser Welt, der immer wieder die andere Welt aufsuchte und auch von ihr zurückkehrte. »Wie sieht es dort aus?« Diese Frage hätte ihm damals wohl jeder Lebende gerne gestellt. Aber er soll ein mißmutiger, grimmiger und wortkarger alter Mann gewesen sein, der sich hartnäckig über das Jenseits ausschwieg.

Heutzutage gibt es Menschen, die diese Reise antreten wollten und alles dazu taten, unsere Welt zu verlassen, die dann aber, fast wie durch ein Wunder, am Leben blieben. Das sind die wenigen, die durch Zufall einen Selbstmordversuch überlebt haben, der naturgemäß fast immer einen tödlichen Ausgang nimmt. Ich kannte einen Mann, der sich in den Kopf schoß; die Kugel ging unter der Kopfhaut durch und kam auf der anderen Seite wieder heraus, streifte sein Ohr, drang aber nicht ins Gehirn. Die Betrachtungen solch zufällig Überlebender können uns viel über diese Art des Todesverlaufs sagen – die »Innenansicht« des Selbstmords – eine todesähnliche Erfahrung oder »Rückkehr vom Tod«.

Rückblickende persönliche Berichte über Selbstmordversuche, die beinahe tödlich geendet hätten, sind fast mystische Dokumente. Sie benötigen einen Erzähler (ähnlich Melvilles Ishmael), der wie durch ein Wunder unverhofft am Leben bleibt und so seine Geschichte erzählen kann. Zwei solche Fälle werden in diesem Kapitel ausführlich behandelt. Beim ersten geht es um eine junge Frau, die von einem hohen Gebäude sprang und überlebte. Auch im zweiten Beispiel handelt es sich um eine junge Frau. Diese gequälte Person übergoß sich in ihrem kleinen Auto mit Benzin und zündete sich an. Sie stand buchstäblich in Flammen. Unerschrockene Passanten zogen sie aus dem Wagen und rollten sie auf das nasse Gras. Einige Monate danach traf ich sie. Ein paar Wochen später diktierte sie (für mich) eine ganze Reihe von Gedanken. Wenige Tage bevor sie an Herzversagen starb, war ihr Bericht fertig.

Diese zugegebenermaßen ungewöhnlichen Betrachtungen über Selbstmordversuche mit beinahe tödlichem Ausgang liefern uns wichtige Einblicke und Informationen; und sie zeigen uns deutlich, daß bestimmte Verhaltensweisen ganz besonders schlecht dafür sind, sich auf eine glückliche Reise durch das Leben vorzubereiten.

Diese Lebensgeschichten – nicht die Einzelheiten des Selbstmordes – könnte man als »negative Lotsenbücher« bezeichnen. Es sind Kurskarten, die offensichtlich voller Fehler sind und uns in die Irre führen. Ihr hauptsächlicher Nutzen besteht in ihrer korrigierenden Funktion; sie sagen uns, welche Routen wir nicht nehmen dürfen, welche Kurven wir meiden sollen und welche Wegweiser lügen oder uns auf gefährliche Weise vom richtigen Kurs abbringen.

»Negative Lotsenbücher« zählen Dinge auf, die man *nicht* tun soll; Verhaltensmuster und Formen persönlicher Beziehungen, die man besser meidet; Stationen (im Leben), wo man lieber nicht anhalten oder verweilen sollte. Aber diese negativen Lotsenbücher zeigen uns auch, wie es ist, wenn man stirbt – und leisten damit vielleicht einen positiven Beitrag dazu, dem Sterben selbst einen kleinen Teil des Schreckens und des Geheimnisvollen zu nehmen.

Wenn wir die beiden Selbstmordfälle, die wir untersuchen wollen, näher betrachten, müssen wir berücksichtigen, daß nicht alle Selbstmordversuche den Tod als beabsichtigtes Ziel haben. Selbstmordversuche rangieren hinsichtlich Tötungsabsicht und tödlichem Ausgang zwischen gering (man möchte nicht sterben) und extrem (der Tod wird aktiv gesucht). Hinter einem Versuch mit geringem oder mittlerem Todesrisiko, bei dem die Methoden gewählt werden, die normalerweise mit Selbstmord in Verbindung gebracht werden (sich die Pulsadern aufschneiden oder Pillen schlucken), verbergen sich möglicherweise andere psychologische Komponenten als hinter einem Versuch, bei dem die Tötungsabsicht offensichtlich ist (sich erschießen oder aus großer Höhe springen). Offenbar deutet *jeder* Selbstmordversuch, unabhängig davon, ob er tödlich ausgeht oder nicht, auf eine ernsthafte psychische Krise hin und spiegelt eine erhebliche psychische Störung wider.

Ein Selbstmordversuch ist – psychologisch gesehen – mit einer Explosion von Dynamit vergleichbar. Dynamit besteht im wesentlichen aus Nitroglyzerin, Salpeter und einem kohlenstoffhaltigen Produkt wie Holzkohle; die Explosion wird durch die Zufuhr von Hitze ausgelöst. In ähnlicher Weise hat auch ein tödlich endender Selbstmordversuch drei Hauptkomponenten und braucht einen auslösenden Prozeß.

Das erste Element bei einem ernsthaften Selbstmordversuch ist ein unstetes Leben. Man handelt gegen die eigenen Interessen, verringert die Aussichten auf Zufriedenheit, fordert zu Reaktionen gegen die eigene Person heraus und ruiniert damit im allgemeinen das eigene Leben und die Karriere. Typische Beispiele wären etwa: voreilig geschlossene Ehen, übermäßiger Genuß von Alkohol und Drogen, destruktives Verhalten gegenüber Vorgesetzten und Arbeitskollegen und ein allgemeines Fehlverhalten im Umgang mit gesundheitlichen Problemen, mit Problemen am Arbeitsplatz oder mit Problemen in zwischenmenschlichen Beziehungen. Man benimmt sich so, als wäre man selbst sein schlimmster Feind. Ich habe dieses Verhaltensmuster darum *Feindseligkeit* genannt. Das bedeutet, daß ein Mensch nicht nur anderen gegenüber »feindselig« ist, sondern auch gegen sich selbst.

Das zweite Element ist eine zunehmende psychische Störung im Leben eines Menschen – sie habe ich als *Aufwühlung* bezeichnet. Aufgewühlt sein beinhaltet mehr als nur ängstlich, erschrocken, besorgt, bedrückt oder aufgeregt sein. Es ist gleichbedeutend mit »aufgeschmissen sein«. Der Selbstmörder befindet sich in einem Zustand gesteigerter Unruhe. Er oder sie fühlt sich besonders bedrängt, abgelehnt, angegriffen, erfolglos, hoffnungslos oder hilflos. Aufwühlung kann sich in übertriebener Zurückgezogenheit oder in gesteigerter Aktivität äußern, aber auch in anderen Unruhezuständen. Im allgemeinen handelt es sich um einen Zustand, bei dem negative Emotionen (Schuldgefühle, Furcht, Scham, Unsicherheit, Verletzlichkeit) überwiegen.

Das dritte Element ist das Gefühl der *Einengung*: bei dem Betroffenen ergibt sich eine Verengung der Wahrnehmung, der Meinungsvielfalt und der Entscheidungsmöglichkeiten. Ein solcher Mensch ist nicht nur rechthaberisch und voreingenommen, sondern, was noch wichtiger ist, er leidet unter einer Art Einengung des Gesichtsfeldes. Die üblichen Gedanken, Vorlieben und Verpflichtungen sind auf einmal im Bewußtsein nicht mehr vorhanden. Es ist zum Beispiel keineswegs so, daß jemand einfach »vergißt«, daß er oder sie verheiratet ist; es ist weitaus schlimmer – die Beziehung zum Ehepartner wird plötzlich abgeblockt und löst sich in Nichts auf. Der suizidgefährdete Mensch kehrt seiner Vergangenheit den Rücken und läßt seine Erinnerungen unwirklich werden; und damit können sie nicht zu seiner Rettung beitragen. In diesem Zustand der Gesichtsfeldeinengung und der geistigen Beschränktheit kreist der Verstand fast ausschließlich um das Gefühl der Unerträglichkeit und vor allem um eine ganz bestimmte (willkürlich ausgewählte) Methode, diesem Gefühl zu entkommen.

Ein wichtiges Merkmal der Einengung ist die Tendenz zum »Entweder-oder«-Denken. Die Welt ist in zwei (und nur zwei) Teile gespalten – gut *oder* böse, Liebe *oder* Haß, ein bestimmtes erhofftes Leben *oder* ein »notwendiger« Tod. Dieses Schwarzweiß-Denken ist gekennzeichnet durch Worte wie »immer«, »nie«, »ewig«, »entweder – oder« und vor allen Dingen durch das Wort »nur«. Wenn der Verstand einer Einengung unterliegt, dann sieht der verzweifelte Mensch nur noch den Mechanismus, der seiner Qual ein Ende setzt – und das führt uns zum auslösenden Vorgang.

So wie eine elektrische Ladung das Dynamit zum Explodieren bringt, ist die Vorstellung des *Schlußmachens* – die Vorstellung vom Tod, vom Totsein, vom ewigen Schlaf, vom Nicht-mehr-dasein, vom Ende der Qualen – der Funke, der das explosive Gemisch aus gesteigerter Feindseligkeit, Aufwühlung und Einengung entzündet. Anscheinend ist für den Verzweifelten der Gedanke, seinem Leben ein Ende zu setzen, die perfekte Lösung. Der Selbstmord scheint das Problem des unerträglichen Zustandes der Unruhe und Isolation zu »lösen«. Wenn bei einem feindseligen, aufgewühlten und eingeengten Menschen erst einmal der Gedanke ans Schlußmachen ins Bewußtsein gedrungen ist, dann hat der Selbstmordversuch bereits begonnen. Die Vorstellung vom Tod – man hat keine Probleme mehr, man ist heraus aus dem »Schlamassel«, die Schulden sind gestrichen, man befreit sich von dieser Qual, beendet jene Krankheit – ist der Schlüsselpunkt im Selbstmorddrama.

Wie diese vier Komponenten des Selbstmords in der Praxis aussehen, wollen wir uns jetzt anhand von zwei authentischen Fällen ansehen.

An einem naßkalten, unfreundlichen Novembertag vor ein paar Jahren sprang eine fünfundzwanzigjährige Frau in einem Zustand von Panik und Verwirrung vom Balkon im fünften Stockwerk eines großen Krankenhauses. Sie landete auf einem kleinen, grasbewachsenen Hügel. Es gab nur eine solche Stelle inmitten von Schotter und Pflastersteinen. Wie durch ein Wunder überlebte sie, obwohl sie mehrere schwere Knochenbrüche in beiden Beinen, Verletzungen einiger innerer Organe sowie Quetschungen und Hautabschürfungen erlitt. Ihr Gesicht hatte keinen Kratzer abbekommen, und nicht ein einziger Fingernagel war abgebrochen.

Ungefähr eine Woche zuvor hatte sie eine potentiell tödliche Anzahl Schlaftabletten geschluckt. Ein Nachbar hatte sie gefunden und ins Krankenhaus gebracht. Man pumpte ihr in der Notaufnahme den Magen aus und brachte sie dann in ein Krankenzimmer, wo sie sich erholen sollte. Ihr Mann weigerte sich, die Verantwortung für sie zu übernehmen. Er lehnte sämtliche ärztlichen Maßnahmen ab und wollte auch die Behandlung nicht bezahlen. Dazu erklärte er ihr, sie könne nicht mehr nach Hause zurückkommen. Darüber geriet sie in eine depressive Erregung und kam zu dem Schluß, daß sie *etwas* tun müßte, um sich aus ihrer Zwangslage zu befreien. Sie fühlte sich von Hilflosigkeit und Hoffnungslosigkeit überwältigt. Ihre »Lösung« bestand darin, sich durch einen Sprung vom Balkon umzubringen.

Etwa eine Woche nach ihrem Selbstmordversuch bat mich ihr Hausarzt, sie aufzusuchen. Danach sah ich sie öfter. Es folgen nun der wörtlich wiedergegebene Teil eines Gespräches, das ich mit ihr geführt habe, sowie Anmerkungen von mir zu einigen grundlegenden psychologischen Themen.

SHNEIDMAN: Was geschah dann?

T: Ja, danach war ich außer Gefahr [nach der Überdosis] und konnte im Krankenhaus herumlaufen, ziemlich wie ich wollte. Am nächsten Tag war es fraglich, ob mich mein Mann nach Hause holen würde, denn er dachte, ich würde es noch mal versuchen, und er konnte es nicht ertragen, damit zu leben. Es hing alles in der Luft – es war irgendwie so, als ob man losgeht und einen Platz sucht, wo man bleiben kann, aber für mich gab es keinen Platz, an dem ich bleiben konnte. Ich kenne hier niemand, und deshalb wollte der Sozialarbeiter dafür sorgen, daß ich in irgendeiner Fürsorgeeinrichtung unterkommen konnte.

Man beachte die wachsende Verzweiflung – wie die eines Tieres, das in der Falle sitzt. Ich frage mich, ob die Vorstellung, daß alles »in der Luft« hing, etwas mit der Wahl der Methode ihrer Flucht zu tun hat.

S: Sie fühlten sich also zu diesem Zeitpunkt von allen zurückgewiesen.

T: Ja... Ich fühlte mich plötzlich am Ende der Welt, ohne einen Pfennig in der Tasche, und mein Mann wollte nicht, daß ich wieder nach Hause kam. Ich war so verzweifelt. Ich war in einem furchtbaren Zustand.

Die offene Verweigerung der Unterstützung durch eine wichtige »Bezugsperson« stürzt sie noch tiefer in Verzweiflung.

S: Was hat Ihr Mann zu Ihnen gesagt?

T: Ja, er sagte... er hat immer gesagt: »Ich werde dir nicht Bescheid sagen, ich werde dich zappeln lassen. Du sollst wissen, was es heißt, zu warten und Geduld zu haben.« Ich sollte jetzt selbst sehen, wie ich zurechtkam. Wissen Sie, ich brachte kaum ein Wort heraus. Der Sozialarbeiter rief verschiedene Stellen an, und dann gab er mir den Hörer in die Hand, damit ich meine Geschichte erzählte. Ich konnte mich kaum an meinen Namen erinnern, geschweige an mein Geburtsdatum oder sonst irgendwas. Und ich dachte, mein Gott im Himmel, ich kann kaum... ich funktioniere überhaupt nicht, und diese Leute wollen mich auf die Straße setzen. Aber ich wollte auch nicht auf eine psychiatrische Station, denn ich hatte wirklich Angst, daß ich durchdrehen würde, daß ich vielleicht einen Schub bekommen würde oder so was.

Hier zeigt sich gesteigerte Aufwühlung, die bereits an Panik grenzt.

S: Ist Ihnen das schon früher passiert?

T: Ja, beinah.

S: Waren Sie schon einmal in einem psychiatrischen Krankenhaus?

T: Ja.

S: Wir werden später ausführlicher darüber sprechen.

T: Und... ich war so verzweifelt. Ich dachte nur, mein Gott, ich verkrafte das nicht, entlassen zu werden und auf der Straße zu stehen. Und alles war wie ein furchtbarer Strudel von Verwirrung. Und ich dachte, ich kann nur eins tun, ich muß das Bewußtsein verlieren. Das ist der einzige Ausweg. Ich dachte, die einzige Möglichkeit, das Bewußtsein zu verlieren, wäre, wenn ich von etwas Hohem herunterspringen würde.

Sehr starke Aufwühlung: die Worte »Strudel von Verwirrung« zeigen das ganz deutlich. Zwei gefährliche und wesentliche Elemente tauchen auf: a) eingeengtes Schwarzweiß-Denken (»ich kann nur eins tun«; »die einzige Möglichkeit, das Bewußtsein zu verlieren«) und b) die Vorstellung des Schlußmachens: die Flut der unerträglichen Qualen einzudämmen.

S: Was geschah dann?

T: Ich wußte, ich mußte irgendwie nach draußen kommen, aber die Fenster waren alle verschlossen. Aber ich schaffte es trotzdem.

S: Wie haben Sie das gemacht?

T: Ich schlich mich einfach hinaus. Niemand sah mich. Ich ging über die Brücke zu dem anderen Gebäude hinüber. Ich war sicher, daß mich jemand sehen würde, bei den vielen Fenstern. Das ganze Gebäude besteht ja nur aus Glas.

Hier herrscht starke Ambivalenz. *Es besteht noch Hoffnung, daß jemand eingreift und sie rettet (»Ich war sicher, daß mich jemand sehen* [und mich aufhalten] *würde«), im selben Augenblick, in dem sie ihrem Tod entgegenstrebt.*

S: Sie hatten damals nur ein Nachthemd an?

T: Ja. Ich lief herum, bis ich dieses offene Treppenhaus fand. Als ich es sah, lief ich schnurstracks darauf zu. Ich ging in den fünften Stock hinauf, und mit einem Mal wurde alles ganz dunkel, und ich sah nur noch diesen Balkon. Alles andere drum herum versank im Dunkel. Es war wie ein Kreis. Alles, was ich sah, war der Balkon...

Hier haben wir eine tragische, aber ganz klare (und fast perfekte) Beschreibung dessen, was psychische Einengung tatsächlich bedeutet.

S: Was haben Sie dann gemacht?

T: Ich stieg über das Geländer, und dann habe ich losgelassen. *(Weinend:)* Ich war so verzweifelt. Nur Verzweiflung. Und alles so schrecklich, so lautlos. Die Stille. Alles wurde so still. Kein Laut war zu hören. Ich bewegte mich wie in Zeitlupe, als ich über das Balkongeländer stieg. Ich ließ mich fallen, und es war, als ob ich schweben würde. Ich verlor das Bewußtsein. Ich erinnere mich nicht an den Sturz. Nur... nur fort. Ich erinnere mich nicht an Schreie oder Kreischen. Ich glaube, ich war außer Atem, weil ich diese vielen Treppen hinaufgerannt war. Und als ich aufwachte, hatte ich einen Traum, der war ganz seltsam. Da lag ich schon auf der Intensivstation und betrachtete die Muster an der Zimmerdecke...

Die Beschreibung des Sturzes ist hochinteressant. Die Zeit steht still. Keinerlei kaleidoskopische Revue ihres Lebens im Rückblick – vielleicht ist diese Vorstellung ein Mythos. Sie verlor das Bewußtsein und erinnert sich weder an ihren Sturz noch an den Aufprall.

Dieser Alptraum geschah vor fünf Jahren. Heute, ein paar Jahre später, hat sie sich physisch und psychisch erholt. Sie hat sich scheiden lassen, ist in einen anderen Bundesstaat gezogen, hat eine gut bezahlte Stellung gefunden, erzählt den Leuten, daß ihr leichtes Humpeln von einem schrecklichen Autounfall herrührt, und schreibt mir Briefe voller Hoffnung und Mut. Heute glaubt sie, daß ihre Verzweiflungstat – »als ich Selbstmord beging« – ihre starken selbstzerstörerischen Kräfte auf unerklärliche Weise völlig aufgezehrt habe und sie nie wieder zu diesem Ausweg Zuflucht nehmen würde, wenn sie in Schwierigkeiten geriete.

Ich stimme ihr zu; auch ich bin ziemlich sicher, daß sie nie wieder einen Selbstmordversuch unternehmen wird. Obwohl ihr Selbstmordversuch ein hohes Todesrisiko hatte, muß man doch die Umstände, die dazu geführt hatten, berücksichtigen, und auch die Folgen. Die Ursachen für einen Selbstmord können nie völlig aufgedeckt werden, aber in diesem Fall können wir leicht mehrere Streßfaktoren erkennen, die heute der Vergangenheit angehören: sie lagen in ihr selbst, gingen von ihrem gewohnten sozialen Umfeld (vor allem ihrer Ehe) aus wie auch von unmittelbarem, akutem Lebensstreß.

Für ihre Genesung gibt es mehrere logische Gründe: der seelische Beistand ihrer Mutter, die Trennung von ihrem Mann und, wie sie mit Nachdruck betont, meine häufigen therapeutischen Kontakte zu ihr. Davon abgesehen ist ein gewisses magisches Element im Spiel. Mir scheint, daß ihre psychische Genesung auch etwas mit ihrer Überzeugung zu tun hat, sie habe durch Sühne und ihr zufälliges Überleben (in Begriffen ihrer eigenen Psychologie ausgedrückt) »das Recht zu leben« erworben – ja mehr noch, das Recht, eine gesunde Persönlichkeit zu entwickeln, und das Recht auf ein Leben in Gesundheit mit einem ihr zustehenden Anteil am Glück.

Vor ein paar Jahren hielt ich an einer Universität ein zweitägiges Symposium über Selbstmordverhütung ab. In der Mittagspause kamen mehrere Leute zu mir, um mit mir zu reden. Unter ihnen war eine sehr hübsche junge Frau Anfang Zwanzig. Sie war ziemlich auffällig gekleidet. Sie trug eine hübsche langärmlige weiße Bluse mit Spitzenkragen und Spitzenmanschetten und einen bodenlangen geblümten Rock. Sie wollte mich unter vier Augen sprechen.

Als wir für ein paar Minuten allein waren, knöpfte sie den Kragen ihrer Bluse und die Manschetten auf und zeigte mir Brandnarben an beiden Armen, am Hals und auf der Brust. Sie erzählte mir, sie habe sich opfern wollen, fragte mich, ob sie mir darüber einen schriftlichen Bericht schicken dürfe, und wenn ja, ob ich ihr auch antworten würde. Ich sagte ihr, daß sie es ruhig tun solle und daß ich ihr antworten würde – aber sie hat mir nie geschrieben. Doch etwa ein Jahr später, als ich in jener Gegend wieder einen Vortrag hielt – allerdings in einem anderen Bundesstaat, mehrere hundert Meilen vom ersten Vortragsort entfernt –, sah ich sie wieder. Sie sagte, sie hätte es einfach nicht über sich gebracht, mir zu schreiben, und fragte, ob sie statt dessen auch auf Tonband sprechen könnte. Ich war einverstanden, und sie wollte versuchen, sich einen Kassettenrecorder zu besorgen. Ich versprach, ihr einen kleinen Kassettenrecorder und ein Dutzend Kassetten zu schicken.

Die Monate vergingen, ohne daß ich etwas von ihr hörte. Eines Tages machte ich mir, aus Gründen, die ich jetzt nicht erklären kann, Sorgen um sie und wurde unruhig. Schließlich versuchte ich sie anzurufen, erfuhr aber nur, daß ihr Telefon vor kurzem abgemeldet worden war. Ich rief den Polizeichef der Stadt an, in der sie lebte, und fragte ihn nach ihrem derzeitigen Aufenthaltsort und wie es ihr ginge. Er sagte mir, daß sie vor ein paar Tagen gestorben sei. Am nächsten Tag bekam ich mit der Post mehrere bespielte Kassetten, und ein paar Tage später brachte ein Unbekannter den Kassettenrecorder zurück. Abgesehen von den Daten, den Personen- und den Orts-namen – sowie kleineren Abweichungen in der Reihen-folge des Bandmaterials und unwesentlichen Streichun-gen – ist der folgende Text genauso wiedergegeben, wie ihn die junge Frau auf das Band gesprochen hat.

Es wird Zeit, daß ich mal mit diesen Aufnahmen anfan-ge. Ich habe es schon ein paarmal versucht, aber ich war nicht besonders zufrieden mit dem, was dabei herausge-kommen ist, deshalb fange ich noch mal von vorne an.

Dies ist ein Beispiel dafür, was ich das Nach-Ich genannt habe. Die meisten Menschen sind ungemein auf ihren Ruf bedacht und darauf, wie man sie in Erinnerung behält oder wie sie nach ihrem Tod »weiterleben«. Natürlich lag diese junge Frau nicht im Sterben, als sie auf Band sprach, dennoch ist hier der Hinweis angebracht, daß die Menschen daran interessiert sind, wie man sie nach ihrem Tod ein-schätzt.

Mein Name ist Beatrice Kern, und ich habe mit Dr. Shneidman darüber gesprochen, daß ich auf Ton-band schildern möchte, wie ich vor ein paar Jahren versucht habe, mich zu opfern. Es ist mal wieder um den

Jahrestag herum, und da kommen natürlich die Erinnerungen zurück.

Ich glaube, ich sollte jetzt anfangen und Ihnen von dem Vorfall selbst erzählen. Ich will versuchen, mich so klar wie möglich auszudrücken und so anschaulich wie möglich zu schildern, was mir von den Ereignissen dieses Abends in Erinnerung geblieben ist. Ich war schon seit mehreren Monaten depressiv. Das ging wahrscheinlich schon seit Anfang August und dauerte bis Dezember. Ab und zu sah es so aus, als könnte ich aus meiner Depression herauskommen, aber in Wirklichkeit war ich tief unglücklich und fühlte mich überhaupt nicht wohl in meiner Haut. Im Oktober oder November habe ich dann versucht, mich umzubringen. Ich schluckte eine Menge Schlaftabletten und Aspirin, glaube ich, und ich dachte, ich würde einen Herzanfall bekommen, aber das passierte nicht. Ich fühlte mich nur hundeelend. Zu diesem Zeitpunkt schrieb ich einen Abschiedsbrief, und ich erinnere mich, daß ich furchtbar durcheinander war.

An dieser Stelle können wir deutliche Anzeichen gesteigerter Aufwühlung beobachten: Depressionen, vermindertes Selbstwertgefühl, ein Selbstmordversuch und das Gefühl, verwirrt zu sein.

Ich wohnte mit einem anderen Mädchen zusammen, und ich hinterließ folgende Zeilen: »Kümmere dich nicht um mich, komm später am Abend ins Schlafzimmer, dort erwartet dich eine Überraschung.« Und ich erinnere mich, daß sie tatsächlich ins Schlafzimmer kam. Wahrscheinlich hatte ich sie neugierig gemacht. Natürlich war ich nicht tot, sondern mir ging es nur sehr schlecht. Und damals – es war entweder Oktober oder November – drängte sie mich und vereinbarte für mich sogar einen Termin bei einem Seelendoktor, weil sie merkte, daß ich Hilfe brauchte. Aber ich lehnte dieses

Angebot ab und erfand irgendeine alberne Ausrede, weshalb ich nicht hingehen könnte, und ich ging tatsächlich nie hin.

Ja, so ging es bis Dezember weiter, und nichts war wirklich gut: mein Job, das gesellschaftliche Leben, mein Privatleben – und es gab auch noch andere Dinge, die eine Rolle spielten und die ich erwähnen sollte. Und zwar ist es etwas, was vorher passiert war. Anfang Dezember war ich mit einem netten Mann essen. Dieser Mann hatte sich früher einmal mit mir verloben wollen, aber ich hatte seinen Verlobungsring nicht angenommen. Und nun hatte ich mit ihm eine Verabredung zum Abendessen. Er war extra hundert Meilen gefahren, um mich zu sehen. Er war immer noch in mich verliebt. Ich war zu der Zeit nicht in ihn verliebt, und es war ein netter Abend, obwohl es für mich auch irgendwie traurig war. Es gab damals ein Problem, das ich lösen, und etwas, von dem ich mich befreien wollte. Es war Anfang Dezember, und er und ich hatten darüber gesprochen, daß ich zu Weihnachten nicht nach Hause fahren konnte, worüber ich furchtbar unglücklich war, weil ich unbedingt nach Hause wollte. Er regelte es so, daß ich mit ihm fahren und Weihnachten bei ihm zu Hause sein konnte, und er freute sich sehr, daß er in den Weihnachtstagen mit mir zusammen sein würde.

Ich war jedoch nicht besonders froh darüber. Ich hatte es zwar auch geregelt, aber ich wollte es eigentlich nicht machen. Ich hatte meiner Mutter gesagt, daß ich unbedingt nach Hause kommen wollte, und es tat sehr weh, als sie mir erklärte, daß das zuviel Geld kosten würde. Es würde sich nicht lohnen, extra dreißig Dollar für eine Busfahrkarte auszugeben, weil ich im Februar ja sowieso nach Hause käme, um auf die Schule zu gehen, und bis dahin könnte ich warten. Ich konnte ihr nicht einmal erklären, daß ich dabei gemischte Gefühle hatte. Erstens wollte ich nicht nach Hause fahren, um dort auf die Schule zu gehen, und zweitens wollte ich eben Weihnachten zu Hause sein, in einer beschützenden Umgebung, und ich war sehr durcheinander, weil ich meine Pläne ändern mußte.

Die schlechter gewordene Beziehung zu ihrem »netten« Freund und das unbefriedigende Verhältnis zu ihrer Mutter sind Aspekte ihres von Feindseligkeit geprägten und (teilweise) selbstzerstörerischen Lebensstils. Zu beachten ist auch ihr Gefühl der Wertlosigkeit und Verlassenheit.

Ich glaube, es gibt noch einen weiteren Aspekt meiner Selbstverbrennung, den ich erwähnen sollte. Mein Vater ist gestorben, als ich sechzehn war. Er wurde versehentlich durch einen Schuß in die Brust getötet. Ich habe ihn damals gefunden. Es war im Dezember, kurz vor Weihnachten. Jetzt bin ich ein bißchen darüber hinweg, aber es ist fast genau am selben Tag passiert, an dem ich versucht habe, mich zu opfern. Ich weiß nicht, ob es da einen direkten Zusammenhang gibt. Ich weiß nur, daß ich vor meinem Selbstmordversuch darüber nachgedacht habe, daß das die richtige Jahreszeit wäre. Es war die Zeit im Jahr, wo der Schmerz wieder hochkam. Ich hatte schlimme Gefühle wegen meinem Vater, und es sah so aus, als würde alles zusammenpassen. Er ist um diese Zeit gestorben, und nun würde auch ich um diese Zeit sterben. Vor ein paar Jahren war mein Großvater ebenfalls um die Weihnachtszeit an einem Schlaganfall gestorben, deshalb ist Weihnachten für unsere Familie eine traurige Jahreszeit. Es geht wirklich nicht sehr fröhlich zu, und besonders für mich würde dieses Weihnachtsfest nicht sehr fröhlich werden, und eigentlich habe ich dazu dann auch beigetragen.

Obwohl Selbstmord nicht etwas ist, das in der Familie liegt (in dem Sinn, daß eine solche Tendenz vererbt würde), trifft doch zu, daß der Selbstmord eines Elternteils ein psychisch schwer zu verkraftendes Vermächtnis ist. In ihrem Bericht wird das Problem vom »Jahrestag eines Selbstmordes« aufgeworfen. So etwas kommt vor (bewußt als auch unbewußt), ist aber relativ selten. Im vorliegenden Fall handelt es sich um eines dieser seltenen Vorkommnisse.

Ich muß noch mehr dazu sagen, wie mein Vater gestorben ist und inwieweit ich damit zu tun hatte. Ich ging zu einem Psychiater, und es stellte sich heraus, daß ich meinen Vater wirklich liebte. Ich hatte geglaubt, ich würde ihn hassen. Ich hatte oft Streit mit ihm, aber nun war er tot, und ich glaube, daß ich ihn wirklich liebte.

Ein wichtiges psychisches Faktum ist die Ambivalenz – man bringt ein und derselben Person gleichzeitig widersprüchliche Gefühle entgegen. Man kann zum Beispiel seinen Vater zur gleichen Zeit lieben und hassen.

Ich war damals wohl noch nicht vernünftig genug oder einfach nicht fähig zu begreifen, daß er von einem Kind keine Liebe annehmen konnte. Er hatte seine eigenen Probleme. Wir kamen nicht gut miteinander aus, und ehe ich es begriff, war alles vorbei. Ich möchte noch ein wenig darüber sprechen, wie mein Vater gestorben ist. Irgendwie ist es ziemlich wichtig, und irgendwie bin ich auch schuld daran. Ich war sechzehn und ging auf die Schule.
Meine Mutter stand nicht auf, wenn ich zur Schule ging, weil nur ich zu Hause war und es wirklich keinen Grund für sie gab, so früh aufzustehen. Ich ging hinaus zur Garage, um das Auto zu holen, und plötzlich hatte ich

Angst hineinzugehen. Ich öffnete nur das Tor, aber ich brachte es nicht fertig hineinzugehen. Ich hatte das seltsame Gefühl, daß mein Vater tot war. Ich weiß heute nicht mehr, ob ich mir wünschte, daß er tot wäre, ich hatte einfach dieses Gefühl. Mir war nicht wohl dabei, und ich war innerlich sehr nervös. Ich ging ins Haus zurück und lief durch alle Zimmer, bis auf sein Schlafzimmer.

Meine Eltern hatten getrennte Schlafzimmer. Mein Vater kam und ging, wie es ihm paßte. Manchmal war er zwei oder drei Tage fort, ohne daß wir wußten, wo er war, und das war nichts Ungewöhnliches. Wir fragten nie, wohin er ging, weil er dann doch nur eine abfällige Bemerkung machte und erklärte, daß uns das nichts anginge und daß wir ihn in Ruhe lassen sollten. Also hatten wir gelernt zu schweigen. Ich weiß nicht, warum es mir merkwürdig vorkam, daß er nicht da war. Ich weckte meine Mutter und sagte ihr, ich hätte das Gefühl, es wäre etwas passiert. Ich dachte tatsächlich, es wäre etwas passiert. Ich hatte das Gefühl, daß mein Vater tot in seinem Zimmer lag. Aber meine Mutter meinte: »Sei doch nicht albern. Ich geh jetzt mit dir da hinein.« Und das tat sie auch. Als wir in sein Zimmer kamen, lag er starr auf dem Fußboden, in einer großen Blutlache.

Meine Mutter lief gleich in die Küche und rief irgendwelche Leute an. Sie war nicht sicher, was tatsächlich geschehen war. Fest steht, daß er gerade dabei war, an seinem Schreibtisch einen alten Revolver zu reinigen. Die Waffe war wirklich uralt, kaputt und in keinem guten Zustand. Sie war runter auf den Sitz gefallen, an einer kleinen Schlaufe oder was anderem an dem Sitz hängengeblieben, und als er versuchte, sie zu greifen, löste sich ein Schuß und drang ihm in den Kopf.

Soweit wir den Bericht des Untersuchungsbeamten verstanden, war er auf der Stelle tot, und es war erwiesen, daß es sich nicht um Selbstmord handelte. Er hatte jedoch immer wieder mit Selbstmord gedroht und in Gegenwart meiner Tante, seiner Schwester und meiner Mutter davon gesprochen. Wir alle wußten das, und deshalb war meine Mutter auch ziemlich sicher, daß es Selbstmord war. Meine Tante, die Schwester meines Vaters, wohnte ganz in der Nähe, und sie kam und blieb bei uns. Sie stand da und sagte mir ins Gesicht, ich hätte meinen Vater auf dem Gewissen – wegen mir hätte er sich umgebracht.

Anfang Herbst hatten mein Vater und ich uns zwar gestritten, trotzdem machte mich die Behauptung meiner Tante, ich hätte meinen Vater getötet, völlig sprachlos. Man wollte mich für seinen Tod verantwortlich machen. Ich weiß wirklich nicht, ob ich jemals geglaubt habe, daß ich dabei eine Rolle spielte, ich weiß nur, daß es sehr weh tat. Es war schwer zu ertragen.

Es ist wohl kaum notwendig, die verletzende Wirkung einer so schrecklichen Behauptung noch zu unterstreichen. Man kann lediglich über die Feindseligkeit der Tante spekulieren und über die Frage, weshalb sie sich dafür ausgerechnet Beatrice als Zielscheibe aussuchte.

Danach wollte ich nichts mehr von ihr wissen, und ich beschloß, es ihr heimzuzahlen. Ich wollte sie möglichst bald auf irgendeine Weise vernichten. Aber dann sah ich ein, daß es sich nicht lohnte und daß sie so schon schlimm genug litt, und ich ließ meine Rachegedanken fallen. Mein Vater war tot, aber sein Tod hatte alle möglichen Auswirkungen. Er war so gewaltsam und schnell gekommen, und er war so schwer zu akzeptieren. Er war irgendwie unwirklich. Bei unserem Streit, den wir Anfang Herbst hatten, behauptete mein Vater, ich würde ihn ruinieren, ich würde ihn zuviel Geld kosten, und er könne es sich nicht leisten, für meinen Unterhalt zu sorgen. Ich konnte das nicht verstehen. Ich war völlig fertig und wollte von zu Hause weg. Ich wollte in einem Heim wohnen und arbeiten und weiter auf die Schule gehen. Aber meine Mutter erlaubte es mir nicht. Sie sagte, ich müßte zu Hause bleiben, da gehörte ich hin. Ich könnte nicht einfach weggehen, egal was gewesen war. Aber mein Vater hatte schon ein paarmal versucht, mich aus dem Haus zu drängen. Mein Vater und ich kamen damals überhaupt nicht miteinander aus, obwohl ich mir mit Babysitten und als Kellnerin Geld verdiente, daß ich mir Kleider, Schulsachen und andere Dinge selbst kaufen konnte. Wir hatten ziemliche Schwierigkeiten, und ich weiß, daß er in keiner Weise in der Lage war, sich mitzuteilen. Das war der Stand, als mein Vater starb.

Dazu kommt noch, daß mich mein Vater damals eine Hure genannt hat. Er sagte, ich wär ein Flittchen, weil ich Verabredungen mit Jungs hatte, und er behauptete, ich würde herumbumsen. Tatsache war, daß ich mit sechzehn wirklich ein paar Freunde hatte, aber geschlafen habe ich mit keinem. Und ich glaube, nach seinem Tod wollte ich ihm das heimzahlen: er starb im Dezember, und am ersten Januar hab ich zum ersten Mal mit einem Mann geschlafen.

Die unbewußten psychodynamischen Implikationen des damaligen Verlustes ihrer Jungfräulichkeit zu diesem Zeitpunkt – ihr Bedürfnis nach Selbständigkeit, Rache, Schmerz und das unbewußte Verlangen nach einer Versöhnung mit dem geliebten Toten – lassen erkennen, wie überaus kompliziert menschliches Verhalten sein kann.

Meine Mutter ist eine dominierende Persönlichkeit. Sie behauptet zwar immer, daß sie in Wirklichkeit gar nicht so stark sein will, aber ich glaube, das ist nur Quatsch. Sie war schon immer herrschsüchtig. Sie war immer aggressiv, und mein Vater war ihr nicht gewachsen. Ich glaube, er hatte auch seine Probleme und konnte es nur nicht zeigen. Also, ich weiß nicht, im Grund ist es Jacke wie Hose. Wenn ich ehrlich sein soll, und wenn ich es richtig hin und her drehe – wie ich meinen Onkel gefragt habe, der meinen Vater von klein auf kannte, und er sagte, er wär ein sehr lieber Mensch –, da wünschte ich, daß ich dieses Liebsein an ihm gekannt hätte, denn ich glaube, ich bin da zu kurz gekommen. Ich glaube, meine Mutter hat ihn irgendwie in einen unausstehlichen Menschen verwandelt. Sie trieb ihn dazu, und er war deshalb irgendwie traurig.

Und es gab immer wieder Streit ums Geld. Meine Mutter kann gut mit Geld umgehen, und sie kann auch ziemlich großzügig sein. Sie benutzt Geld als Waffe. Mein Vater dagegen war sehr geizig. Er war der Meinung, daß es schon eine ganze Menge war, wenn er einem einmal im Monat einen Dollar gab. Er warf ihn einem im wahrsten Sinne des Wortes nach. Das war wirklich hirnrissig – als ob er einem wer weiß was für einen Gefallen damit tat. Aber er war selbst so ein Kind, daß es fast schon tragisch war. Er arbeitete so verdammt hart, aber sein Leben war unausgefüllt – und oft sehr, sehr unglücklich.

Meine Mutter sorgte ausreichend für sein leibliches Wohl. Er bekam immer regelmäßig seine Mahlzeiten vorgesetzt, sie kümmerte sich um seine Kleidung, und auch sonst wurde alles für ihn getan, aber sie war auch sehr gemein zu ihm. Ich weiß noch, wie mein Vater und ich uns einmal gestritten hatten. Wir waren in die Stadt gefahren, und es ging darum, daß mein Vater ein Bier trinken wollte. In der Regel war er ganz schön knickrig, deshalb sagte er: »Wenn du genug Geld hast, dann nehme ich dich mit in die Stadt, und wir kaufen ein Bier und teilen es uns.« Er brauchte mein Geld, um sich ein Bier zu kaufen. Und wir fuhren in die Stadt und er holte sich ein Bier, und ich weiß nicht, wieviel er vorher schon getrunken hatte. Das war Anfang des Jahres, in dem ich sechzehn wurde. Ich hatte ein Auto gewollt und mir auch schon eins ausgesucht. Ich hatte es unbedingt haben wollen und glaubte, daß ich ganz dringend eins brauchte. Ich war vielleicht ein bißchen verwöhnt und wollte unbedingt meinen Kopf durchsetzen. Ich redete mit meinem Vater darüber, und plötzlich drehte er sich zu mir um, machte ein finsteres Gesicht, bekam einen Wutanfall und brüllte mich an: »Du bist genau wie deine Mutter.« Er sagte noch andere gemeine Dinge über mich, an die ich mich nicht mehr erinnere. Sein Blick war so böse, daß ich regelrecht Angst bekam. Ich dachte, er wollte mich umbringen. Er schlug mich ins Gesicht, und ich versuchte, aus dem fahrenden Auto zu springen, aber ich konnte nicht, denn er hielt mich fest.

Nachdem er mich geschlagen hatte, beruhigte er sich plötzlich wieder. Es war, als ob eine innere Ruhe über ihn käme. Seine Wut war verraucht, und er entschuldigte sich immer und immer wieder, und in diesem Moment reagierte ich ziemlich hysterisch und schrie wie verrückt, wie er es wagen könnte, mich zu schlagen, und er flehte mich an, nur ja meiner Mutter nichts davon zu erzählen: »Sag es ja nicht deiner Mutter.« Aber natürlich tat ich es doch. Ich ging sofort nach Hause und erzählte ihr alles, und sie hörte bis drei oder vier Uhr am Morgen nicht auf, ihn anzuschreien, wie man nur so dämlich sein könnte, dem Kind wegen so einer Kleinigkeit so etwas anzutun. Sie machte ein Theater um längst vergessene Dinge, die bereits vor Jahren passiert waren, und machte ihm Vorwürfe. So sprang sie mit ihm um, sie war eine unglaubliche Kämpfernatur. Es war nur ein ungleicher Kampf. Und doch, wenn er sich verteidigte – was oft vorkam –, konnte er genauso gehässig sein und warf ihr alle möglichen Schimpfwörter an den Kopf. Es war irgendwie eine schlimme Situation. Ich muß zugeben, daß ich mich einige Zeit nach seinem Tod irgendwie sogar für ihn freute. Ich war froh, daß sein Elend ein Ende hatte, und ich glaube, daß sein Leben, so wie es war, schlimm genug gewesen ist. Ich glaube nicht, daß er glücklich war, und vielleicht war es für uns alle besser so, denn die Spannungen haben nachgelassen ...

Vor ein paar Jahren fuhr ich mit meiner Mutter aufs Land, und ich weiß nicht recht, aber ich glaube, ich hab einen Friedhof-Tick. Ich mag alte Friedhöfe wirklich gern, und das hängt vor allen Dingen mit meinem Vater zusammen. Es war für mich irgendwie eine Art, die Dinge zusammenzufügen, ein Vorfall, der sehr wichtig für mich war.

Zu beachten ist hier – wie bei anderen Fällen in diesem Buch – die besondere Anziehungskraft des Friedhofs. Anscheinend ist er eine Art Zufluchtsort: die eigentümliche Ruhe und der Schutz der Toten, die niemals schimpfen und niemals hassen.

Wir waren auf diesem Friedhof, und das Interessante und Besondere an diesem Friedhof waren sein Alter, die Holzkreuze, die vor sich hin faulten und im Wind hin und her schwankten, und die wunderbaren klassischen Grabsteine. Die Gräber waren mit Gänseblümchen und Gras überwuchert, es wehte ein leichter Wind, und ich war tief beeindruckt von der Erdigkeit und Lebendigkeit des Todes hier auf dieser Seite. Mir gefiel es hier wirklich, und als ich zu dem neueren Teil des Friedhofs hinüberschaute, sah ich, daß dort das Gras abgemäht war. Die Gräber waren gepflegt, und es sah alles so unnatürlich und nach schlechtem Gewissen aus. Und ich mußte daran denken, daß es in keinem der älteren Gräber einen Menschen gab, den man kontrollieren mußte. Anscheinend will der Mensch nicht nur im Leben, sondern auch im Tod die Kontrolle behalten. Wenn wir auch keine Kontrolle über unseren eigenen Tod haben, versuchen wir zumindest unsere Gefühle beim Tod anderer Menschen zu kontrollieren. Und wenn Gott oder wer auch immer, in Anführungszeichen – Natur, ja, Mutter Natur – die Sache in die Hand nehmen konnte, dann war es viel besser. Die Natur tut es voll Gnade und Güte, und sie bestimmt den Kreislauf von Leben und Tod, bei dem aus diesem Körper in der Erde neues Leben entsteht, und damit schließt sich der Kreis. Dagegen ist das abgemähte Gras auf den anderen Gräbern ein fast trauriger Anblick, und man bekommt beinahe ein schlechtes Gewissen. Es ist fast so, als müßten sich die Menschen daran festhalten.

Sie müssen die Kontrolle behalten, das ist ihre Art, unter Beweis zu stellen, daß sie sich immer noch sorgen, und ich dachte nur, Mann, sie erlauben diesen Leuten nicht, endlich zu sterben. Sie erlauben ihnen nicht, den Kreis von Leben und Tod zu schließen, und ich glaube, ich setzte ihn für meinen Vater zusammen, damit er wieder zu Erde wurde und alles okay war. Endlich fühlte ich mich bei dem Gedanken an seinen Tod wohler, alles war okay, sein Tod war etwas, das ich nicht ändern konnte, und ich will es auch niemals ändern, und es tut mir auch nicht leid. Es ist passiert, und ich kann es akzeptieren. Meine Mutter dagegen hat seinen Tod nie wirklich akzeptiert. Für mich ist er in jeder Hinsicht tot, aber meine Mutter hat ihn gehaßt und verachtet, sie wollte ihn verlassen, und sie hat mit ihm gekämpft. Aber im Tod hält er sie fest. Hätte sie ihn früher verlassen, dann hätte sie sich keine Vorwürfe machen müssen. Ich glaube, sie hätte sogar ihre Kinder im Stich gelassen. Aber dann ist er sozusagen plötzlich und unerwartet gestorben, und nun lebt sie nur noch in der Erinnerung und klammert sich an Dinge, die er gern hatte und an denen er hing, als ging's um ihr Leben. Ein deutliches Beispiel dafür ist, daß sie sich absondert und wie eine Verrückte schuftet.

Ich bin sicher, daß es ungesund für sie ist, wenn sie sich die ganze Zeit abkapselt und in ihrem Alter noch so schwer arbeitet. Das ist bestimmt nicht richtig, aber so ist sie nun einmal.

Dieses lange Klagelied erinnert an die Verszeile »Tod, süßer Tod…« Beatrice scheint dem Tod eine stoffliche Form zu geben, sie betrachtet ihn als Tröster und als einen natürlichen Bestandteil des Lebens.

Ich glaube, ich sollte jetzt von dem Tag im Dezember sprechen, an dem sich der Vorfall ereignet hat.

Ohne es zu wissen, gebraucht sie genau das richtige Wort: »Vorfall«. Es ist ein neutrales Wort, wie zum Beispiel »Akt«, »Ereignis« oder »Begebenheit«. Es unterscheidet sich von Worten wie »Gebärde«, »Drohung« oder »aufmerksamkeiterregendes Verhalten«, bei denen es sich um wertende Begriffe handelt, die es zu vermeiden gilt. Die Selbstopferung läßt sich besser als ein Vorfall, ein Ereignis, ein Akt oder eine Tat beschreiben als mit den Worten »versuchter Selbstmord« oder »begangener Selbstmord«. Es handelte sich um einen suizidalen Vorfall – wenn auch mit extrem hohem Todesrisiko.

Ich erinnere mich, daß ich in der Woche sehr unglücklich war. Nichts klappte. Ich arbeitete nicht. Es war kalt. Ich hatte kein Geld. Meine Freunde halfen mir kaum. Ich kam nicht gut mit ihnen aus, aber ich hatte auch nicht direkt Streit mit ihnen. Ich hatte ein paar Freunde, die ich gut kannte, aber anscheinend hatten sie gerade wirklich keine Zeit für mich. Es tat sehr weh hier drinnen, und ich glaube, ich hatte plötzlich ein überwältigendes Verlangen nach dem Tod.

*»… ein überwältigendes Verlangen nach dem Tod« ist ein
Beispiel für die Vorstellung des Schlußmachens – eben der
Funke, der einen Selbsmordversuch auslöst.*

Ich weiß, daß ich mich bestimmt zwei bis drei Monate
mit dem Tod beschäftigt habe. Ich hatte geplant, geplant
und noch mal geplant, und da der erste Versuch Anfang
Oktober oder November natürlich nicht klappte, mußte
ich es noch mal versuchen. Es frustrierte mich immer
mehr, daß ich nicht fähig war zu sterben. Deshalb kam es
mir in den Sinn, mich zu verbrennen.
Ich hatte irgendwo in der Zeitung gelesen, daß sich die
Menschen in Vietnam umbrachten, indem sie sich selbst
verbrannten. Bei dieser Methode konnten sie sicher
sein, daß sie sterben würden. Damals ging mir durch den
Kopf, daß ich das machen wollte. Zum Teil eben deshalb,
weil ich wußte, daß es eine absolut sichere Methode war.

*»..sichere Methode« ist hier gleichzusetzen mit »Gewißheit«
(im Gegensatz zu jedem beliebigen Grad der Ungewißheit).
Die zweimalige Wiederholung im obigen Abschnitt spiegelt
die damalige Einengung ihrer Gedanken und Wahrnehmung wider.*

Ich wußte, daß ich nicht mehr leben wollte und daß diese
Menschen starben. Es gab keine Möglichkeit zu überleben. Deshalb faßte ich also den Entschluß, und irgendwie ließ mich der Gedanke nicht mehr los. Ich mußte
immer und immer wieder darüber nachdenken, ich hatte
mir nur noch keinen bestimmten Tag ausgesucht. Ich
verhielt mich eher abwartend.
Ich weiß nicht mehr, ob ich an diesem Tag früh aufgestanden bin, aber wie ich mich kenne, war es wahrscheinlich nicht so. Es gab ja auch wirklich keinen Grund dafür.

Inzwischen hatte ich bereits die meisten meiner Sachen zusammengepackt. Ich glaube, daß ich sie nicht alle an diesem einen Tag gepackt habe, sondern ich bin sicher, daß ich zumindest ein paar Tage vorher damit angefangen habe. Was ich zusammenpackte, waren meine Bücher, meine Kleider, die Dinge, die mir gehörten, mein persönlicher Besitz, ein bißchen Krimskrams und Nippes, ein paar Bilder und verschiedene Sachen aus Keramik, alles Dinge, die ich im Laufe der Zeit gesammelt hatte und die mir etwas bedeuteten. Ich hatte alles sehr gut organisiert, und ich erinnere mich, daß am späten Nachmittag alles gepackt war. Mir war halb zum Heulen zumute, und ich war bedrückt, aber ich spürte auch, daß ich die Energie hatte, überhaupt etwas zu tun. Ich war funktionsfähig.

Es gehört zu den typischen Verhaltensmustern, daß Menschen, die Selbstmord begehen wollen, zuvor ihre Angelegenheiten in Ordnung bringen.

Es war so zwischen sechs und sieben Uhr abends, als alles passierte. Ich war ziemlich durcheinander, aber ich heulte nicht. Mir ging es wirklich nicht besonders gut, aber ich habe nichts dagegen unternommen. Ich fühlte mich sehr elend, war traurig und tat mir selber leid. Nichts wollte passieren, nichts wollte klappen. Gegen sechs rief mich diese Mrs. Brown an. Ich merkte, daß sie etwas getrunken hatte. Mrs. Brown war die Mutter eines Ex-Freundes von mir. Jedenfalls hielt ich ihn damals für einen Freund und bildete mir ein, daß mir viel an ihm liegen würde und daß ich an ihm hing. Ich wollte, daß er mich unheimlich liebte, aber das tat er nicht. Er war damals sechsundzwanzig, und ich war neunzehn. Er ging aufs College, und nebenher hatte er noch einen Ganztagsjob. Er machte eine ziemlich komische Figur aus mir, er nutzte mich nicht nur sexuell aus, sondern auch auf andere Weise. Ich dachte, ich müßte lieb zu ihm sein, und ich hatte ihm alles gegeben, meine Gefühle, meine Hoffnungen, meine Sehnsüchte, meine Träume, und trotzdem machte er sich über mich lustig. Er war nur auf seinen Vorteil aus, und dann ließ er mich mit folgenden Worten sitzen: »So ist das Leben, Süße. Die einen nehmen, und die anderen geben. Du bist ein Geber, und ich bin ein Nehmer.« Damals wußte ich wirklich nicht, wie ich damit fertig werden sollte. Ich war furchtbar durcheinander und irgendwie verbittert, aber trotzdem sehnte ich mich so sehr nach ihm. Im Dezember war er schon mit anderen Leuten zusammen, und ich war mir darüber klar, daß er inzwischen mit anderen Mädchen ausging, aber noch machte es mir nichts aus, daß er sich nicht mehr um mich kümmerte.

An diesem besonderen Abend hatte mich seine Mutter angerufen und immerzu von einem Weihnachtsgeschenk gesprochen, das ihm eine Freundin gemacht hatte. Es war eine Uhr, eine goldene Uhr. Das imponierte ihm, und er meinte, das wär das schönste Geschenk, das er je bekommen hätte. Damals ging mir durch den Kopf, und das glaube ich auch jetzt noch, daß ich ein großzügiger Mensch bin und am liebsten fast allen etwas geben würde, damit sie keine Geldsorgen mehr hätten, und ich würde ihnen auch gefühlsmäßig fast alles von mir geben. Ich hatte ihm ein hübsches Weihnachtsgeschenk machen wollen, und insgeheim hatte ich mir vorgenommen, ihm eine Stereoanlage zu kaufen. Aber natürlich hatte ich kein Geld, oder nur so viel, daß es zum Leben reichte. Ich hatte überhaupt nichts, und ich war todtraurig, daß ich ihm keine Stereoanlage schenken konnte. Heute bin ich nicht mehr sicher, ob ich ihm die Stereoanlage tatsächlich gekauft hätte, wenn ich das Geld gehabt hätte. Doch ich konnte ihm wirklich nichts Besonderes kaufen, weil mir das nötige Geld dazu fehlte. Ich hatte ihm deshalb eine Schallplatte mit dem Titel »Good Night Sweetheart« gekauft, denn in gewisser Weise hatte der Titel für mich eine Bedeutung. Aber es war eine sehr traurige Platte, und das war alles, was ich ihm schenken konnte. Und ich wußte damals schon, daß es ihn überhaupt nicht beeindrucken würde. Und Mrs. Brown redete immer weiter von der Uhr, wie wunderschön sie wäre, wieviel ihr Sohn für das Mädchen empfinden und wie sehr er sie anhimmeln würde. Und ich fing an, am Telefon zu weinen. Ich heulte damals über mich selbst, weil ich spürte, daß ich eine Null war. Ich hatte überhaupt nichts zu bieten. Ich konnte in keiner Weise mithalten. Ich konnte niemals mit diesem Jungen meine Liebe teilen, und ich war niedergeschlagen und schrecklich durcheinander, und ich fing an zu weinen.

Und schließlich merkte sie, daß ich sehr aufgeregt war, und sie fragte, was denn mit mir los wär, aber ich wollte es ihr nicht sagen, doch sie fragte immer wieder, was denn los wär. Und dann sagte sie: »Komm doch einfach rüber! Vielleicht geht es dir dann besser. Komm doch rüber, ich will nicht, daß du heulst.« Und ich antwortete: »Nein, nein, ich bin okay«, und ich nahm mich irgendwie zusammen. Ich fühlte mich einen Moment lang besser. Schließlich beendeten wir unser Gespräch.

Unmittelbar darauf rief mich ihr Mann an. Er sagte einen Kosenamen zu mir, an den ich mich nicht mehr erinnere. Jedenfalls redete er mich mit einem Kosenamen an, und irgendwo war er ein dufter kleiner Mann, und er bat mich rüberzukommen, denn er merkte, daß ich durcheinander war. Damit er zufrieden war, sagte ich, ich würde in fünfzehn Minuten drüben sein. Es war wie der Tropfen, der das Faß zum Überlaufen bringt. Bei mir hatte sich schon genügend Ballast angesammelt, mit dem ich nicht fertig wurde.

Hier ist es zu einer Anhäufung von psychischen Beleidigungen gekommen, die so schmerzlich für sie sind, daß sie sie

nicht ertragen kann: von ihrer verhinderten Schwieger-
mutter gesagt zu bekommen, daß der Ex-Freund (der sie
abgewiesen hat) ein phantastisches Geschenk bekommen
habe, wie sie es sich nicht leisten konnte, und dann noch
von ihrem »duften kleinen« verhinderten Schwiegervater
mit einem Kosenamen versehen zu werden, das ist einfach
zu viel für sie.

Das war alles, was ich ertragen konnte. Mehr ging wirklich nicht. Ich wollte nichts mehr hören und nichts mehr
sehen, und ich wußte, daß der Tod mein *einziger* Ausweg
war. Und gegen sechs Uhr am Abend faßte ich dann den
Entschluß.

Dies ist ein perfektes und gleichzeitig sehr trauriges Bei-
spiel von psychischer Einengung. Die Worte »alles«,
»nichts mehr« und vor allem das schreckliche Wort »ein-
zig« sind der Schlüssel dazu. Wenn sie sagt: »Der Tod war
mein einziger Ausweg«, dann braucht sie den nächsten
Satz, »... da faßte ich den Entschluß«, kaum noch hinzu-
zufügen.

Es gab keinerlei Hindernisse. Es war niemand da, der
mich zurückhielt, damit ich meine Meinung ändern
würde. Ich zog einen Nyltestbademantel über, und dabei
dachte ich, daß ich unmöglich meine Kleider ruinieren
konnte, denn das wäre sehr egoistisch. Irgend jemand
konnte sie sicherlich noch gebrauchen, auch wenn ich
nicht mehr dasein würde. Ich konnte nicht die Sachen
kaputtmachen, die für andere noch von Nutzen sein
konnten. Deshalb zog ich über meinen Büstenhalter und
den Slip nur einen dünnen Nyltestbademantel, und an
den Füßen trug ich ein altes Paar Halbschuhe. Es war
kalt draußen, und ich zog einen Mantel an.
Ich hatte noch einen elektrischen Toaster, den ich

Freunden zurückbringen mußte, die ein paar Häuser weiter wohnten. Deshalb stieg ich in mein Auto und nahm einen Benzinkanister und den Toaster mit. Ich erinnere mich, daß ich zitterte, als ich den Kanister holte, denn ich hatte wohl ein wenig Angst. Ich war ein bißchen nervös, weil ich diesen Entschluß gefaßt hatte, und ich war auch irgendwie erschrocken, weil es mir so vorkam, als würde mich etwas zwingen, es zu tun. Und doch wußte ich, daß es sein mußte. Deshalb nahm ich den Toaster und brachte ihn zu meinen Freunden. Sie waren zu Hause. Ich erinnere mich, daß ich hineinging, durch das Haus lief und dabei wieder anfing zu heulen. Und keiner von meinen Freunden sagte ein Wort. Ich glaube, es waren etwa vier Leute im Haus. Und ich lief einfach durch die Wohnung, stellte den Toaster auf den Küchentisch und ging wieder hinaus. Und niemand berührte meinen Arm, niemand fragte, was mit mir los wär, niemand machte irgendwelche Anstalten, und ich glaube, das verwirrte mich noch mehr, daß dies irgendwo das Ende sein sollte. Keiner streckte die Hand nach mir aus, und damals muß ich tatsächlich noch nach Halt gesucht haben, denn ich sagte: »Wißt ihr, ich bin wirklich durcheinander. Ich habe Probleme.« Aber in diesem Moment reagierte niemand darauf.

Ich habe mir über dieses seltsame Erlebnis lange den Kopf zerbrochen. Mir kommt das Ganze vor wie eine Szene aus einem Stück des absurden Theaters, das Genet oder Beckett oder Ionesco geschrieben haben könnte. Aber es gibt noch andere Punkte, bei denen ich mich frage: Ist es tatsächlich so gewesen? Waren ihre Freunde betrunken oder bekifft? Hatte sie so etwas schon öfters gemacht und hatten sie deshalb einfach genug von ihr? Aber Tatsache ist – wie bei der Frau, die sich vom Balkon stürzte –, daß sie stark ambivalent geprägt war: sie wollte sich unbedingt umbringen, aber gleichzeitig hoffte sie auf Hilfe, auf ein

Eingreifen und auf Rettung. Gleichgültig, wie man das Geschehen deutet, es bleibt eine ergreifende und erschütternde Szene.

Ich erinnere mich, daß ich wieder ins Auto stieg und mir sehr verlassen vorkam, weil diese Menschen doch meine Freunde waren, aber nicht mal sie kümmerten sich um mich, nicht mal sie wollten meinen Kummer mit mir teilen und ein Teil von diesem Teil meines Lebens sein. Wenn ich glücklich war, dann war alles gut, aber wenn es mir schlechtging, spielte es keine Rolle, denn sie erkannten nicht die Tragweite meiner Gedanken und Gefühle.

Ich stieg also wieder ins Auto, fuhr zu einer Tankstelle und kaufte einen Kanister voll Benzin. Man stellte mir keine Fragen. Ich stellte den Benzinkanister in mein Auto, fuhr zurück zu dem Mietshaus, in dem ich wohnte, und parkte den Wagen.

Dann ging ich mit dem Benzinkanister ins Haus und beschloß, mich in meiner Wohnung zu verbrennen. Ich hatte mir noch keinen endgültigen Plan zurechtgelegt. Dann fiel mir ein, daß ich, wenn ich schon meine Kleider nicht ruinieren wollte, weil sie andere Leute noch brauchen konnten, erst recht nicht das Haus zerstören durfte. Es könnte Feuer fangen, und ich konnte es nicht verantworten, daß anderer Leute Hab und Gut dadurch vernichtet wurde. Das konnte ich den Leuten nicht antun. Mir wurde klar, daß ich immer mein Bestes getan hatte, um andere nicht zu verletzen, und ich brachte es tatsächlich nicht fertig, anderen auf diese Weise weh zu tun. Ich wollte nur mir selbst weh tun und mich umbringen. Ich hatte nicht das Bedürfnis, mich an irgend jemand abzureagieren. Deshalb ließ ich meinen Mantel in der Wohnung und beschloß, mich in meinem Wagen zu verbrennen. Das Auto stand vor dem Haus.

Ich nahm eine Schachtel Streichhölzer mit. Mir kam es

damals so vor, als würde ich mich langsamer bewegen. Es war wirklich keine schnelle körperliche Bewegung, es war, als ob ich mich wie in Zeitlupe bewegte. Ich faßte meine Entscheidungen, und ich kann mich nicht erinnern, daß ich in diesem Moment an meinen Kummer oder an die Dinge dachte, die mir das Herz gebrochen hatten. Ich dachte nur noch an das Ende aller Dinge, und daß ich nicht mehr dasein würde. Mir würde nie wieder etwas weh tun. Es würde alles gut werden, und ich würde meine Erfüllung finden. Ich würde stark sein und fähig, etwas zu leisten. Es war alles wie in Zeitlupe. Eine Menge Dinge gingen mir durch den Kopf, aber ich weiß, daß ich in dem Moment nicht heulte. Ich war nicht mehr so aufgeregt. Ich mußte mich nicht mehr durch Tränen befreien.

Der Wechsel im Tempo der Zeit – »wie in Zeitlupe« – wird ähnlich beschrieben wie im vorhergehenden Fall: »Und ich bewegte mich wie in Zeitlupe, als ich über das Geländer stieg.« In solchen Augenblicken scheint die Zeit stillzustehen.

Ich erinnere mich, daß ich einen Moment lang ruhig im Auto saß, und es war, als hätte ich einen totalen Blackout. Ich weiß nicht mehr, ob ich noch viel nachgedacht habe, aber ich war auf einmal sehr ruhig. Es ging mir gut. Eine Art Ruhe überkam mich, und alles war okay.

Es ist bemerkenswert, daß sie mit sich selbst ins reine kommt, nachdem sie den Entschluß gefaßt hat. Im vorausgegangenen Abschnitt hatte sie gesagt: »Mir würde nie wieder etwas weh tun.« Und an dieser Stelle äußert sie einen ebenso denkwürdigen Satz: »Eine Art Ruhe überkam mich.«

Und dann habe ich das Benzin zuerst über den Vordersitz und einen großen Teil über mich selbst geschüttet, und den Rest habe ich dann über den Rücksitz gegossen und den Kanister auf den Sitz gestellt. Dann holte ich die Streichhölzer heraus, und selbst da dachte ich noch nicht an die Schmerzen und Qualen, die damit verbunden waren. Heute wundert es mich, daß ich daran nicht gedacht habe. Es war alles gut. Es war das erste Mal, daß ich innerlich ganz ruhig war und keinen Schmerz empfand. Vorher hatte ich mich manchmal gefühlt, als hätte man auf mich eingestochen und ich würde bluten, und die Leute sahen nur zu, wie das Blut floß, und sie lachten dabei und sagten: »Ha, ha, das ist dein Problem.« Und mit einem Mal schien es, als hätten sich meine Probleme von selbst erledigt, und niemand mußte mehr auf meine Wunden achten, und ich wußte, daß mein Schmerz einfach verschwinden würde. Vor allem der seelische Schmerz würde verschwinden.

Ich öffnete die Schachtel und wollte ein Streichholz anzünden, aber es wollte nicht brennen. Es war durch das Benzin naß geworden, und ich lächelte innerlich und dachte: »Tja, ich muß wohl ein zweites probieren, wenn das erste nicht brennen will.« Ich zündete ganz vorsichtig ein zweites Streichholz an, und diesmal brannte es. Im nächsten Augenblick entzündete sich das Benzin mit einer gewaltigen Explosion. Es war ein überwältigendes Geräusch, und es war schrecklich laut. Es war fast wie eine Flutwelle. Es war, als ob ein schwerer Druck auf meinem Körper lastete, und gleich darauf spürte ich den Schmerz. Eine Woge des Aufbäumens lief durch meinen Körper, und wenn ich jetzt auf die Brandwunden sehe, muß ich meinen Körper irgendwie in eine schützende Position gebracht haben. Aber der Schmerz war unglaublich. Er zog sich über meinen ganzen Körper. Es war einfach ein plötzlicher Druck von Hitze und Flammen, es tat sehr weh, und das Geräusch war so laut.

Dies ist wiederum ein Beispiel für eingeengtes Denken: sie denkt nicht daran, daß das Verbrennen selbst schmerzhaft sein könnte, wozu sie später selbst anmerkt: »Heute wundert es mich, daß ich daran nicht gedacht habe.«

Ich erinnere mich, daß ich die Luft anhielt, weil ich den Benzingestank nicht ertragen konnte. Soweit ich heute begreife, hat das mit dazu beigetragen, daß ich gerettet wurde, denn wenn Rauchgase in die Lunge gelangt wären, wäre ich gestorben. Doch ich hielt die Luft deshalb an, weil ich den Benzingeruch nicht ertragen konnte, aber dem Hitzeschwall hielt ich stand. Ja, bei der zweiten Hitzewelle – sie wallte nur einmal auf, und ich weiß nicht, wie lange es dauerte, aber die zweite Hitzewelle – o Gott, o Gott, der Schmerz überwältigte mich inzwischen so sehr, [sic], daß ich es einfach nicht länger aushalten konnte, und ich war nahe daran, die Tür aufzumachen und hinauszustürzen, denn dieser Augenblick war alles andere als gemütlich, und es tat so furchtbar weh, aber ich kann mich nicht erinnern, daß ich losgeheult hätte. Ich glaube auch nicht, daß ich geschrien oder gebrüllt habe. Abgesehen von dem brennenden Auto [sic] war alles still. Doch das war so, so laut.

Zwei oder drei Leute standen auf der anderen Straßenseite, und als sie sahen, daß das Auto in Flammen aufging, kamen sie herübergelaufen. Ich konnte sie nicht sehen. Sie kamen herübergelaufen und rissen die Tür auf. Das war bei der zweiten Hitzewelle, und sie zogen mich aus dem Wagen und rollten mich, so schnell sie konnten, auf den Boden. Ich erinnere mich, daß sie schrien und sehr aufgeregt waren. Sie rollten mich auf den Boden, und das Gras war ganz feucht und kalt. Es war richtig winterlich, und ich hatte kaum etwas an. Ich weiß noch, daß ich an mir herabsah und ganz entsetzt war. Ich sah diese Haut, die mir in Fetzen von Armen und Brust hing. Es sah aus, als würden riesige Dreiecke wie Teigkrusten an mir herunterhängen, von dieser versengten, sich kräuselnden Haut, die fast gelblich aussah. Und ich glaube, da war ich schon ein wenig verstört, aber ich bin mir nicht sicher. Die Leute sagten sofort: »So ein schrecklicher Unfall, so ein schrecklicher Unfall.« Und ich schrie: »Aber es war kein Unfall. Ich wollte sterben.« Und ich war beinahe frustriert, weil sie so etwas sagten. Inzwischen fingen sie an, mich hochzuheben, einer nahm meine Arme und ein anderer meine Beine.

Sie trugen mich über die Straße, und ich war immer noch wütend und schimpfte: »Es war kein Unfall. Ich wollte sterben. Warum laßt ihr mich nicht sterben und mischt euch ein?« Aber sie sind nur entsetzt und völlig verblüfft über das, was passiert war, und hören mir gar nicht zu, sondern legen mich auf den Teppich in ihrem Wohnzimmer, und ich kann in diesem Moment kurz hinuntersehen, aber ich versuche nicht, mich zu bewegen oder aufzustehen. Ich sehe kaum diesen verkohlten Körper, aber das bißchen, was ich sehen konnte, war ganz verkohlt. Kurz darauf kam der Krankenwagen und die Polizei, und ich weiß noch, daß sie mich auf die Trage legten und wie wir zum Krankenhaus fuhren. Ich sagte nichts, aber ich hätte sie so gerne zum Lachen gebracht, weil sie so grimmige Gesichter zogen. Sie wußten nicht recht, wie sie sich mir gegenüber verhalten sollten, doch ich war wach und versuchte, mich an einen Witz zu erinnern oder etwas Schnoddriges zu sagen, obwohl mir nicht nach was Schnoddrigem zumute war.

Als wir in die Notaufnahme kamen, bemerkte ich die Hektik und all die vielen Menschen. Es schienen immer mehr zu werden, und ich sprach mit jemand, man fragte mich nach meinem Namen, wo ich wohnte, und noch andere persönliche Dinge, und ich antwortete, und dann wollte ich plötzlich eine Zigarette und ein Glas Wasser haben. Ich brauchte dringend eine Zigarette und etwas zu trinken. Ich hatte großen Durst. Ich war wie ausgetrocknet, aber ich versuchte, mich nicht zu bewegen. Anscheinend mußte jeden Moment der Chirurg auftauchen. Er begann, mir die Kleider vom Leib zu schneiden. Der Nylteststoff war geschmolzen und in die Haut gedrungen, und es war nicht mehr viel davon übrig, aber er schnitt daran herum, anstatt zu versuchen, etwas abzuziehen, und legte die Schnipsel beiseite. Und ich brülle weiter, daß ich eine Zigarette und ein Glas Wasser haben will und daß es mir dann wieder gutgehen würde und all so 'n Zeug, und er sagte: »Wenn es Ihnen wieder besser geht, dann können Sie haben, was Sie wollen, aber jetzt seien Sie still, Sie sind im Moment sehr krank.« Ich glaube, es ist mir damals überhaupt nicht bewußt gewesen, was für schwere Verbrennungen ich hatte. Es war wirklich seltsam. Ich weiß noch, wie er mir die Kleider vom Körper geschnitten hat und anfing, mich zu untersuchen, aber daran, wie sie mir die Verbände anlegten, kann ich mich nur sehr vage erinnern. Und dann schien alles um mich herum dunkel zu werden.

Natürlich mußte Beatrice infolge der Verbrennungen mehrere Monate im Krankenhaus bleiben. Es wurden ein halbes Dutzend Hauttransplantationen vorgenommen (jede unter Vollnarkose), Hunderte von Sitzungen bei Physiotherapeuten fanden statt sowie mehrere Gespräche mit einer Ordensschwester aus dem Krankenhaus, die ihr Vorhaltungen machte, sie habe mit ihrem Selbstmordversuch eine schwere Sünde auf sich geladen.
Es ist nicht schwer, in ihrem Leben Vorzeichen für einen Selbstmord zu finden. Es gibt eine ganze Reihe davon: eine streitsüchtige Familie; die Tatsache, daß sie als Kind von ihren Eltern abgelehnt wurde; daß sie sich mit der

abweisenden Haltung ihres Vaters und ihrer Tante identifiziert und sie verinnerlicht, bis sie sich schließlich selbst ablehnt; daß sie von einem Mann sitzengelassen wird und darum ihre Selbstachtung verliert; die Liste ließe sich fortsetzen. Man kann auch die plötzlich eintretenden Ereignisse aufzählen: die Mutter verweigert ihr, nach Hause zu kommen; die väterliche Zuneigung von seiten eines Mannes, der nie ihr Schwiegervater werden würde; das völlige Ausbleiben einer Reaktion ihrer Freunde auf ihren letzten Hilferuf sowie eine Schrumpfung und Einengung ihres Innenlebens. Sie will allem ein Ende machen – ohne dabei in Betracht zu ziehen, daß eine Selbstverbrennung mit entsetzlichen Schmerzen verbunden ist.*

Sie starb ungefähr drei Jahre nach ihrer Selbstopferung. Es war so: Zwei Tage vor ihrem Tod suchte sie einen Arzt auf – ihm hatte sie erzählt, daß ihre Brandwunden von einem Autounfall herrührten – und klagte über Halsschmerzen. Man untersuchte sie gründlich und stellte eine akute Mandelentzündung fest. Sie bekam Medikamente verordnet und sollte am nächsten Tag wiederkommen. Als sie wieder in die Praxis kam, klagte sie über Übelkeit und sagte, sie könne die Medikamente nicht einnehmen. Der Arzt wies sie in ein Krankenhaus ein und ordnete eine intravenöse Behandlung ihrer akuten Mandelentzündung an. Er besuchte sie gegen fünf Uhr nachmittags im Krankenhaus. Am Abend telefonierte sie mit

---

* Hier ein wissenschaftlicher Hinweis: alle diese Punkte sind scheinbar »notwendig«, aber keineswegs »ausreichend«, um diesen Selbstmord zu erklären. Wir alle kennen Menschen, die dieselben Qualen und schmerzlichen Verluste erlitten haben und trotzdem keinen Selbstmord begingen. Deshalb muß noch mehr dahinterstecken.

Freunden. Gegen Mitternacht sagte sie der Schwester, daß es ihr schon viel besserginge. Etwa gegen vier Uhr am Morgen fand man sie tot in ihrem Bett. Es gab keinerlei Anzeichen für irgendeine Gewalteinwirkung.

Dann stellte sich heraus, daß sie etwa zwei Wochen vor ihrer Einlieferung ins Krankenhaus eine grippeähnliche Erkrankung hatte und ein paar Tage nicht zur Arbeit gegangen war. (Vielleicht hat sie während dieser Zeit die Tonbandaufzeichnungen gemacht.) Im nachhinein nimmt jetzt ihr Arzt an, daß es sich bei der grippeähnlichen Erkrankung um einen Herzinfarkt gehandelt habe und sie infolge einer Herzrhythmusstörung gestorben sei. Außerdem wurden bei der Autopsie und bei der toxikologischen Untersuchung weder ein abnormer Mageninhalt noch eine abnorme Blutzusammensetzung festgestellt. Ich bin auch der Meinung, daß nichts auf Selbstmord hindeutet. Auf ihrem Totenschein steht als Todesursache: »Herzversagen (4 Stunden) infolge Herzinfarkt (14 Tage) sowie akute Tonsillitis und Pneumonitis.«

Ihre sterblichen Überreste wurden in ihre Heimatstadt überführt. Ihre Mutter ließ sie einäschern.

Diese beiden Dokumente sind, aufs Ganze betrachtet, Lotsenbücher, die uns vor den zerklüfteten Untiefen und den vulkanischen Inseln im Ozean des Lebens warnen. Sie sagen uns, wem wir im Leben aus dem Weg gehen sollen: sich ablehnend verhaltenden Vätern, feindseligen Müttern, gehässigen Tanten, Liebhabern, die uns ausnutzen, lieblosen Ehemännern, gleichgültigen Freunden, mißbilligenden Krankenschwestern etc. Doch sie können uns nicht sagen, *wie* wir diesen katastrophalen Beziehungen aus dem Weg gehen können. Lotsenbücher und Kartenmaterial müssen durch andere Anweisungen ergänzt werden – nicht nur das »Wo« und »Was« ist wichtig, sondern auch das »Wie«. Aber es ist auch wichtig zu begreifen, was es zu vermeiden gilt.

Es ist eine Herausforderung für jeden, sicherzustellen, daß es in seinem eigenen Leben, im Leben seiner Kinder oder anderer ihm nahestehender Personen keine solchen katastrophalen Elemente gibt. Unglücklicherweise beweisen die Fakten, daß mißhandelte Kinder dazu neigen, selbst mißhandelnde Eltern zu werden, und es hat beinahe den Anschein, wenn man den Gedanken fortführt, daß traumatisierte und abgelehnte Kinder traumatisierende und ablehnende Eltern werden. Die Logbücher verschiedener katastrophaler Lebensfahrten einzusehen und dann einfach so weiterzuleben, als gebe es auf der ganzen Welt keine Lotsenbücher, ist ein trauriger Beleg für die Unbelehrbarkeit mancher Menschen.

Zusätzlich zu der Lehre, die man aus ihrem Inhalt ziehen kann, werfen diese beiden außergewöhnlichen Berichte, beide aufgenommen bzw. verfaßt nach einem Selbstmordversuch mit sehr hohem Todesrisiko, eine Reihe von interessanten methodologischen Fragen auf. Welche Veränderungen erfuhren die Berichte aufgrund der Tatsache, daß sie *nach* dem beinahe tödlich ausgehenden Ereignis geschrieben wurden? Wie hätten sie gelautet, wenn sie *vor* dem Sprung vom Balkon oder vor der Selbstopferung verfaßt worden wären?

Wir wissen, daß die Erforschung eines Phänomens in der Natur – allein die reine Betrachtung (ob mit Hilfe eines

Mikroskops oder eines Videorecorders) – das Ereignis oder Phänomen in seinem ursprünglichen oder unbeobachteten Zustand verändert. Dies scheint sich auch in der Psychologie zu bestätigen, wo die Gegenwart des Beobachters den Beobachtungsgegenstand verändert. Doch gibt es für uns, wenn wir an einer ernsthaften Untersuchung des Selbstmord-Phänomens interessiert sind, kaum einen Ausweg aus diesem Dilemma.

Vielleicht geben diese Berichte der beiden Frauen nicht exakt wieder, wie ein Mensch sich beim Vollzug eines Selbstmordversuchs fühlt, weil sie nach dem Ereignis, nach dem Überleben und nach einigen Überlegungen verfaßt wurden. Aber sie liefern uns eine enorme Fülle an Informationen, die sich mit keinerlei sonstigen Berichten vergleichen läßt. Sie nähern sich der »Realität« vielleicht in eben dem Maße an, wie es nur möglich ist.

Diese beiden persönlichen Dokumente stellen nicht den Anspruch, repräsentativ oder gar typisch zu sein; sie sind Beispiele dafür, was der menschliche Geist in Situationen, die von Verwirrung und Zwang geprägt sind, mitzuteilen versucht, wenn auch nur sich selbst. Es sind zwei Stimmen des Todes in der Wüste Jedermanns.

Selbstzerstörung:
Abschiedsbriefe und Lebenstragödien

> Eisenschienen führen zu meinem Ziel, in
> ihrer Spur rast meine Seele ihre Bahn.
>
> HERMANN MELVILLE, *Moby Dick*
> (Kapitel 37)

Es gibt wohl kaum eine Selbstmordschilderung, die so tiefen Einblick vermittelt wie ein paar Worte nur des ersten Abschnitts von *Moby Dick*: »... wenn müder, nieselnder November meine Seele erfüllt.« Sie enthalten im Kern, was ein Selbstmord ist: ein düsterer Wintersturm im Innern eines Menschen, ein Streit um die lebenswichtige Entscheidung, ob er schwimmen oder untergehen will. Bei ungefähr einem Viertel aller Selbstmordfälle will der Betroffene über diesen inneren Konflikt berichten. Solche Dokumente – Abschiedsbriefe – besitzen etwas von der Faszination einer Kobra: sie erregen unsere Aufmerksamkeit, doch wir sind uns ständig bewußt, daß eine ernsthafte Gefahr in ihnen lauern kann.

Ebenso wie die alten Lotsenbücher sind Abschiedsbriefe verschlüsselte Wegweiser unratsamer Reiserouten. Ein Abschiedsbrief ist, egal wie überzeugend er innerhalb seiner eigenen, abgeschlossenen Welt zu sein scheint, nie eine Anleitung dafür, wie man sich im Leben verhalten soll. Wenn man Abschiedsbriefe näher untersucht, schaudert es einen beim Lesen dieser Zeugnisse unsteter

Lebensfahrten, die allesamt mit Schiffbruch endeten. Sie faszinieren uns, weil sie etwas über die menschliche Grundbefindlichkeit aussagen und uns vor etwas in uns selbst warnen.

Meine eigene, langjährige Forschung auf diesem Gebiet trägt zugegebenermaßen manche Züge einer Geheimwissenschaft. Man spürt die Faszination, die früher von der Alchimie, dem Phlogiston oder der Lehre von der Vererbung erworbener Eigenschaften ausgegangen sein muß, von dem Dogma, daß die Erde flach oder der Mittelpunkt des Universums sei, oder von der These, daß in Wirklichkeit Bacon Shakespeares Dramen geschrieben habe – alles irrige Vorstellungen. Es gibt jedoch einen Unterschied, der meine nahezu manische Beschäftigung mit Abschiedsbriefen zu rechtfertigen scheint: Ich weiß, daß Abschiedsbriefe – ebenso wie die vielen Tagebücher von Schizophrenen, die ich gelesen habe – fehlerhafte Lotsenbücher sind. Ich habe noch nie einen Abschiedsbrief gelesen, den ich selbst hätte schreiben wollen.

Aber was können wir aus diesen Abschiedsbriefen tatsächlich über Selbstmord erfahren? In den vergangenen fünfundzwanzig Jahren haben sich meine Antworten auf diese Frage radikal verändert. Ich bin inzwischen zu drei unterschiedlichen Auffassungen über das Verhältnis zwischen Abschiedsbriefen und dem Phänomen des Selbstmords gelangt.

Zu meiner ursprünglichen Ansicht zur Bewertung von Abschiedsbriefen kam ich im Jahr 1949, als ich im Aktenschrank eines Leichenbeschauers unerwartet auf mehrere hundert Abschiedsbriefe stieß. Seit damals haben mich, ohne daß mein Interesse nachgelassen hätte, Abschiedsbriefe immer wieder fasziniert, weil sie die beste Möglichkeit bieten, das Selbstmord-Phänomen zu verstehen. Ich glaubte, es müßte möglich sein, die Geheimnisse des Selbstmord-Phänomens aufzudecken, wenn man Abschiedsbriefe als Schlüssel dazu benutzte. Wenn jemand die Frage stellt: »Wie kommen Menschen auf einen solchen Trip?« (sprich: begehen Selbstmord), dann kann man Abschiedsbriefe durchaus als psychische Lotsenbücher betrachten und in ihnen nach Anhaltspunkten dafür suchen, wie das tragische Ende einer bestimmten Lebensfahrt hätte abgewendet werden können. Es hat den Anschein, daß Abschiedsbriefe, die unmittelbar vor dem Selbstmord, oft nur wenige Minuten vor der Tat, geschrieben wurden, einen besonderen Einblick in das Denken und Fühlen des Selbstmörders bieten. In keinem anderen Bereich menschlichen Verhaltens gibt es ein so enges Verhältnis zwischen Dokument und Tat.

Meine spätere Reaktion auf diese Ansicht war ein (in gewisser Weise übertriebener) Sprung in eine beinahe gegensätzliche Position. Ich vertrat nun den Standpunkt, daß Abschiedsbriefe, geschrieben von Menschen, die psychisch eingeengt, abgestumpft und in ihrer Denkfähigkeit beschränkt waren, wohl kaum nennenswerten Aufschluß bieten oder gar als wichtige psychologische Dokumente dienen könnten. Zugegeben, diese Sicht der Dinge war eine Art »Overkill«.

Heute bin ich der Meinung, daß Abschiedsbriefe weder grundsätzlich aufschlußreich noch banal sind. Sie können zweifellos von Bedeutung sein, vor allem wenn man sie im Zusammenhang mit der ausführlichen Lebensgeschichte des Menschen sieht, der den Brief geschrieben hat und anschließend Selbstmord beging. In solchen Fällen – wenn wir sowohl den Abschiedsbrief haben als auch ausführlich über die Entwicklung des betreffenden Menschen informiert sind – wird der Brief manchen Aspekt seiner Lebensgeschichte aufdecken. Umgekehrt kann die Lebensgeschichte viele Schlüsselwörter in dem Brief lebendig werden und bestimmte Bedeutungen annehmen lassen, die sonst verborgen geblieben oder verlorengegangen wären. Mein gegenwärtiger Standpunkt ist eine Synthese meiner beiden vorherigen Ansichten und hat damit eine Art dialektische Struktur.

I

Die Ergebnisse vieler vorangegangener Untersuchungen aus dem letzten Jahrhundert – angefangen mit Brierre de Boisments systematischer Studie von 1856 – waren außerordentlich widersprüchlich und diffus. Insgesamt erfahren wir aus diesen Studien über Abschiedsbriefe, daß der Selbstmörder – im Vergleich zu einer nicht suizidgefährdeten Person – aller Wahrscheinlichkeit nach in einer Schwarzweiß-Logik denkt, das heißt, er unterteilt alles in zwei einander ausschließende Kategorien (so wie vollkommen und unvollkommen, Leben und Tod) und ist in seinem Denken eingeengt und fixiert. Er gibt ganz konkrete Anweisungen (statt verallgemeinernde oder philosophische Betrachtungen anzustellen) und schreibt an seine künftigen Hinterbliebenen in einer Weise, als ob er noch am Leben wäre, um die Erfüllung seiner Wünsche zu überwachen. Er vermeidet jede intellektuelle Verarbeitung (mit anderen Worten, er vermeidet, darüber nachzudenken, wie er selbst denkt), er handelt mehr emotional als rational. Er ist lediglich daran interessiert, anderen (Ausdruck von Feindseligkeit) oder sich selbst (Ausdruck von Schuldgefühl oder Scham) die Schuld zuzuschieben. Und es geht ihm um Liebe – um die verschiedenen Aspekte, Nuancen und Schattierungen von Zuneigung, Zugehörigkeit, Hingabe sowie romantischer und erotischer Liebe.

Die Zahl der Personen, die sich umbringen und Abschiedsbriefe hinterlassen, schwankt zwischen 15 und über 30 Prozent. Wer von denen, die Selbstmord begehen, schreibt eigentlich einen Abschiedsbrief? Fest steht, daß sich Briefschreiber und Nicht-Briefschreiber in den demographischen Variablen nicht wesentlich unterscheiden – Alter, Rassenzugehörigkeit, Geschlecht, Beschäftigungsverhältnis, Familienstand, Gesundheitszustand, Verlauf der psychischen Krankheit, der Ort, an dem der Selbstmord verübt wurde, sowie vorangegangene Selbstmordversuche. Abgesehen davon wissen wir nur sehr wenig über die Psychologie, die das Schreiben von Abschiedsbriefen bestimmt. Der bekannte Selbstmordforscher Erwin Stengel äußert in seiner wissenschaftlichen Studie *Selbstmord und Selbstmordversuch*: »Ob Selbstmörder, die Mitteilungen zurücklassen, eine andere Einstellung haben als jene, die nichts Schriftliches hinterlegen, läßt sich nicht feststellen. Möglicherweise unterscheidet sich die erste Gruppe von der Mehrheit lediglich dadurch, daß sie gerne Briefe schreibt.« Diese Erklärung klingt so plausibel wie jede andere.

Untersuchungen von Abschiedsbriefen haben zumindest mit einem Mythos, der sich um den Selbstmord rankte, Schluß gemacht: daß Selbstmorde einheitlich nach einem bestimmten Muster ablaufen. Natürlich begeht niemand Selbstmord, der nicht in irgendeiner Weise und in erhöhtem Maße intellektuell oder emotionell außer Fassung geraten ist. Dieser Zustand der Verwirrung kann verschiedene Formen haben: leidenschaftliche, unerwiderte Liebe, intellektuelle Überheblichkeit, Scham und Schuldgefühle über die empfundene Schande, der Wunsch nach Flucht vor den Qualen einer Geisteskrankheit, der Wunsch, geliebte Menschen vor weiteren Schmerzen zu bewahren, und eine Art von innerem Stolz und innerer Unabhängigkeit angesichts des eigenen Schicksals und des eigenen Todes. Alle diese psychologischen Reflexe, und noch mehr, finden sich in Abschiedsbriefen.

Selbstmordhandlungen sind sehr komplizierte psychologische Vorgänge — von ihren sozialen, soziologischen oder anthropologischen Komponenten einmal ganz abgesehen. »Rein« vom psychologischen Standpunkt aus gibt es viele grundlegende und schwerwiegende Ursachen (gepaart mit einer Vielzahl von sich überstürzenden Ereignissen), die bei jedem Selbstmord zusammenkommen. Dennoch finden wir gelegentlich einen Abschiedsbrief, in dem sich ein bestimmter emotionaler Zustand so in den Vordergrund drängt, als würde er allein den betreffenden Selbstmord charakterisieren (oder zumindest in ihm überwiegen). In diesen Fällen möchten wir fast glauben, daß eine solche einzelne Gefühlsregung die alleinige (wenn nicht sogar die primäre) Ursache für die Handlung selbst war. An dieser Stelle folgen nun einige Beispiele.

Haß

Anläßlich der heute berühmten Zusammenkunft von Freud und anderen Nervenärzten in Wien 1910 – bislang die einzige Zusammenkunft von Psychoanalytikern, in deren Mittelpunkt das Thema Selbstmord stand – artikulierte Wilhelm Stekel zum ersten Mal den später orthodoxen Standpunkt der Psychoanalyse. Er sagte: »Niemand bringt sich selbst um, es sei denn, er wünscht einem anderen den Tod.«[1] Die damaligen Psychoanalytiker betrachteten den Selbstmord in erster Linie als feindselige Handlung gegenüber einem geliebten Menschen, mit dem sich der Betreffende unbewußt identifiziert hatte – ich habe das einmal »Mord um 180 Grad« genannt.

Es ist nicht schwer, Anzeichen von Feindseligkeit in zeitgenössischen Abschiedsbriefen zu finden, die diese Hypothese stützen könnten. Die folgenden haßerfüllten Zeilen sind einer äußerst ungewöhnlichen Reihe von Abschiedsbriefen entnommen. Zwischen 1934 – dem Jahr nach Fiorello La Guardias Wahl zum Bürgermeister von New York City und der Polizeireform – und 1940 begingen dreiundneunzig New Yorker Polizisten Selbstmord. (Lediglich zwei Berichte wurden bisher über diese seltsame Seuche geschrieben.)[2] Von diesen dreiundneunzig Polizisten hinterließen nur neunzehn einen Abschiedsbrief. Hier ist einer der kürzesten und zornigsten; er wurde von einem siebenunddreißig Jahre alten Polizisten geschrieben, der in einer Kneipe auf seinen Vorgesetzten wartete, um ihn umzubringen. Nachdem er ziemlich lange vergeblich gewartet hatte, schrieb er diesen haßerfüllten Brief, um sich anschließend zu erschießen.

> An den, der gemeint ist: auf Wiedersehn, du altes Arschloch, und wenn ich Arschloch sage, dann meine ich auch Arschloch. Ich hoffe, du fährst mit dem Rest von uns zur Hölle, du feiges Schwein. Soll doch das Revier sehen, wie es ohne dich zurechtkommt.

Liebe

Heute sind die meisten Selbstmordforscher der Meinung, daß Selbstmord nicht einzig und allein auf Feindseligkeit basiert, sondern daß es noch eine Menge anderer emotionaler Zustände gibt – wie zum Beispiel Abhängigkeit, Scham, Schuldgefühl, Angst, Verzweiflung, Frustration, Selbständigkeitsverlust und vor allen Dingen das Gefühl von Hoffnungslosigkeit und Hilflosigkeit –, die als grundlegende psychologische Bestandteile des Selbstmords angesehen werden können. Liebe, insbesondere aber enttäuschte Liebe, spielt in vielen Selbstmordfällen eine weitaus größere Rolle als Haß. Ein junger Mann von fünfunddreißig schrieb folgende Zeilen:

> Mein Liebling, Dich so zu lieben, wie ich es tue, und dann ohne Dich leben zu müssen, das ist mehr, als ich ertragen kann. Ich liebe Dich so sehr, von ganzem Herzen und ohne jede Einschränkung. Ich bete Dich an, das ist mein Fehler... Ohne Dich ist das Leben uner-

träglich. Das ist der einzige Ausweg. Damit sind alle unsere Probleme aus der Welt geschafft. ... Wenn Liebe im Jenseits möglich ist, dann werde ich Dich auch nach meinem Tod noch lieben. Gott sei unseren Seelen gnädig. Er allein kennt meinen Schmerz und weiß, wie sehr ich Dich liebe.

Es folgt ein aus Liebe geschriebener Abschiedsbrief von einer Europäerin. Sie lebte im vorigen Jahrhundert und war die Tochter eines sehr berühmten Mannes. Man beachte in dem kurzen Brief von Eleanor Marx[3], der jüngsten der drei Töchter von Karl Marx – dessen Schwester sich ebenfalls umgebracht hat –, die komplizierte und überladene Bedeutung des Wortes »Liebe«. Dabei muß man ihr schwieriges und psychisch qualvolles Verhältnis zu ihrem berühmten Vater berücksichtigen. Zum Beispiel erfuhr sie erst, als sie erwachsen war, daß ihr Vater mit der Hausangestellten, die gleichzeitig Freundin der Familie war, einen unehelichen Sohn hatte – und sofort ging sie eine enge psychische Bindung mit dieser Frau ein. Außerdem muß in Betracht gezogen werden, daß ihr Abschiedsbrief an ihren langjährigen Geliebten gerichtet ist, einen unberechenbaren Mann, der zahllose Affären mit anderen Frauen hatte. Sie duldete dies zwar, weil sie ihn sehr liebte, aber ein letzter Tropfen brachte das Faß zum Überlaufen. Dieser Mann, Edward Aveling, hatte, ohne es ihr zu sagen, heimlich eine andere Frau geheiratet. Eleanor war zutiefst enttäuscht und fühlte sich aufs schlimmste zurückgewiesen. Sie schreibt:

> Liebster, es wird bald vorüber sein. Mein letztes Wort an Dich ist dasselbe, das ich all die langen, traurigen Jahre hindurch gesagt habe – in Liebe.

Sie vergiftete sich in ihrer Wohnung mit Blausäure. Es ist bis heute unklar, ob Aveling ihr das Gift verschafft hatte und ob es einen Selbstmordpakt gab, dem er sich entzog. Unzweifelhaft ist dagegen die Vieldeutigkeit des Schlüsselbegriffs »in Liebe«. Er kann sowohl Bitterkeit als auch Bedauern, Anklage, Enttäuschung, Zärtlichkeit, Wehmut, ohnmächtige Wut oder Hilflosigkeit beinhalten, weil sie betrogen oder verleumdet wurde.

Ein bedeutender Schlüssel zum Verständnis des Selbstmords ist die Erkenntnis, daß die Gründe dafür weder allein Liebe noch Haß sind. Es ist eher das gleichzeitige Auftreten *beider* Faktoren sowie das Hinzukommen weiterer Emotionen. Den Zustand, gegenüber ein und derselben Person einander widerstreitende Gefühle zu hegen, bezeichnet man als *Ambivalenz*. Sie veranschaulicht folgender kurzer Abschiedsbrief:

> Liebe Betty,
> Ich hasse dich.
> In Liebe
> Georg

Scham und Schande

Manche Selbstmorde hängen vor allem mit einem bestimmten Schamgefühl, mit »Gesichtsverlust«, Schande oder einem Gefühl der Pflichtversäumnis zusammen. Insbesondere stolze Menschen scheinen für diese Gefühle sehr anfällig zu sein. Ein Beispiel dafür ist der Selbstmord von Dr. Paul Kammerer, einem bedeutenden Wiener Biologen. Durch seine Experimente mit Geburtshelferkröten (so genannt, weil sich die männliche Kröte die befruchteten Eier um die Beine legt und sie mit sich herumträgt, bis die Jungen schlüpfen) wollte er den Beweis erbringen für die Vererbung bestimmter erworbener Merkmale, speziell der Brunftschwielen an den vorderen Beinen des Männchens, mit denen es sich während der Paarung am Weibchen festhält. Nach fünfzehn Jahren sorgsamer Arbeit, der Aufzucht und Beobachtung dieser Kröten wurde festgestellt, daß in die Beine der Vorführexemplare Tusche injiziert worden war, um auf diese Weise die gewünschten Resultate zu erzielen. Obwohl nicht bekannt ist, ob er selbst oder ein Laborant, der vielleicht nachhelfen wollte, die Fälschung begangen hatte, war Kammerer ein ruinierter Mann.

Sechs Wochen nach der Anklageerhebung schoß sich Kammerer 1926 in einem Waldstück bei Wien eine Kugel durch den Kopf. Neben seiner Leiche fand man diesen Abschiedsbrief:

> An denjenigen, der meine Leiche auffindet:
> Dr. Paul Kammerer ersucht, ihn nicht nach Hause zu überbringen, weil seiner Familie der Anblick erspart

bleiben soll. Am einfachsten und wohlfeilsten wäre vielleicht die Verwertung im Seziersaal eines der akademi-
schen Universitätsinstitute. Mir auch am sympathisch-
sten, weil ich der Wissenschaft wenigstens auf solche
Weise einen kleinen Dienst erweise. Vielleicht finden die
werten Kollegen in meinem Gehirn eine Spur dessen,
was sie an den lebendigen Äußerungen meiner geistigen
Tätigkeit vermißten. Was immer mit dem Kadaver geschieht, eingegraben, verbrannt oder seziert, sein Träger
ist konfessionslos gewesen und wünscht, von religiösen
Zeremonien verschont zu bleiben, die ihm wahrscheinlich ohnedies verweigert worden wären. Das ist keine
Feindseligkeit gegen den individuellen Priester, der
ebenso ein Mensch ist wie alle anderen und oft ein guter
und edler Mensch.[4]

Dieses schwermütige Dokument enthält einige interessante Details. Das Gefühl der Scham, der Reue und das
Bedürfnis nach Wiedergutmachung treten offen zutage.
Seine Einstellung zu sich selbst ist verblüffend, da er
seinen Körper bereits als Kadaver bezeichnet, aber seine
Unfähigkeit, den eigenen Tod anzunehmen – Freud hat
dazu bemerkt, daß sich keiner den eigenen Tod wirklich
vorstellen kann, sondern daß man immer nur Zuschauer
bleibt –, zeigt sich in dem Widerspruch, daß er sich
einerseits nicht darum kümmert, was mit seinem Körper
geschieht, aber daß er (der Lebendige? der Körper? und
wenn nur der Körper, was macht das für einen Unterschied?) andererseits wünscht, von religiösen Zeremonien verschont zu bleiben. Und es läßt sich auch eine
gewisse Präventivabwehr ausmachen: Er weist andere ab,
bevor sie ihn abweisen, etwa wie in dem Satz: »... die ihm
wahrscheinlich ohnedies verweigert worden wären.«

Eines aber fehlt in dem Brief: Worte der Zuneigung, die Bitte um Vergebung seitens der Familie, um Wärme und Liebe. Der Brief enthält vor allem eine Reihe von Anweisungen: an die Person, die seine Leiche findet, an den Pathologen, der sein Gehirn seziert, und an den Priester, der gut oder auch nicht gut genug ist, um einen Gottesdienst abzuhalten. Schließlich kann man noch folgern, daß Kammerer sich unbewußt selbst als einen Priester der Wissenschaft sieht, der zwar ebenso ein Mensch ist wie jeder andere, tatsächlich aber ein guter und edler Mensch.

Am sinnvollsten ist es wohl, Kammerers Selbstmord als eine erschütternde Verkettung mehrerer emotionaler Faktoren, verschlimmert durch ein übermäßiges Schamgefühl, in einem völlig verwirrten Individuum zu deuten: Angst, Wut, Depression, Hoffnungslosigkeit, Schuldgefühl, Ablehnung; mit anderen Worten, gesteigerte allgemeine Aufwühlung. Jeder Selbstmord ist ein komplizierter Vorfall, aber Kammerers Selbstmord scheint komplexer und rätselhafter zu sein als die meisten.

Angst – besonders vor wiederkehrender Geisteskrankheit

Gelegentlich begegnen wir Abschiedsbriefen, die in ihrer Irrationalität fast schon rational sind und die eine Handlung widerspiegeln, die wir zwar bedauern, aber dennoch verstehen können. Virginia Woolf ertränkte sich in der Ouse, einem kleinen Fluß in der Nähe ihres Hauses in der Grafschaft Sussex in England. Sie war eine hochbegabte

Frau, eine literarische Berühmtheit und Autorin mehrerer Romane, in denen sie in ihrem eigenartigen Stil den Strom des Bewußtseins beschrieb. Sie war zugleich Verlegerin, gründete zusammen mit ihrem Mann den Verlag »Hogarth Press« (der neben anderen bekannten Büchern auch Freuds Werke in englischer Sprache herausgab) und war Mitglied der »Bloomsbury group« – eines illustren Kreises von Künstlern, die alle auf der Suche nach dem Guten, Wahren und Schönen waren.

Kurz und gut, sie war das Zentrum eines glänzenden literarisch-philosophischen Zirkels. Dennoch gab es immer wieder erdrückende Perioden, in denen sie – ob durch Vererbung oder psychodynamisch bedingt, ist nicht bekannt – unter geistiger Verwirrung litt. In jedem Menschen, vor allem aber in Menschen von ausgeprägtem Intellekt, steckt die Angst, den Halt an der Realität zu verlieren, den Verstand zu verlieren oder einfach verrückt zu werden. 1941 stellten sich diese Symptome oder Vorahnungen bei Virginia Woolf erneut ein. Was sie vorausdeuteten, war für sie und die anderen einfach zuviel, um über die Folgen nachzudenken. Diesen Abschiedsbrief schrieb sie an ihren Mann, mit dem sie fast dreißig Jahre verheiratet war:

Liebster,
ich spüre genau, daß ich wieder wahnsinnig werde. Ich glaube, daß wir eine so schreckliche Zeit nicht noch einmal durchmachen können. Und diesmal werde ich nicht wieder gesund werden. Ich höre Stimmen, und ich kann mich nicht konzentrieren. Darum tue ich, was mir in dieser Situation das beste scheint. Du bist mir alles gewesen, was einem einer sein kann. Ich glaube nicht,

daß zwei Menschen hätten glücklicher sein können, bis diese schreckliche Krankheit kam. Ich kann nicht länger dagegen ankämpfen. Ich weiß, daß ich Dir Dein Leben ruiniere und daß Du ohne mich arbeiten könntest. Und ich weiß, Du wirst es tun. Du siehst, nicht einmal das kann ich richtig hinschreiben. Ich kann nicht lesen. Was ich sagen möchte, ist, daß ich alles Glück meines Lebens Dir verdanke. Du bist unglaublich geduldig mit mir und unsagbar gut zu mir gewesen. Das möchte ich sagen – jeder weiß es. Wenn mich jemand hätte retten können, dann wärst Du es gewesen. Alles, außer der Gewißheit Deiner Güte, hat mich verlassen. Ich kann Dein Leben nicht länger ruinieren.

Ich glaube nicht, daß zwei Menschen glücklicher hätten sein können, als wir es gewesen sind.[5]

Dieser Brief klingt ängstlich und liebevoll zugleich. Sie schafft es nicht, noch eine weitere Psychose durchzustehen, und mehr noch, sie will ihren geliebten Mann nicht damit belasten. Zu Beginn des Briefes wird der Grund für ihre Verzweiflungstat angegeben, aber dann ist er nur noch ein Ausdruck der Hoffnungslosigkeit, des Bedauerns, der Dankbarkeit und der Liebe. Die negativen Emotionen werden ausgelöst durch die Verzweiflung angesichts ihrer Furcht, in Kürze verrückt zu werden. Bezeichnend für diese Art Krankheit ist die Unfähigkeit des Betreffenden, seine geheime Furcht – die selbst ein Symptom des verwirrten Geisteszustands ist – mit denjenigen zu teilen, die ihn retten könnten.

Traumatische Ablehnungshaltung und Selbstverleugnung

Das Gefühl totaler Ablehnung bei einer Person, die sich bereits selbst mißbilligt, ist oft der eigentliche Grund für die Selbstzerstörung. Die Charaktere der Mitwirkenden in der nun folgenden Tragödie sind ebenso kompliziert wie bekannt. Das Leben der Fanny Imlay, der späteren Fanny Imlay Godwin, stand anscheinend von Anfang an unter einem schlechten Stern. Ihre Herkunft ist ein wenig kompliziert, aber sie wurde gründlich erforscht. Fanny wurde 1794 geboren als uneheliche Tochter von Mary Wollstonecraft, einer bekannten Frauenrechtlerin und Autorin des Buches *The Rights of Women*, und eines gewissen Imlay, Hauptmann während des amerikanischen Revolutionskrieges. Ihre Mutter heiratete später William Godwin, einen politischen Philosophen und Romanautor (er schrieb den *Caleb Williams*), und sie starb ein paar Tage nach der Geburt von Fannys Halbschwester, Mary Wollstonecraft Godwin (die spätere Verfasserin von *Frankenstein*), die die zweite Frau des Dichters Percy Bysshe Shelley wurde. Somit war Fanny Shelleys Halb-Schwägerin – und sie war in ihn verliebt. In ihrem kurzen Leben war sie immer eine Außenseiterin: unehelich, Halbwaise, ausgeschlossen von dem aufregenden Leben ihrer Halbschwester, unbemerkt oder abgelehnt von dem wunderbaren Shelley, ohne Arbeit wegen ihrer berühmten, aber zweifelhaften Verwandten, und sie mußte mit der Bürde eines Selbstmordversuches leben, den ihre Mutter als junge Frau unternommen hatte. 1816 vergiftete sich Fanny Godwin mit zweiundzwanzig Jahren im Gasthaus eines englischen Seebades. Dies ist ihr Abschiedsbrief:

> Ich habe schon vor langer Zeit beschlossen, daß es das beste ist, wenn ich dem Dasein eines Lebewesens ein Ende setze, dessen Geburt einfach ein Versehen war und dessen Leben nur Qualen für diejenigen bedeutete, die ihrer Gesundheit schadeten in dem Bemühen, für sein Wohlergehen zu sorgen. Vielleicht schmerzt es Euch, von meinem Tod zu erfahren, aber Ihr werdet bald schon vergessen haben, daß solch ein Geschöpf je existiert hat.[6]

Die Schlüsselwörter in diesem schmerzlichen Brief sind »Lebewesen« und »Geschöpf«. Sie sieht sich nicht als Frau, Person oder Mensch; sie ist lediglich ein biologisches Etwas, das niemals hätte auf die Welt kommen dürfen. In dieser Mitteilung wird die Nichtigkeit ihres Lebens deutlich; es ist geprägt von einem überwältigenden Gefühl der Leere und Wertlosigkeit. Und ohne Liebe, die diese Leere ausfüllt, kann sie genausogut tot sein.

1817, ein Jahr nach Fannys Selbstmord, schrieb Shelley ein Gedicht mit dem Titel »An Fanny Godwin«.

> Die Stimme zitterte beim Auseinandergehn,
> Ich wußte nicht, daß schon ihr Herz gebrochen,
> Kannt' nicht den Grund, noch blieb ich stehn,
> Hört' nicht die Worte, die sie dort gesprochen.
> Qual – oh, welche Qual,
> Allzu groß für dich ist dieses Erdental.

Bekenntnis-Abschiedsbriefe

Einige wenige Abschiedsbriefe sind regelrechte Glaubensbekenntnisse. Es sind Essays über den Selbstmord an sich, insbesondere über die Moral des Menschen und sein legales Recht, sich das Leben zu nehmen, wann er will. Das bekannteste »Credo« eines Selbstmörders ist in keinem Abschiedsbrief enthalten, sondern steht in dem Aufsatz »Über den Selbstmord« des schottischen Philosophen David Hume, der im achtzehnten Jahrhundert lebte. Dieser Aufsatz war damals derart umstritten, daß er erst ein Jahr nach Humes Tod veröffentlicht wurde.

Hume, der im Alter von fünfundsechzig Jahren eines natürlichen Todes starb (anscheinend hatte er Krebs), versuchte in seinem Essay, den Selbstmord zu entkriminalisieren. Er wollte damit in einfachen Worten folgendes ausdrücken: Wenn man selbst das Opfer sei, handle es sich um eine Tat, die sich im Innern eines Erwachsenen abspiele; folglich gebe es weder im rechtlichen noch im moralischen Sinn ein Opfer. Hume behauptete, daß Selbstmord kein Verbrechen sei, daß es keinen Schuldigen gebe und daß er gewiß keine Sünde bedeute.

Elton Hammond war ein englischer Exzentriker, der 1819 mit dreiunddreißig Jahren Selbstmord beging. Hammond gehörte im England des achtzehnten Jahrhunderts zu einer literarischen Randgruppe.[7] Er war ein Sonderling, vielleicht sogar ein Wahnsinniger. (Einmal verkündete er seiner Schwester, er würde noch bedeutender werden als Jesus Christus.) Aber hier geht es im wesentlichen nicht um Hammonds Geisteszustand, sondern darum, wie unmißverständlich er in seinem Abschiedsbrief das Recht eines Menschen auf die Verfügungsgewalt über seinen Körper betont. Es handelt sich hierbei um ein Bekenntnis, das sich gegen die Kirche und gegen die Obrigkeit richtet.

Es ist wahrscheinlich, daß ein Mann wie Hammond Humes Essay gekannt hat. Die Ähnlichkeiten dieser beiden Dokumente sowohl im gedanklichen Aufbau wie im sprachlichen Ausdruck deuten auf diese Möglichkeit hin. Aber Hammond geht noch einen Schritt weiter als Hume. Er formuliert hier nicht nur Gedanken über Selbstmord, sondern er siedelt das Leben dort an, wo sich sein Geist befindet. Hier ist sein Abschiedsbrief.

AN DEN LEICHENBESCHAUER UND DIE HERREN,
DIE ÜBER MEINEN KÖRPER ZU RATE SITZEN WERDEN

Norwood, den 31. Dezember 1819

Meine Herren!

Was die Anklage wegen Selbstmordes betrifft, so bekenne ich mich nicht schuldig. Denn es liegt keine Schuld in dem, was ich getan habe. Der Begriff Selbstmord ist ein Widerspruch in sich. Wenn ein König, der abdankt, des Hochverrats schuldig ist, wenn der Mann, der seiner eigenen Truhe Geld entnimmt und es ausgibt, ein Dieb ist, wenn derjenige, der seinen eigenen Heuschober anzündet, ein Brandstifter ist, oder wenn derjenige schuldig ist, der sich selbst verletzt, dann mag auch derjenige des Mordes schuldig sein, der sein eigenes Leben einfach wegwirft – entweder, oder.

Wenn der Mensch etwas besitzt, dann ist das sicherlich sein Leben. Doch ich bin weit davon entfernt, zu behaupten, daß ein Mensch mit seinem Eigentum einfach machen darf, was er will. Von all seinem Besitz ist er der Verwalter. Königreiche, Geld und Ernten werden treuhänderisch verwaltet, und genauso, nur weniger streng, verhält es sich mit dem Leben selbst. Das Leben ist eher ein Lehen als eine Gabe. Der König, der seine Krone an einen andern weitergibt, der weniger zum Regieren geeignet ist, mag schuldig sein, doch nicht wegen Hochverrats;... der Selbstmörder, der die Pflichten, die ihm seine gesellschaftliche Stellung auferlegt, hätte erfüllen können, mag vielleicht schuldig sein, jedoch nicht des Mordes oder eines strafbaren Delikts. Sie haben sich gemeinsam der Pflichtversäumnis schuldig gemacht, und alle, außer dem Selbstmörder, haben eine Veruntreuung begangen. Aber ich kann die Pflichten meines Daseins nicht erfüllen. Derjenige, der sein Leben mit Nichtstun vergeudet, begeht eine Veruntreuung; derjenige, der seinem Leben ein Ende setzt, gibt das ihm anvertraute Gut zurück – ein Gut, das man ihm aufgedrängt hat –, ein Gut, das ich nie akzeptiert habe und wahrscheinlich auch nie akzeptiert hätte. Ist das ein Verbrechen? Ich kann über diese lächerliche Annahme nur lächeln. Ich weiß nicht, wie wir auf dieses törichte Gesetz gekommen sind, Selbstmord als ein Verbrechen zu erklären; ich habe weder in der Philosophie noch in der Heiligen Schrift etwas gefunden, das diese Haltung rechtfertigen würde.

Ich möchte lieber nackt in einen Straßengraben geworfen werden, als daß Ihr gegen Euer Gewissen handelt. Aber wenn Ihr den Wunsch habt, mich freizusprechen, kann ich mir nicht vorstellen, daß Euer Spruch, der meinen Tod als Unfall oder als Folge einer Geisteskrankheit hinstellt, ein geringeres Verbrechen sei, als wenn ein Gericht den Wert einer 10-Pfund-Note der Bank von England mit neununddreißig Schilling angäbe oder vorsätzlichen Mord in einem Duell als einfachen Totschlag erklärte. Beides ist schon geschehen. Doch solltet Ihr der Meinung sein, ein solches Verfahren sei gar zu unverfroren, ist es dann weniger unverfroren, mich *telo de se* schuldig zu sprechen, wenn ich überhaupt nicht schuldig bin, weil es bei dem, was ich getan habe, keine Schuld gibt? Ich halte es für unter meiner Würde, meine Situation als Täter auszunutzen, um Euch in die Irre zu führen, doch wenn Ihr innerlich überzeugt seid, daß vorsätzlicher Selbstmord kein Verbrechen ist, werdet Ihr es dann auf Euren Eid nehmen und mich dennoch wegen eines Verbrechens verurteilen? Laßt mich folgendes Urteil vorschlagen, in dem sich Wahrheit und Gerechtigkeit verbinden: »Er starb durch eigene Hand, aber nicht als ein Verbrecher.« Falls ich Gott damit beleidigt habe, dann liegt es an Gott, Fragen zu stellen, nicht an Euch... Heute bin ich frei, und ich mache von meiner Freiheit Gebrauch. Ich kann kein guter Mensch sein, und lieber bin ich tot, als ein schlechter zu sein – so schlecht, wie ich gewesen bin und wie andere sind.

Ich verabschiede mich hiermit von Euch und von meinem Land und verdamme einen jeden von Euch, wenngleich in aufrichtiger Liebe... Gott segne Euch alle!

Elton

Es ist traurig, zu diesem Selbstmorddokument anmerken zu müssen, daß die Untersuchungskommission Hammonds Bitte nicht nachkam; das Urteil lautete auf Selbstmord aufgrund einer Geisteskrankheit – das war genau das, was Hammond nicht gewollt hatte. (Doch war dies unter anderem deshalb geschehen, weil Hammonds Freund Henry Crabb Robinson Hammonds Brief nicht der Untersuchungskommission übergeben hatte, in der Hoffnung, auf diese Weise vielleicht seinen Ruf zu retten.)

II

Wir haben die Frage aufgeworfen, was wir aus Abschiedsbriefen von Selbstmördern lernen können. Natürlich enthalten sie oftmals eine Menge interessanter Schilderungen, insbesondere von Gefühlszuständen. Aber sind sie deshalb voll befriedigende Dokumente, die einen Selbstmord hinreichend »erklären«? Tatsache ist, daß anderthalb Dutzend Untersuchungen, durchgeführt von qualifizierten Experten, während der letzten zwanzig Jahre *keinen* entscheidenden Durchbruch gebracht haben, was man bei einem so großen Aufwand an Arbeit mit Recht erwartet hätte. Nun stellt man sich die Frage nach dem eigentlichen Nutzen dieser Untersuchungen.

Im großen und ganzen läßt sich sagen, daß Abschiedsbriefe im Vergleich zu dem, was wir in ihnen zu finden hofften, relativ unergiebig sind.[8] Offenbar tragen wir nur dazu bei, die Logik einer Selbstmordsituation noch mehr zu verwirren durch unsere Erwartung, dramatische, psychodynamische Einblicke in Mitteilungen zu erhalten, die in dem Augenblick, in dem das Drama ablief, geschrieben wurden. Aber es bleibt eine Tatsache, daß denkwürdige (authentische) Worte, die *während* eines Kampfes oder *auf* dem Totenbett gesprochen wurden, Seltenheitswert haben. Dasselbe trifft anscheinend auch auf Abschiedsbriefe zu. Doch verständlicherweise geben wir die Hoffnung nicht auf, daß selbst ein gewöhnlicher Sterblicher, der am Rande dessen steht, was man schon immer als des Lebens größtes Abenteuer und Geheimnis bezeichnet hat, eine besondere Botschaft für uns bereithält. Die westliche Zivilisation hat bereits Jahrhunderte hindurch den Tod romantisiert; wir neigen dazu, *alle* Worte, selbst die banalsten, die sich in irgendeiner Form auf den Tod beziehen, mit ganz besonderer Ehrfurcht aufzunehmen.

Vielleicht können Abschiedsbriefe gar nicht so beschaffen sein, wie wir sie gerne hätten – aus dem einfachen Grund, weil sie von Menschen geschrieben wurden, deren Bewußtsein (bei akuter Suizidgefahr) normalerweise verengt, überspannt und nur auf ein einziges Ziel gerichtet ist.

Eine tragischerweise präzise und aufschlußreiche Schilderung von psychischer Einengung ist in dem Bericht der jungen Frau enthalten, die sich von einem Balkon stürzte (vgl. Kapitel 2).

> ... Ich war in einem furchtbaren Zustand... Ich war so verzweifelt... Das ist der *einzige* Ausweg. Die *einzige* Möglichkeit, das Bewußtsein zu verlieren... mit einem Mal wurde alles ganz dunkel, und *alles*, was ich sah, war dieser Balkon. Alles andere drum herum versank im *Dunkel*. Es war wie ein *Kreis*. *Alles*, was ich sah, war der Balkon... und ich ging hinüber... [Hervorhebungen vom Autor].

Wenn wir diese bedrückenden Worte lesen, sehen wir praktisch das eingeengte Blickfeld dieser Frau vor uns, etwa so, wie die Blende einer Kamera die Linsenfläche begrenzt. Und zugleich ist das Objektiv des Verstandes darauf abgestimmt, die Brennweite auf ein bestimmtes Ziel einzustellen. Dieses Ziel heißt Flucht, insbesondere Flucht vor einem unerträglichen Gefühl. In diesem Augenblick größter Einengung und Konzentration wird auf den Auslöser gedrückt; im selben Moment macht es im Gehirn klick, und es passiert.

Mehrere Selbstmordforscher und Autoren haben sich zu dem Thema psychischer Einengung bei Selbstmord geäußert. Margarete von Andics[9] hat ein Buch über Selbstmord geschrieben (sie untersucht darin einhundert Selbstmordversuche, die in den 40er Jahren in Wien unternommen wurden), in dem sie vor allem die Schrumpfung des Bewußtseinsspielraums als charakteristisch für akute Suizidgefahr hervorhebt. Erwin Ringel, ebenfalls ein gebürtiger Wiener, hat seit 1958 ausführlich zu dem, wie er es nennt, »präsuizidalen Syndrom« Stellung bezogen, wobei er die Bewußtseinseinengung besonders betont.[10]

Der zeitgenössische englische Dichter, Romancier und Kritiker A. Alvarez hat ein ausgezeichnetes Buch zum Thema Selbstmord geschrieben, das unter dem Titel *The Savage God* erschienen ist. Folgendermaßen beschreibt er darin die Welt, die er »die abgeschlossene Welt des Selbstmords« nennt:

> Wenn sich ein Mensch erst einmal dazu entschlossen hat, sich das Leben zu nehmen, dann betritt er eine von allem abgeschnittene, unüberwindliche, aber auch völlig überzeugende Welt... , wo jede Einzelheit genau paßt und jedes Ereignis ihn in seinem Entschluß noch bestärkt... In jedem Selbstmord steckt eine eigene innere Logik und eine unwiederholbare Verzweiflung... [Selbstmord ist] eine furchtbare, aber ausgesprochen natürliche Reaktion auf die einengenden und unnatürlichen Zwänge, die wir uns manchmal selbst auferlegen.[11]

Der Schriftsteller Boris Pasternak schrieb über den Selbstmord mehrerer junger russischer Dichter:

> Wenn man an Selbstmord denkt, so schlägt man ein Kreuz über sich selber. Man wendet sich von allem ab, was war, erklärt sich für bankrott und seine Erinnerungen für unwirklich. Diese Erinnerungen erreichen den Menschen nicht mehr, sind nicht mehr imstande, ihn zu retten und zu stützen. Die Kontinuität des inneren Lebens ist zerrissen, die Person hat aufgehört zu existieren. Dann kann es sein, daß man sich schließlich das Leben nicht um des einmal gefaßten Entschlusses willen nimmt, sondern weil die Angst, von der man nicht weiß, wohin sie gehört, unerträglich geworden ist, diese Leiden in Abwesenheit des Leidenden, diese leeren, ein fortschreitendes Leben nicht mehr ausfüllenden Erwartungen.[12]

Jeder selbstmordgefährdete Mensch leidet unter diesem Gefühl der psychischen Einengung. Ist es da verwunderlich, daß Abschiedsbriefe, die genau zu dem Zeitpunkt geschrieben wurden, da der Betreffende den Kontakt zu seiner Vergangenheit verloren hat, bis in alle Einzelheiten untersucht werden, während sie in anderer Hinsicht relativ belanglos und psychologisch unergiebig sind?
Wir sehen also, daß die Dürftigkeit vieler – aber nicht aller – Abschiedsbriefe psychologisch erklärt werden kann. Ein Mensch, der sich umbringen will, befindet sich in einem bestimmten Geisteszustand: er verfolgt eine relativ feste Absicht (eine immer gegenwärtige Ambivalenz soll damit nicht bestritten werden), und sein Verstand ist eingeengt. Es handelt sich dabei um einen psychischen Zustand, der sich offensichtlich gegen jedes

Verständnis und jede Verständigung wehrt, den Selbstmord aber zuläßt und tatsächlich erst ermöglicht. Mit anderen Worten: der besondere Geisteszustand, der zur Durchführung eines Selbstmords notwendig ist, stimmt kaum mit einer Wiedergabe überein, was im Gehirn eines Menschen vor sich geht und was ihn schließlich zu der Tat führt. Abschiedsbriefe ähneln oftmals Parodien auf Postkarten, die man von einer Reise zum Grand Canyon, den Katakomben oder den Pyramiden nach Hause schickt – man tut es eigentlich nur *pro forma*, ohne die Großartigkeit der beschriebenen Szenerie oder die Tiefe der menschlichen Gefühle, die man doch in solchen Situationen am Werk vermutet, widerzuspiegeln.

Um den Sachverhalt klar zu umreißen: wenn ein Mensch Selbstmord begehen will, dann ist er kaum in der Lage, einen bedeutungsvollen Abschiedsbrief zu schreiben; umgekehrt aber, wenn ein Mensch einen bedeutungsvollen Brief schreibt, dann will er sich kaum umbringen. Anders ausgedrückt: in den meisten Fällen wird der Betreffende verhältnismäßig berauscht oder betäubt sein (von den eigenen überwältigenden Gefühlen oder aufgrund der Einengung seines logischen Denkvermögens und seiner Wahrnehmung), um Selbstmord zu begehen, und es ist nahezu unmöglich, in diesem verwirrten Geisteszustand ein psychologisch bedeutungsvolles Dokument zu verfassen.

Abschiedsbriefe *allein* können uns wahrscheinlich nicht alles vermitteln, was wir wissen möchten. Das Leben gleicht einem langen Brief, und ein Abschiedsbrief ist lediglich das Postskriptum dazu. Von ihm allein ist nicht zu erwarten, daß es das ganze Dokument ersetzt.

III

Zwischen den Abschiedsbriefen und dem Leben ihrer Verfasser, von dem sie ja ein Bestandteil sind, besteht eine wichtige Wechselbeziehung. Diese Einschätzung – sie entspricht meiner gegenwärtigen Auffassung – ist sozusagen die Synthese meiner beiden früheren Standpunkte: der These, daß Abschiedsbriefe an sich stets aufschlußreich seien, und der Antithese, Abschiedsbriefe seien stets verkürzende, aussageschwache Dokumente. Abschiedsbriefe können durchaus sehr bedeutungsvoll sein (und eine Menge Informationen enthalten), wenn man sie mit der Lebensgeschichte des Menschen in Zusammenhang bringt, der die Mitteilung geschrieben und den Selbstmord verübt hat. Verfügen wir aber über *beides*, den Abschiedsbrief und eine *detaillierte* Lebensgeschichte –, kann der Brief bestimmte Aspekte der Lebensgeschichte erläutern, und umgekehrt können anhand der Lebensgeschichte viele Schlüsselwörter und Aspekte des Briefs, die ansonsten verborgen oder außer acht geblieben wären, lebendig gemacht werden und eine besondere Bedeutung erlangen. Das kommt der Rekonstruktion einer Biographie sehr nahe.

Es folgen nun fünf Abschiedsbriefe von ein und derselben Frau (sie nahm sich mit einer Überdosis Schlaftabletten das Leben) sowie zahlreiche Details aus ihrem Leben, unter das diese Briefe die Schlußworte setzten.

Im Fall Natalies, die sich mit vierzig Jahren das Leben nahm, lagen neben den Abschiedsbriefen noch buchstäblich Hunderte von einzelnen persönlichen Dokumenten und anderen Berichten vor. Darunter befanden sich

Schulzeugnisse, Mitteilungen von Lehrern an ihre Eltern, Berichte von Schulärzten, Schulbeurteilungen,
Zeugnisse vom College, mehrere psychologische Tests,
zahlreiche Fragebögen, die sie ausgefüllt hatte, Dutzende von Briefen und persönliche Dokumente verschieden-
ster Art. Alles in allem waren es, einschließlich ihrer
Abschiedsbriefe, über einhundert einzelne Dokumente.
(Ich brauchte viele Monate, um sie alle ausfindig zu
machen.)
Wir beginnen bei ihrem tragischen Ende, mit Auszügen
aus dem Polizeibericht:

Nach dem Eintreffen am Tatort wurde die Wohnung
durchsucht. Das Opfer lag im Badezimmer auf dem
Boden, der Kopf lag auf einem Kissen und zeigte in
westliche Richtung, die Füße zeigten nach Osten. Das
Opfer war mit einem grünen Bademantel bekleidet. Der
Körper fühlte sich kalt an, die Totenstarre hatte bereits
eingesetzt. Auf dem Kissen befand sich ein Fleck, der
von dem Speichel des Opfers stammte. Vom Tatort
wurden Fotos aufgenommen.
Es wurde ein kleines braunes Fläschchen gefunden, auf
dem Etikett stand die Rezeptnummer und der Hinweis:
»Eine Kapsel vor dem Schlafengehen...« Dieses Fläschchen war leer. Außerdem fand sich ein kleines Plastik-
röhrchen. Das Etikett war an der Innenseite des Deckels
angebracht und trug die Aufschrift »regelmäßig vier Mal
täglich eine Tablette...« Dieses Röhrchen war ebenfalls
leer.
Unterzeichneter wurde befragt [Name und Adresse]. Er
gab an, der Vater des Opfers zu sein. Weiter gab er zu
Protokoll, daß ihm seine Tochter vor ungefähr zwei
Wochen erklärt hätte, sie wollte sich umbringen. Er
hätte ihr damals diese Idee ausgeredet und nicht damit

gerechnet, daß sie weiterhin mit dem Gedanken spielte, sich das Leben zu nehmen. Seit ihrer Scheidung hätte sie sich schlecht gefühlt und sie wäre bei einem Psychiater in Behandlung gewesen, dessen Adresse dem Befragten nicht bekannt war. Außerdem hatte sie ein Testament gemacht, das sich zur Zeit noch im Besitz ihres Anwalts befindet.

Noch während der Beweisaufnahme traf der Ehemann des Opfers [Name] am Tatort ein. Er gab an, mit dem Opfer im selben Haus zu wohnen und bei der Eastern Steel Corporation beschäftigt zu sein. Er wollte sich um seine beiden Töchter kümmern, Betty, 15 Jahre, und Nancy, 10 Jahre.

Dem Bericht des Untersuchungsbeamten zufolge wurden fünf Abschiedsbriefe gefunden. Ich habe bei Details, die auf die Person verweisen, kleinere Änderungen vorgenommen:

1. An ihre Freundin:

> Rosalyn – geh zur Eastern Steel Corporation. – Sag, was passiert ist, und man wird Bob gleich holen. Papa ist bei der Arbeit. Betty ist bei den Smiths – Würdest Du Helene bitten, auf die Kleine aufzupassen, bis ihr Daddy kommt – so wird sie es erst erfahren, wenn er sie abholt. Du bist immer so gut gewesen – ich liebe Dich – bitte, bleib mit Betty in Verbindung –
>
> Natalie.

2. An ihre älteste Tochter:

> Betty, geh gleich rüber zu Rosalyn – setz Dich mit Papa in Verbindung.

3. An ihren Ex-Mann, von dem sie erst kürzlich geschieden
   wurde:

Bob – ich habe bei unseren Töchtern alle möglichen
Fehler gemacht – Sie brauchen eine starke Hand, es wird
jeden Tag schwieriger – Du hättest Nancy kein besserer
Vater sein können, und sie haben Dich alle beide lieb –
Nancy vermißt Dich so, und sie weiß überhaupt nicht, was
los ist – Ich weiß, Du willst Dir ein ganz neues Leben
aufbauen, aber denk auch an die Mädchen und nimm sie
zu Dir – Nimm sie mit, egal, wo Du hingehst – Es ist doch
nur für ein paar Jahre – Betty ist fast schon soweit, um auf
eigenen Füßen zu stehen – Aber Nancy braucht Dich ganz
schrecklich. Nancy braucht Hilfe – Sie denkt, Du liebst
sie nicht – und sie muß aus Selbstachtung ihr Teil dazu
beitragen – Man hat Nancy noch nicht oft weh getan –
aber die Zukunft wird es tun, ganz bestimmt, wenn sie auf
dem Weg bleiben, den ich vor kurzem gegangen bin –
Barbara hört sich warm, freundlich und locker an, ich
bete zu Gott, daß sie ein bißchen Verständnis für meine
Mädchen hat und gut zu ihnen ist – Sie brauchen zwei
glückliche Menschen – keine kranke, verdrehte Mutter –
Ich habe ein bißchen Geld gespart für die zusätzlichen
Kosten – Es war besser, diesen Weg zu wählen, als weiter
Pillen zu schlucken und noch mehr Arztrechnungen
bezahlen zu müssen – Ich wünschte bei Gott, es wär alles
anders gekommen, trotzdem, werd glücklich – aber bitte
– bleib bei den Mädchen – Und noch was – sei nett zu Papa
[gemeint ist *sein* Vater] – Er hat alles getan, um mir zu
helfen – Er hat die Mädchen sehr, sehr lieb, und sie
müssen ihn so oft wie möglich besuchen – Natalie.
Bob – heute nachmittag haben sich Betty und Nancy so
fürchterlich gestritten, daß es mir Angst gemacht hat.
Meinst Du, Gladys und Orville würden Betty für dieses
Schuljahr zu sich nehmen? Sie sollte eine Weile nicht mit
Nancy zusammen sein – in einer ruhigen Umgebung.

4. An ihren Ex-Schwiegervater:

Papa – keiner hätte lieber und großzügiger zu mir sein können als Du – Ich weiß, Du kannst das nicht verstehen – und verzeih mir – [Der Anwalt] hat eine Kopie von meinem Testament – alles ist gleichmäßig verteilt – die paar persönlichen Wertsachen – die Halskette ist für Nancy, und meinen Ehering soll Betty bekommen – Ich möchte auch, daß Betty Nanas Schmuck bekommt – laß ihn schätzen und gib Betty und Nancy jeweils die Hälfte. Bitte sorg dafür, daß jemand kommt und hier aufräumt – Bob soll die Mädchen gleich wegbringen – Ich will nicht, daß sie hierbleiben – Du bist so gut, lieber Papa –

5. An ihre beiden Kinder:

Meine zwei Lieblinge – Ihr beide seid das Schönste in meinem Leben gewesen – verzeiht mir, was ich getan habe – bei Eurem Vater habt Ihr es viel besser. Eine Weile wird es Euch schwerfallen – aber auf lange Sicht wird alles nur leichter – ich hab Euch alle durcheinandergebracht – Achtung und Liebe ist fast dasselbe – denkt daran – und das Wichtigste ist, daß Ihr Selbstachtung habt – das könnt Ihr nur, wenn Ihr Euren Teil beitragt und lernt, auf eigenen Füßen zu stehen – Betty, denk an die schöne Zeit – und sei lieb zu Nancy. Versprich mir, daß Du Dich um Deine Schwester kümmerst – ich hab Euch ja so lieb – aber ich weiß nicht, was die Zukunft bringt.

Diese Abschiedsbriefe enthalten eine Reihe von traurigen Bemerkungen. Die verzweifelte Verfasserin fühlt sich ganz offensichtlich vom Leben überfordert und bedrängt, sie hat alles satt und ist fix und fertig. Sie hat kapituliert. Es ist keineswegs untypisch, daß die Briefe –

besonders die beiden ersten – Anweisungen enthalten, die sich in Worten wie »hol«, »bitte«, »erzähl« oder »geh« ausdrücken. Die Verteilung ihrer Zuneigung ist merkwürdig: sie zeigt sich in den unterschiedlichen Formen der Anrede und der Schlußformel. Nur bei ihren Kindern und ihrem ehemaligen Schwiegervater gebraucht sie die Worte »Liebling« und »lieber«. Worte der Zuneigung sind für ihre Freundin aus der Nachbarschaft und für ihre Kinder vorbehalten. An ihre Eltern hat sie keinen Brief geschrieben, obwohl sie ganz in ihrer Nähe wohnten.

Der Brief an ihren Ex-Mann ist ein schmerzlicher Ausdruck reuiger Selbstbezichtigung. Sie nimmt alle Schuld auf sich und bittet ihn – einen Mann, der ziemlich viel trank und mit dem sie unmöglich länger zusammenleben konnte –, gut zu ihren Kindern zu sein. Sie macht eine Kehrtwendung von 180 Grad und bittet die neue Stiefmutter und ihren Ex-Mann, für ihre Töchter ein verläßliches Zuhause zu schaffen.

Aufgrund der vorhandenen Unterlagen kann man ihr Leben zurückverfolgen. Die Umstände ihrer Geburt wurden als »absolut normal« bezeichnet. Bis zum Alter von zwei Monaten wurde sie von der Mutter gestillt. Als Kind hatte sie einen tiefen und festen Schlaf.

Mit fünfeinhalb Jahren bekam sie Tanzunterricht. Sie war mit großer Begeisterung bei der Sache und zeigte eine deutliche Begabung. Als Natalie sechs war, schrieb ihre Mutter an eine Freundin: »Am liebsten mag sie Gedichte von Edgar Guest.« Und in demselben Brief schrieb sie weiter: »Ich hab meinen ganzen gesunden Menschenverstand zusammengenommen und jede Frage beantwortet, so gut ich konnte, denn sie ist ein einsichtiges Kind und hört auf Vernunftgründe. Ich mußte in ihr nicht erst den Wunsch wecken, zu lernen, sie wollte immer alles wissen, was ihre älteren Spielkameraden wußten, und lernte freiwillig.«

Ihr Bruder war acht Jahre älter als sie. Später sagte sie über ihn: »Er war nie imstande, sich seinen Lebensunterhalt zu verdienen.«

Als Natalie sechs war und in die erste Klasse ging, machte man mit ihr einen Intelligenztest. Obwohl sie insgesamt sehr gut abschnitt – mit einem IQ von über 150 – und in eine der höchsten Kategorien eingestuft wurde, verpatzte sie eine Aufgabe. Sie lautete: »Gestern entdeckte die Polizei die Leiche eines Mädchens, die in 18 Teile zerstückelt war. Man nimmt an, daß sie sich umgebracht hat. Was ist daran unsinnig?« Ihre unprophetische Antwort lautete: »Sie wollte sich nicht umbringen.« Der Psychologe notierte ihre allgemeine Aufgewecktheit und ihr ausgeprägtes logisches Denkvermögen.

Als sie sieben Jahre alt war, geschah etwas sehr Wichtiges in ihrem Leben: ihr Vater verließ ihre Mutter. Später schrieb sie mit offensichtlicher Trauer: » *Mein Vater hat mich nur ein einziges Mal besucht.*«

Die Berichte über die medizinischen Untersuchungen während ihrer Kindheit sind sehr aufschlußreich. Als sie acht war, stellte ein Schularzt fest, daß sie »irgendwie nervös, ja beinahe gereizt« war und auf dem rechten Ohr schlecht hörte. Als sie elf war, wurde in ihren Schulunterlagen vermerkt, daß sich ihr Nachname geändert hätte, weil sich ihre Mutter hatte scheiden lassen und wieder geheiratet hatte. Ihr Lehrer stellt in seiner Beurteilung fest, daß sie »ein sehr verständiges und vernünftiges Kind ist, das seine Familie deshalb manchmal in Erstaunen versetzt« und daß »sie auffallend höflich und zurückhaltend ist«.

Aus ihrem zwölften Lebensjahr gibt es mehrere interessante Berichte. Sie litt häufig unter Kopfschmerzen und bekam eine Brille verordnet. Sie berichtete, daß sie trotz Brille immer noch überanstrengte Augen hätte. Sie bekam zum ersten Mal ihre Menstruation; als sie in der siebten Klasse war, wollte sie aufs College gehen und Tänzerin werden. Ihre Hörschwäche hatte sich verschlimmert, und sie war deshalb sehr empfindlich; sie wollte diese Behinderung vor ihren Lehrern verbergen. Ihr Klassenlehrer berichtete, daß sie »sich davor scheut, Führungsaufgaben zu übernehmen«, obwohl sie außerordentlich intelligent und aufgeweckt sei. Um diese Zeit schrieb sie in einem Brief, daß ihr neuer Stiefvater sehr nett sei und sich viel Zeit für sie und ihren Bruder nehme. Vielleicht erklärt das ihre ungewöhnliche Einstellung gegenüber der Stiefmutter ihrer eigenen Töchter (in dem Brief an ihren Ex-Mann).

Sie beendete die High-School und ging drei Jahre aufs College, ohne einen Abschluß zu machen. Auf dem College entwickelte sich eine enge, dauerhafte Schüler-Lehrer-Beziehung zwischen ihr und einem angesehenen Pädagogen; sie schrieb ihm über Jahre hinweg ausführliche Briefe. Mit fünfundzwanzig war sie, wie sie es selbst ausdrückte, »eine erfolglose Sekretärin«, und ihr »größter Wunsch« war, »eine erfolgreiche Hausfrau« zu sein. Sie heiratete, und in den folgenden zwei Jahren lebte sie in fünf verschiedenen Städten. Man kann verstehen, wenn sie schreibt: »Es ist schwer, an einem Ort seine

Interessen zu entwickeln.« Kurz nach ihrer Hochzeit wurde sie schwanger.

In den Berichten folgt nun eine Lücke von fünf Jahren. Mit dreißig hatte sie zwei Kinder, sie »neigte zu innerer Unruhe und war äußerst nervös«. Ihr Mann trank ziemlich viel. In ihrem physischen und psychischen Zustand trat eine dramatische Veränderung ein. Sie berichtete, daß sie »sogar zum Fensterputzen zu müde war«. Außerdem spürte sie einen stechenden Schmerz in der Seite, der nach Meinung des Arztes auf »neurotische Neigungen« zurückzuführen sei. Sie schrieb, daß sie »unter chronischer Erschöpfung« leide und »in der Ehe sehr unglücklich« sei. Es folgt nun ein schmerzlicher Brief an ihren College-Lehrer, den sie mit ungefähr fünfunddreißig schrieb:

... Bis fünfundzwanzig wußte ich gar nicht, daß es so etwas wie Probleme überhaupt auf der Welt gibt, aber seit damals hatte ich, abgesehen von meinen beiden lieben Kindern und meiner Mutter, zu der ich eine wunderbare Beziehung habe, einen Streit nach dem anderen und machte einen Fehler nach dem anderen. Mein Mann und ich lagen uns ständig in den Haaren. Ich wollte mich schon tausendmal von ihm scheiden lassen, aber ich weiß doch genau, daß das keine Lösung ist. Wir kommen beide aus einem zerrütteten Elternhaus, und wir lieben unsere Kinder viel zu sehr. Er kommt viel zu oft nachts betrunken nach Hause. Dabei kann er es sich gar nicht leisten. Er weigert sich, die Rechnungen anzusehen, und sagt: »Warum hast du nichts gespart?« Ich hab niemand, mit dem ich reden kann. Ich fühle mich in die Enge getrieben ... Der jüngste Bruder meiner Mutter und mein nächster Nachbar haben beide in einem einzigen Monat Selbstmord begangen [etwa vor einem Jahr].

In demselben Brief, in dem sie über ihr Unglück im allgemeinen berichtet, schreibt sie folgendes über ihren Vater: »Ich verehrte meinen Vater aus der Ferne. Unsere gelegentlichen Treffen waren unbefriedigend. Mein Vater ist ein großartiger Mann, aber *er kann mit mir nicht viel anfangen*. Er wohnt nur 20 Minuten von uns entfernt, aber er war in den vergangenen zwei Jahren nur ein einziges Mal für ein paar Minuten bei uns zu Hause.« Diese Zeilen deuten auf ein Schlüsselthema ihres zerbrochenen Lebens. Sie sagte, sie habe Menningers Buch *Man Against Himself* gelesen – ein Buch über Selbstmord.

In einem anderen Brief schrieb sie über ihre Kinder:

> Unsere Kleinen sind hübsche Kinder, aber die Älteste kaut an den Fingernägeln und zankt sich ständig mit ihrer kleinen Schwester. Sie ist das Ergebnis meines Egoismus... So, jetzt hab ich Ihnen mein Herz ausgeschüttet und schäme mich ein bißchen. In meinem Innern habe ich nie daran gezweifelt, daß ich ein glückliches, entspanntes und nützliches menschliches Wesen sein kann, aber es wird lange dauern, bis ich wieder soweit bin.

Vier Jahre später, mit neununddreißig, trennte sich Natalie von ihrem Mann, wegen – die folgenden Worte stammen aus einem anderen Brief – »seiner Gewalttätigkeit, seinem Egoismus und seiner Trunksucht«. Neun Monate später wurde sie geschieden. Vier Monate nach der Scheidung (ihr Ex-Mann hatte schon wieder geheiratet) nahm sie sich das Leben.

Welche tiefgreifenden psychischen Belastungen rufen

eine solche Handlungsweise hervor? Wenn wir ihr Leben zurückverfolgen und insbesondere auf Feinheiten in der Beziehung zu ihrem Vater achten, können wir die Anfänge ihrer fatalen Neigung zur Selbstverleugnung erkennen. Am Ende ist sie so verzweifelt, daß sie alles hergeben will, sogar ihr Leben, und zu jedem Opfer bereit ist, um wieder das Gefühl von Liebe aus ihrer Kindheit zu erfahren.

In ihrem Selbstmord vollzog sie ihre eigene Lebensgeschichte nach – ihr Wunsch, daß die Eltern wieder zusammenfinden –, und mit diesem falschen symbolischen Opfer entzieht sie ihren Kindern auf die grausamste Weise die eigene Mutter, anstatt ihnen (wie sie irrig annimmt) ein gemeinsames Heim zu geben. Ihre Hoffnungen – der Liebling ihres Vaters zu sein, akzeptiert und nicht im Stich gelassen zu werden, daß die eigenen Kinder versorgt und nicht zurückgestoßen werden (so wie man sie zurückgestoßen und sich nicht um sie gekümmert hatte), mit ihrem Vater symbolisch in einer glücklichen Familie vereint zu sein, sich selbst zu opfern, um damit einige Probleme ihrer Kinder zu lösen – wurden im Tod nicht besser verwirklicht als im Leben.

Natalies Abschiedsbrief an ihre Kinder steckt voller innerer Widersprüche. (Erinnern wir uns, daß ihr der Psychologe ein ausgeprägtes logisches Denkvermögen bescheinigte, als sie als Kind getestet wurde.) In dem Abschiedsbrief springen die Argumente zwischen Behauptung und Gegenbehauptung hin und her, ohne zu einem Entschluß zu kommen. Hier ein paar Beispiele: sie sagt ihren Kindern, daß sie bei ihrem Vater bleiben und ihn lieben sollen, aber gleichzeitig weiß sie, daß sie ihren

Vater nicht lieben können; deshalb sollen sie ihn zumindest achten. Sie stellt Assoziationen zu dem Wort »Achtung« an und behauptet ein wenig hilflos, daß Liebe und Achtung fast dasselbe sind. Falls aber dieses Argument nicht überzeugend sei (was es tatsächlich nicht ist), solle man sich zumindest selbst achten. Diese Logik geht offensichtlich in die Irre.

Und noch ein Beispiel: Sie sagt ihren Kindern, sie müßten auf eigenen Füßen stehen, aber gleichzeitig läßt sie anklingen, daß sie dadurch, daß die Mutter sich aus ihrem Leben entfernt, wieder mit dem Vater vereint sein würden – so wie sie selbst sich möglicherweise unbewußt danach sehnt, wieder mit ihrem Vater vereint zu sein.

Oberflächlich betrachtet ist es sicherlich ein Widerspruch, wenn man seine Kinder in einem Abschiedsbrief bittet, sich an die schöne Zeit zu erinnern. Sie sagt: »Ich hab Euch ja so lieb«, aber am Ende macht sie sie zu Halbwaisen. Sie fügt noch hinzu: »Ich weiß nicht, was die Zukunft bringt«, doch dann nimmt sie sich das Leben wegen ihrer quälenden, unentrinnbaren Vergangenheit. Und schließlich ihre Feststellung: »Ich hab Euch alle durcheinandergebracht«, eine Feststellung, mit der sie offensichtlich nicht die Verwirrung ihrer Familie, sondern ihre eigene andeuten will.

Der Zusammenhang zwischen Abschiedsbriefen und anderen Aspekten der Lebensgeschichte ist in Natalies Fall ganz offensichtlich gegeben. An erster Stelle steht Natalies Passivität, ihre Furcht vor Aggression und Gewalt. In einem ihrer Briefe schreibt sie, daß die Kinder eine starke Hand brauchen; als sie zwölf war, berichtet ihr Lehrer, sie scheue sich, eine Führungsrolle zu übernehmen. Allem Anschein nach hat sie sich ihr ganzes Leben nach Liebe gesehnt; als Kind wie auch als Ehefrau und Mutter hat sie Angst davor, für ihre legitimen Rechte einzutreten. Sie fürchtete und verabscheute Streit. In einem der Briefe schrieb sie über ihre Töchter, daß sie sich eines Nachmittags »so fürchterlich gestritten haben, daß ich Angst bekam«. Tatsächlich muß dies, zusätzlich zu dem Gefühl der Hilflosigkeit und Hoffnungslosigkeit, noch andere Gefühle geweckt haben, die zu dem Selbstmord beitrugen.

Einen weiteren Anhaltspunkt kann man zwischen den ergreifenden Zeilen des Briefes entdecken, den sie mit fünfunddreißig Jahren schrieb: »Ich verehrte meinen Vater aus der Ferne, aber *er kann mit mir nicht viel anfangen.*« Und dann sind da noch all die Bitten für ihre Kinder in ihren Abschiedsbriefen. In dem Brief an ihre Freundin schreibt sie: »Bitte, bleib mit Betty in Verbindung«; und ihrem Ex-Mann schreibt sie: »Nancy vermißt Dich so... [und] braucht Dich ganz schrecklich... [und] sie glaubt, Du liebst sie nicht... sei gut zu meinen Mädchen.« Wenn man die Namen der Mädchen durch ihren eigenen ersetzt, klingt der Brief, als sei er an ihren eigenen Vater gerichtet, mit dem sie – aus einer Mischung von Feindseligkeit, Ablehnung und Sehnsucht heraus – keinen Kontakt aufnehmen konnte. Am Ende bringt sie ihre Zuneigung zu ihrem ehemaligen Schwiegervater zum Ausdruck: »Du bist so gut, lieber Papa.« Als sie schließlich völlig am Ende ist, erklärt sie ihren Kindern: »Euer Vater wird viel besser zu Euch sein.« Sie ist erschöpft, müde und ausgebrannt. »Ich weiß nicht, was die Zukunft bringt«, sagt sie. Für sie selbst sicher nur ähnliche Schwierigkeiten. Die Briefe *und* ihre Lebensgeschichte besagen das.

Es sollte nun deutlich geworden sein, daß Abschiedsbriefe, die ein Bestandteil des Lebens sind, das sie widerspiegeln, von beträchtlicher Bedeutung sein können (und oftmals eine Menge wissenschaftlicher und klinisch verwertbarer Informationen zu bieten haben), wenn man sie im Lichte einer ausführlichen Lebensgeschichte betrachtet, deren vorletztes Kapitel sie sind. Setzt man einen Abschiedsbrief mit der Lebensgeschichte eines Menschen (der den Brief geschrieben und die Tat begangen hat) in Beziehung, kann man feststellen, daß viele Worte, Vorstellungen, emotionale Schwächen, Verhaltensweisen, Denkweisen etc., die für dieses Leben kennzeichnend sind, in bestimmten Details des Abschiedsbriefes ihren Niederschlag finden. Umgekehrt sind viele Worte, Ausdrücke, Ansichten, Leidenschaften, Gewichtungen etc., die der Brief enthält, nur Ausdruck dessen, was das Leben zuvor kennzeichnete. Ob lebendig oder tot, ein Mensch besitzt eine gewisse Beständigkeit, ein gewisses »Grundthema«, gleichsam ein »Markenzeichen«, das sich in seiner Arbeit, in seinen Vergnügungen und in seinem Lebensstil zeigt, ob er nun das Leben in einem Liebesgedicht feiert oder in einem Abschiedsbrief über den Tod nachdenkt.

Von dem zeitgenössischen schwedischen Schriftsteller Pär Lagerkvist – er erhielt 1951 den Nobelpreis für Literatur – gibt es einen seltsamen, aber faszinierenden und unglaublich fantasievollen Roman mit dem Titel *Der*

Zwerg. Die Geschichte, die an einem mittelalterlichen Fürstenhof in Italien spielt, handelt von einem bösartigen Zwerg. Sie enthält rein zufällig unheimliche und tragische Parallelen zu einem mir bekannten aktuellen Fall. Die schaurige Ähnlichkeit (die darin besteht, was ein sadistisches Monster alles mit einem sensiblen Kind anfangen kann) zwischen dieser brillanten fiktiven Geschichte und dem realen Fall ist derart verblüffend, daß ich beschlossen habe, beide zusammen hier vorzustellen. Ich will mich dabei nicht auf die Bösewichte konzentrieren, sondern vielmehr auf ihre Opfer. Zunächst wollen wir einige Abschnitte der Erzählung lesen. Sie beginnt folgendermaßen:[13]

Ich bin fünfundsechzig Zentimeter groß, hübsch und von angenehmen Proportionen. Nur mein Kopf ist vielleicht eine Kleinigkeit zu groß. Mein störrisches, dichtes Haar, das nicht schwarz ist wie bei den andern, sondern rötlich, trage ich zurückgekämmt aus den Schläfen und der breiten, nicht besonders hohen Stirn. Mein Gesicht ist bartlos, doch ansonsten unterscheidet es sich in nichts von dem anderer Männer. Meine Augenbrauen sind zusammengewachsen. Ich verfüge über beachtliche Körperkrafte, vor allem wenn ich mich ärgere. Als Jehoshaphat und ich miteinander rangen, zwang ich ihn nach zwanzig Minuten auf den Rücken und erwürgte ihn. Seither bin ich der einzige Zwerg an diesem Hof.

Eine der vielen Nebenhandlungen in *Der Zwerg* handelt von Angelika, der Tochter des Fürsten. Hier ein Auszug:

Es gibt einen großen Unterschied zwischen Zwergen und Kindern. Weil beide ungefähr dieselbe Größe haben, meinen die Leute, daß sie sich ähnlich sind und zueinander passen, aber das stimmt nicht. Zwerge sind dazu da, mit Kindern zu spielen, und sie werden sogar dazu gezwungen. Es ist für uns Zwerge die reine Qual. Aber die Menschen haben ja keine Ahnung von uns.

Meine Herren haben mich nie gezwungen, mit Angelika zu spielen, aber sie selbst hat es getan. Dieses Kind, das alle so wundervoll finden mit seinen blauen Augen und dem kleinen Schmollmund, hat mich beinahe mehr gequält als irgend jemand sonst am Hof.

Wir besuchen zusammen ihre Puppen, die gefüttert und angekleidet werden müssen, und gehen in den Rosengarten, um mit dem Kätzchen zu spielen... Sie kann von mir aus ewig da sitzen, mit ihrem Kätzchen spielen und darauf warten, daß ich mittue. Sie glaubt, daß auch ich ein Kind bin, das an allem Freude hat. Ausgerechnet ich! Ich habe an gar nichts Freude.

Und dann folgt die Rache des Zwerges an dem Kind:

Einmal schlich ich mich in ihr Zimmer, während sie gerade schlief. Die abscheuliche Katze lag neben ihr im Bett, und ich schnitt ihr mit meinem Dolch den Kopf ab. Dann warf ich sie auf den Misthaufen unter dem Fenster. Die Kleine war untröstlich, als sie sah, daß die Katze fort war. Als ihr aber alle versicherten, sie sei ganz gewiß mausetot, da erkrankte sie an einem unbekannten Fieber, und es ging ihr lange Zeit sehr schlecht, so schlecht, daß ich sie Gott sei Dank nicht sehen mußte.

Und schließlich folgt der letzte Racheakt des Zwerges an Angelika, die inzwischen erwachsen ist. Er verrät dem Fürsten, seinem Herrn, daß Angelika Besuch von ihrem Geliebten hat, dem Nachkommen eines Geschlechts, das dem Fürsten seit jeher verhaßt ist. Der Fürst ist außer sich vor Wut.

> »Unmöglich!« rief er. »Niemand kann über den Fluß in die Stadt gelangen. An beiden Ufern sind Festungen, wo Bogenschützen Tag und Nacht Wache halten. Es ist völlig unvorstellbar!«...
> »Ja, es ist völlig unvorstellbar«, gab ich zu. Aber was, wenn der Gauner bereits fort war – oder wenn gar beide geflohen waren! Bei diesem schrecklichen Gedanken eilte ich, so schnell mich meine Füße tragen wollten, über den Hof und stieg die Treppe zu Angelikas Zimmer hinauf.
> Ich horchte an der Tür. Drinnen war kein Laut zu hören! Waren sie geflohen? Ich schlüpfte ins Zimmer hinein und fand sofort meine Fassung wieder. Zu meiner Freude lagen sie Seite an Seite schlafend in ihrem Bett, beim Schein einer kleinen Öllampe, die sie vergessen hatten zu löschen.
> Jetzt hörte ich den Fürsten und seine Männer auf der Treppe, und gleich darauf kam er ins Zimmer, gefolgt von zwei seiner Wachen. Rasend vor Zorn packte er das Schwert von einem der Wächter, und mit einem einzigen Hieb schlug er Giovanni den Kopf ab. Angelika erwachte und starrte mit vor Schreck aufgerissenen Augen auf ihren blutüberströmten Geliebten, den die Wachen gerade aus ihrem Bett hoben, um ihn auf den Misthaufen unter dem Fenster zu werfen. Dann wurde sie ohnmächtig und kam nicht wieder zu sich, solange wir noch im Zimmer waren.

In der Stadt ist eine Seuche ausgebrochen; Angelika leidet unter einer ziemlich merkwürdigen Krankheit:

Angelika ist bestimmt nicht an dieser Seuche erkrankt. Sie hat dieselbe Krankheit wie damals als Kind. Ich erinnere mich nicht mehr, wann das gewesen war, noch an die genauen Umstände. Sie war schon immer ziemlich kränklich gewesen, aus Gründen, die der Gesundheit anderer Leute kaum etwas hätten anhaben können. Doch, jetzt weiß ich es wieder. Es war zu der Zeit, als ich ihrer Katze den Kopf abgeschnitten hatte.

Schließlich ist Angelika völlig verzweifelt:

Angelika hat sich im Fluß ertränkt. Sie muß es gestern abend oder letzte Nacht getan haben, denn niemand hat sie gesehen. Sie hinterließ einen Brief, der keinen Zweifel daran erlaubte, daß sie sich auf diese Weise umgebracht hatte. Den ganzen Tag hindurch suchte man vergeblich am Fluß nach ihrer Leiche, dort, wo er durch die belagerte Stadt hindurchfließt. Anscheinend hatte sie die Strömung mitgerissen, wie damals Giovannis Leiche auch.

Am Hof herrscht ein großes Treiben. Alle sind ganz durcheinander, und niemand kann glauben, daß sie tot ist. Ich finde an dem Brief nichts Außergewöhnliches, und er ändert auch nichts – ganz gewiß nicht das begangene Verbrechen, das alle einmütig verurteilen. Er enthält keinerlei Neuigkeiten.

Ich mußte ihn mir immer wieder anhören, bis ich ihn auswendig konnte. Er hatte ungefähr folgenden Wortlaut:

Ich will nicht länger bei Dir bleiben. Du bist immer gut zu mir gewesen, aber nun kann ich Dich nicht verstehen. Ich verstehe nicht, wie Du mir meinen Geliebten nehmen konntest, meinen Liebsten, der aus einem so fernen Land hierher gekommen ist, um mir zu sagen, daß es etwas gibt, das Liebe heißt.

Als ich ihn zum erstenmal sah, wußte ich, warum mein Leben mir bislang so fremd und schwer erschienen war. Nun möchte ich nicht länger an diesem Ort bleiben, wo er nicht mehr ist. Ich will ihm folgen. Ich will mich dem Fluß anvertrauen, und Gott wird mich dorthin bringen, wohin es mich drängt.

Du darfst nicht glauben, daß ich mir das Leben genommen habe. Ich habe nur getan, was man mir gesagt hat. Ich bin nicht tot. Ich bin fort, um für immer mit meinem Geliebten vereint zu sein.

Ich vergebe Dir von ganzem Herzen.

Angelika.

Die Fürstin ist überzeugt, sie sei schuld an Angelikas Tod. Zum erstenmal, seit ich sie kenne, zeigt sie Interesse an ihrem Kind. Sie quält sich mehr denn je, um diese Sünde auszulöschen; sie ißt nicht, und sie betet zum Gekreuzigten um Vergebung.

Aber der Gekreuzigte antwortet nicht.

Nun wollen wir uns wieder einer Tragödie aus dem wirklichen Leben zuwenden: dem Selbstmord einer dreiundzwanzigjährigen Frau. Nennen wir sie Dolores. Es geschah während der 70er Jahre im Zimmer eines Motels in einer großen Stadt der USA. Sie hatte eine Ausgabe von Alvarez' Buch *The Savage God* bei sich (in dem der Selbstmord der Dichterin Sylvia Plath beschrieben wird). Sie trug sich im Motel unter dem Namen »Sylvia Plath« ein. Sie erhängte sich in der Dusche. Folgenden Abschiedsbrief hat sie hinterlassen:

Verzeiht mir. Für einen Neuanfang ist es zu spät. Keiner hat schuld. Ich liebe Euch alle. Ich möchte hier beerdigt werden. Ich bin eine zerbrochene Puppe. Ich bin schon in zu vielen Puppenkliniken gewesen. Man konnte mich nicht reparieren. Ihr, lieber Doktor und Gregor, habt also das Unmögliche versucht. Wie kann eine Puppe, die man durch die Mangel gedreht hat, wieder repariert werden? Ich liebe Euch alle, weil Ihr Euch so viel Mühe gegeben habt. Freut Euch, wenn ihr an mich denkt, denn jetzt werde ich nie wieder Schmerzen haben.

Wenige Wochen vor diesem ereignisreichen Tag hatte sie ganz spontan ein anderes persönliches Dokument verfaßt, eine Art Essay über die Angst, dem sie die Überschrift »Was ist Depression?« gegeben hatte. Hier die wörtliche Wiedergabe:

Depression ist, wenn man sich als Kind von seiner Mutter zurückgewiesen fühlt. Depression ist, wenn man glaubt, die größte Liebe im Leben eines anderen Menschen zu sein, und man feststellen muß, daß das nie der Fall sein wird. Depression ist, zu wissen, daß Maria, mein Kindermädchen, obwohl sie mich liebte, immer der Herrin des Hauses, meiner reizenden Mutter, recht gab, die mich ständig wegen jeder Kleinigkeit bestrafte und meinem Kindermädchen befahl, dasselbe zu tun. Depression ist, zu wissen, daß meine Familie mich liebte, aber immer zu hören zu kriegen, wie schlecht ich bin, deshalb hielt sich die Liebe in Grenzen. Depression ist, Angst davor zu haben, die Arme nach seiner Mutter auszustrecken und im Gegenzug Ablehnung zu erfahren. Depression ist, sich Sorgen zu machen, aber gleichzeitig die Arme nicht mehr auszustrecken. Depression ist, ein Ausstellungsstück zu sein, das bestangezogene kleine Mädchen. Wer wollte behaupten, es hätte keine perfekte Mutter? Sie zieht dich so schön an – du hast die hübschesten Kleider – was mußt du für ein glückliches Kind sein, das so eine wunderbare Mutter hat. Depression ist, von einem kleinen Bruder erpreßt zu werden, der genau weiß, daß er der Auserwählte (der Liebling) ist, und alles tun zu müssen, was er verlangt. Depression ist die Gewißheit, daß mein Vater mich liebt, aber nicht wagt, für mich einzutreten – meine Mutter war die Herrin des Hauses. Depression ist, mir immer wieder die Geschichte von meiner Geburt anhören zu müssen. Die Enttäuschung meiner Mutter, als sie erfuhr, daß es ein Mädchen ist. Depression ist die Ungewißheit, ob ich wirklich so ein furchtbares Kind war – ich kann mir nicht vorstellen, daß ich so einen Widerwillen bei meiner Mutter hervorrief, ohne etwas Schlimmes getan zu haben. Depression ist, sich nicht an diese schlimmen Dinge zu erinnern. Mein Vater schlief mit einem Gewehr unter dem Kopfkissen – meine Mutter erzählte mir, es wäre irgendwann in meiner Reichweite gewesen –, ich richtete es auf meine Mutter, und plötzlich war es weg. Ich war ungefähr drei und kann mich nicht daran erinnern. *Depression war, als mein Bruder meinen Hund umbrachte und meine Mutter meine Puppe kaputtmachte.* Depression ist das Hochkommen von Haß, zu wissen, daß ich tun kann, was ich will, und trotzdem nicht geliebt werde. Depression war, als meine Eltern meinen Lehrer aufforderten, mich ständig zu bestrafen, wenn ich etwas nicht richtig machte. Depression ist, in der Schule verprügelt zu werden und dafür zu Hause noch einmal Prügel zu beziehen. Depression ist, alles zu tun, um geliebt zu werden – aber meine Mutter sorgte dafür, daß niemand mich liebte. Depression ist, die Liebe kommen und plötzlich wieder verschwinden zu sehen. Depression ist, mit anhören zu müssen, daß mein Bruder die ganze Familie glücklich macht und ich eine ständige Dornenkrone bin. Depression ist, wenn mein Bruder mir erklärt, daß die Bienen für mich Honig machen, wenn ich Zucker auf meine Hand streue – Depression ist, wenn ich gestochen werde und meine Mutter sich über die Pfiffigkeit meines Bruders und meine Dummheit amüsiert. Depression ist, sich diese komische Geschichte immer wieder anhören zu müssen. Depression ist, Angst davor zu haben, zum erstenmal von einer Biene gestochen zu werden, und zu hoffen, in den Arm genommen und getröstet zu werden, aber statt dessen Gelächter über meine Dummheit hören zu müssen. Depression ist, zu wissen, daß es im Leben keine wahre Liebe gibt – daß die Liebe sterben oder der Mensch mich verlassen wird.

Es gibt noch so vieles, aber ich will nicht mehr darüber nachdenken – ich hasse sie und alle, die mich nicht um meiner selbst willen lieben konnten. Manche fingen an, mich zu lieben, aber sie brauchten nur mit ihr zu sprechen, und ihre Liebe für mich hörte augenblicklich auf. Ich will nicht mehr zulassen, daß sie mir jemand wegnimmt. Ich will alles tun, um das zu verhindern – und wenn auf noch so drastische Weise. Ich schrecke vor nichts zurück.

Dieses bemerkenswerte psychologische Dokument ist ein gequälter, schriller Aufschrei von Haß und Schmerz. Es ist die Klage eines abgewiesenen Kindes, die Klage eines ungewollten Kindes.

Dolores wurde in einer großen Stadt in Südamerika geboren. Ihre Eltern waren wohlhabend und schickten sie auf eine vornehme Schule – wo sie geschlagen wurde. Nachdem sie die High-School in ihrem Geburtsland abgeschlossen hatte, kam sie in die Vereinigten Staaten, ging auf eine große Universität und hatte einen Freund namens George. Er war ein zärtlicher Mann und nahm Rücksicht auf Dolores' Gefühle. Ein paar Monate bevor sie starb, war sie in psychiatrischer Behandlung. Es folgt eine Zusammenfassung einiger früher Erinnerungen, die mir ihr Therapeut überlassen hat:

Als sie geboren wurde, wollte ihre Mutter sie nicht sehen, weil sie kein Junge war. Dolores wußte das genau, denn ihre Mutter erinnerte sie immer wieder daran. Aber auch die Kinderschwester erzählte ihr davon, als sie alt genug war. Ihre Mutter sah sie nicht an, bis sie zu Hause waren, und dort kam sie in die Obhut dieser Kinderschwester. Dolores erinnert sich zurück bis zu der Zeit, als sie vier war. Diese schrecklichen Erinnerungen liegen zwischen dem vierten und sechsten Lebensjahr. Sie erinnert sich, daß sie eine Puppe hatte. Es war eine ganz gewöhnliche Puppe, mit der es nichts Besonderes auf sich hatte, aber sie hat diese Puppe regelrecht vergöttert. Eines Tages konnte sie sie nirgends finden. Die Familie lebte in einem großen Haus, und der Garten war mit Holzpfählen umzäunt. Sie konnte ihre geliebte Puppe nicht finden, und als sie hinaus in den Garten ging, sah sie, daß der Kopf ihrer Puppe auf einem der spitzen Holzpfähle aufgespießt war. Den Rest der Puppe hatte ihr boshafter Bruder weggeworfen. [Der Bruder bestätigte dem Therapeuten diese Schilderung.] Aber sie hatte das Gefühl, ihr Bruder hätte die Puppe getötet, wie er auch ihren Hund umgebracht hatte. Das sagte sie immer wieder.

Es gibt noch eine weitere Erinnerung aus dieser Zeit. Sie wurde ebenfalls von ihrem Bruder bestätigt. Diese Erinnerung – die weit in die Kindheit zurückreicht – betrifft das Haus ihrer Großmutter, das anscheinend nicht weit von ihrem eigenen Heim entfernt war. Gegenüber vom Haus ihrer Großmutter lag ein Friedhof. Dolores erinnerte sich, daß sie oft dorthin ging, wenn sie verzweifelt war, weil ihre Mutter sie wieder bestraft hatte. Mit vier oder fünf wollte sie immer dann auf den Friedhof gehen, wenn dort eine Beerdigung stattfand. Sie wollte nur dasitzen, die Trauernden beobachten, all die schönen Blumen ansehen und dabei denken: »Oh, ich wollte, jemand würde mich so sehr liebhaben, daß er sich Sorgen um mich macht.« So weit reicht ihre Erinnerung an das Gefühl der Ablehnung zurück.*

Die Fäden des Todes waren von Anfang an in ihr Leben eingewoben. Konnte es sein, daß sie auf die unbewußten (oder sogar bewußten) Äußerungen ihrer Mutter mit der Vorstellung reagierte, es wäre besser, wenn sie, Dolores, tot wäre? Eine armselige Kindheit und die versteckten elterlichen Grausamkeiten können wirken wie ein tödlicher Trank.

Als sie erwachsen war, konnte die Sorge und Hingabe ihres Geliebten die undurchdringliche Mauer von Dolores' fixer Idee, keiner würde sie lieben, nicht durchdringen. In ihrer verzerrten Sichtweise des Lebens konnte ihr niemand genügend Liebe geben. Sogar ihre intensive und positive Beziehung zu ihrem Psychotherapeuten war, wie nicht anders zu erwarten, geprägt von einer fatalen Ambivalenz, die aus ihrer Kindheit herrührte.

Das Schlüsselbild ist das der zerbrochenen Puppe. Die »zerbrochene Puppe« des Abschiedsbriefs ist eine direkte Parallele zu dem »Mörder meiner Puppe« aus ihrer Lebensgeschichte. Genauso, wie sie weiß, daß die Puppe aus ihrer Kindheit für immer kaputt war und nicht mehr repariert werden konnte, hatte sie das Gefühl, daß auch sie – eine andere zerbrochene Puppe, die man durch die Mangel des Lebens gedreht hatte – nicht mehr für das Leben taugte.

Obwohl es in ihrem Leben keinen richtigen Zwerg gab, war ihr boshafter kleiner Bruder, von der Mutter noch

---

* Man vergleiche diese schwermütigen Gedanken mit den ganz ähnlichen Erinnerungen der jungen Frau, die sich selbst opferte (Kapitel: »Rückkehr vom Tod«, S. 52).

ermutigt, die hinterhältige und sadistische Figur in ihrer Kindheit. Wie der Zwerg war er ein wahres Monster. Es gab noch andere symbolische Monster in ihrem Leben (z. B. ihr unerträgliches Gefühl der Ablehnung), die schließlich ihre zarte Seele zerstört haben.

Angesichts dieser beiden Fälle beginnen wir zu ermessen, welche Wechselbeziehung zwischen den Abschiedsbriefen und dem vorherigen Leben eines Selbstmörders besteht.

Zweiter Teil

Feinde außen, Feinde innen

Hinrichtungen:
Briefe vom erzwungenen Tod

> Diese Leute sind wirkliche Narren, und
> zwar von der gefährlichsten Sorte; denn ihre
> Verrücktheit ist keine gleichbleibende, son-
> dern bricht plötzlich aus, wenn ein besonde-
> rer Gegenstand sie reizt. Dabei ist sie be-
> herrscht und so verschwiegen, daß ein ge-
> wöhnlicher Mensch sie selbst in der höch-
> sten Entfaltung von einer gesunden Ver-
> nunft nicht zu unterscheiden vermag; denn,
> wie ich oben angeführt habe, welches Ziel sie
> auch verfolgt – ihre Methoden und ihre
> sichtbare Handlungsweise sind stets durch-
> aus vernünftig.
> Solch ein Mensch nun war Claggart. Er war
> besessen von dem Wahnsinn einer solchen
> bösen Natur, die nicht das Ergebnis einer
> lasterhaften Erziehung, verderbter Bücher
> oder ausschweifenden Lebens war, sondern
> ihm angeboren von Kindheit an, mit einem
> Wort: »eine Verdorbenheit, die aus der Na-
> tur entspringt«.
>
> HERMAN MELVILLE, *Billy Budd*
> (Kapitel 10)

Wer an Selbstmord denkt, ist der einsamste Mensch der
Welt. Auf dem Höhepunkt der Neurose wird er meist von
ambivalenten Empfindungen geplagt, über Liebe und
Haß, Leben und Tod. Da kann es kaum verwundern, daß
die Zeugnisse des Todes – die Abschiedsbriefe – manchmal voll sind von Trivialitäten und psychologisch belang-
losen Gedanken und Vorstellungen, wie auch mit den
negativen Seiten des Innenlebens: Feindseligkeit, Rache,

Scham, Schuldgefühl, Furcht, Abhängigkeit, Selbstverurteilung usw. Der Augenblick des Selbstmords ist kaum geeignet, Edelmut zu beweisen. Selbstmord ist ganz allein die Sache eines einzelnen Menschen. Er bezeugt sowohl die Verzweiflung als auch die neurotische Gefährdung, die die Tat »begründet« erscheinen lassen, nachdem sie begangen ist. Der Selbstmörder befindet sich immer in einer psychischen Notlage und will nur seinem unerträglichen Leid entfliehen.

Eine drohende Hinrichtung unterscheidet sich psychologisch gesehen völlig von einem Selbstmord. Die Bedrohung kommt hier von *außen*, sie geht von einem mächtigen »anderen« aus, und die Übeltäter sind Wirklichkeit. In dieser Situation bleibt wenig Zeit für neurotische Anwandlungen; man muß jetzt all seine inneren Kräfte gegen den spürbaren, todbringenden Feind mobilisieren. Es gibt keine ambivalenten Schwankungen, der Verstand ist klar. Wenn jemand in dieser Lage überhaupt etwas schreibt, dann ist das eine sehr klare Sache: Er wird denen, die ihm nahestehen, einen letzten Bericht schreiben, frei von Trivialitäten. Hinrichtungs-Briefe sind im großen und ganzen ungewöhnliche psychologische Dokumente – ungewöhnlich aufgrund ihrer Klarheit, ihres Mitgefühls mit den Angehörigen und des Ausdrucks einer bestimmten Ruhe. Um diese letzten Zeilen oder Abschiedsbriefe zu charakterisieren, müssen wir auf so altmodisch klingende Umschreibungen wie »gerechte Entrüstung« und »Vertrauen in die eigene Überzeugung« zurückgreifen.

In dieser Zwangslage, wenn man *weiß*, daß man in Kürze hingerichtet wird, neigt der Mensch dazu, mit seinen Kräften sparsam umzugehen und seine ganze psychische

Energie zu konzentrieren. Es bleibt keine Zeit für Gefühlsduseleien. Die Lage ist hoffnungslos. Nachdem man bei lebendigem Leib, zumindest für den Augenblick, über die gefährliche Stromschnelle, die Verurteilung zum Tode, hinweggekommen ist, erübrigt sich auch die Angst. In diesem Moment der Ruhe – den tödlichen, katastrophalen Wasserfall vor Augen – ist der Mensch in der Lage, sich von den gewöhnlichen Ängsten, Hoffnungen und Ansichten seines »normalen« Lebens mit dem tagtäglichen Streß und der »unbegrenzten Zeit« zu lösen und für eine kurze Zeitspanne frei von jeder Last einen Zustand wahren inneren Friedens erlangen. Erst wenn man die neurotischen Zwänge des Lebens abgeschüttelt hat, ist es möglich, einen letzten Brief zu schreiben, der detailliert und umfassend ist, aufrichtiges Mitgefühl für andere zum Ausdruck bringt und mit sicherer Hand unterschrieben ist. Deshalb spricht aus diesen Briefen oft eine so ungewöhnliche Klarheit, Einsicht und Tiefe.

Menschen, die den Tod vor Augen haben, denken intensiv über sich nach. Sie denken daran, wie es ist, zu leben, und wie die Welt nach ihrem Tod aussehen wird. Auf eine sehr verständliche und psychologisch naheliegende Weise trauern sie um sich selbst. Dieses Phänomen – Selbsttrauer oder Ego-Trauer genannt – ist nicht nur bei einer bevorstehenden Hinrichtung anzutreffen, es tritt auch bei Vorahnungen einer lebensbedrohenden Krankheit wie Krebs oder Leukämie auf; ich will im nächsten Kapitel näher darauf eingehen.

Das folgende Dokument von Selbsttrauer angesichts des Todes ist ziemlich ungewöhnlich. Es handelt sich um das Gedicht eines elisabethanischen Höflings, in dem dieser die Dinge auf höchst beherrschte, ja stilisierte Art ironisch beleuchtet. Im siebzehnten Jahrhundert war es üblich, die größten Probleme des Lebens in Versen abzuhandeln.

Chidiock Tichborne war ein junger Gentleman römisch-katholischen Glaubens, der in ein Mordkomplott gegen Königin Elisabeth verstrickt war. Das Komplott wurde aufgedeckt, Tichborne wurde festgenommen, in den Tower geworfen und zum Tode verurteilt. Hier nun »Tichbornes Elegie, geschrieben im Tower vor seiner Hinrichtung, im Jahre des Herrn 1586«[1]. Der Verfasser war achtundzwanzig Jahre alt.

Der Glanz meiner Jugend ist nur ein Reif von Sorgen;
Das Fest meiner Freude ist nur eine Schale der Qual;
Zu ernten sind mir nur die Wicken des Feldes vergönnt;
Und all mein Gut ist eitle Hoffnung auf Gewinn;
Vorüber ist der Tag, doch sah ich keine Sonne;
Noch lebe ich, doch ist mein Leben schon verwirkt.

Meine Geschichte ward gehört, doch ward sie nicht
   gesprochen;
Meine Frucht ist gefallen, doch mein Laub ist noch grün;
Meine Jugend ist vorbei, doch alt bin ich nicht;
Ich sah die Welt, doch ich ward nicht gesehn;
Mein Faden ist durchtrennt, doch ist er nicht
   gesponnen;
Noch lebe ich, doch ist mein Leben schon verwirkt.

Ich suchte den Tod und fand ihn im eigenen Schoß;
Ich suchte nach Leben und sah, es war ein Schatten nur;
Ich setzte den Fuß auf die Erde und wußte, sie ist ja mein
   Grab;
Nun sterbe ich, und war doch nur dafür geschaffen;

Soeben noch voll, ist mein Glas nunmehr leer;
Noch lebe ich, doch ist mein Leben schon verwirkt.

Was uns bei diesem Gedicht so bewegt, ist die Fähigkeit eines Menschen – selbst eines potentiellen Königsmörders –, seine Gefühle auch unter den furchtbarsten Bedingungen in einen Akt kreativer, intellektueller Anstrengung einfließen zu lassen, seine Emotionen in ernste philosophische Gedanken umzuwandeln und einem wild pochenden Herzen Einhalt zu gebieten.

Wenn Tichborne, wie es die Legende berichtet, dieses Gedicht tatsächlich am Vorabend seiner Hinrichtung geschrieben hat, dann ist es sicherlich eines der bemerkenswertesten Dokumente über den Tod. Es ist ein Zeugnis für die Kraft des menschlichen Geistes, Leidenschaft in eine Form zu bannen und inneres Chaos in Dichtung umzusetzen. Als Tichborne mit dem Unabänderlichen konfrontiert wurde, betrauerte er seinen Tod, akzeptierte dann aber seine Situation und verwandelte seine Trauer in Kunst.

Vom psychologischen Standpunkt aus ist ein Polizeistaat – und in seiner Extremform ein Konzentrationslager – ein Ort, wo Sklaverei praktiziert wird. Das Verhältnis Herr-Sklave – willkürliche und/oder sadistische Kontrolle über Leben und Wohlergehen eines anderen Menschen ohne jede Verantwortlichkeit – läßt oftmals das absolut Negative in einem Menschen zum Vorschein kommen. Die Möglichkeit, und damit die Versuchung, grausam zu sein (und einen anderen Menschen als minderwertig zu behandeln), ist allzu verlockend. Einen anderen Menschen mit Hilfe von Stacheldraht, Peitschen und Gewehren zum Sklaven zu machen aber erniedrigt den Herrn selbst: er wird zur wilden Bestie.

Psychopathischer Völkermord – eiskalt geplanter Massenmord ohne jeden Skrupel – ist noch nie in einem derartigen Ausmaß vorgekommen wie in diesem Jahrhundert. In seinem eindrucksvollen Werk *The Twentieth Century Book of the Dead* belegt Gil Elliot die unbeschreibliche Zahl von 110 Millionen Menschen – »eine Nation von Toten« –, die seit 1900 von Staatsregierungen systematisch umgebracht wurden.[2] Die Mörder waren Russen, Chinesen, Türken und Polen, sie waren Nationalisten oder Stammesfanatiker wie im Orient und in Afrika, Anhänger der verschiedensten Gruppierungen. Die schlimmsten Verbrecher aber waren die Nazis.

Begreiflicherweise sind nur sehr wenige Dokumente von Opfern der Konzentrationslager erhalten. Drei bruchstückhafte Tagebücher sind in dem Band *Inmitten des grauenvollen Verbrechens*[3] abgedruckt. Einer der anonymen, im Konzentrationslager umgekommenen Verfasser dieser Tagebücher hatte die Anregung zu dem Titel gegeben. Die Broschüre wurde von dem Staatlichen Auschwitz-Museum herausgegeben. Im folgenden wird berichtet, wie eine der Handschriften gefunden wurde: »Am 17. Oktober 1962 – fast zwanzig Jahre danach – wurde im Laufe einer Suchaktion in der Nähe der Ruinen des Krematoriums III in Birkenau ein Einmachglas gefunden, das neben der Gaskammer vergraben war. (...) In diesem Glas befand sich eine Papierrolle, die sich nach dem Auswickeln als Notizheft erwies. (...) Zusammen waren in diesem Glas 65 Blätter. Die Blätter des Notizbuchs sind zweiseitig beschrieben. (...) 40% des Textes war unleserlich. (...) Die Handschrift ist fast vollkommen auf jiddisch geschrieben [bis auf eine Seite in Polnisch].« Dieses Notizheft spricht für das Schicksal von sechs Millionen Juden. Es berichtet von unvorstellbarer Barbarei und Grausamkeit. Hier nun die letzte Eintragung eines der Tagebücher:

Heute im Krematorium III. Am hellen Tage wurden 600 jüdische Knaben im Alter von 12 bis 18 Jahren gebracht. Sie waren in lange, sehr dünne Zebraanzüge gekleidet; an den Füßen hatten sie zerrissene Schuhe oder Holzpantinen. Die Knaben sahen so schön aus und waren so gut gebaut, daß nicht einmal die Fetzen sie entstellten. Es war dies in der zweiten Hälfte Oktober [1944]. Es führten sie 25 schwer mit Granaten beladene SS-Männer. Als sie sich auf dem Platz befanden, befahl der Kommandoführer, daß sie sich auf dem Platze auszögen. Die Knaben bemerkten den Rauch, der aus dem Schornstein quoll, und dachten sich gleich, daß sie sie in den Tod führten. Sie begannen in wildem Entsetzen auf dem Platz herumzulaufen und sich die Haare aus dem Kopf zu reißen, ohne zu wissen, wie sie sich retten sollten. Viele von ihnen brachen in schreckliches Weinen aus, es erscholl eine trostlose Wehklage. Der Kommandoführer und sein Gehilfe schlugen diese wehrlosen Knaben entsetzlich, damit sie sich auszögen. Bis sein Knüppel von diesem Schlagen zerbrach. Also brachte er einen zweiten und schlug weiter auf die Köpfe, bis die Gewalt gesiegt hatte. Die Knaben entkleideten sich mit instinktiver Furcht vor dem Tode, nackt und barfuß drängten sie sich auf einen Haufen, um sich vor den Schlägen zu schützen, und rührten sich nicht von der Stelle. Ein kühner Knabe ging auf den Kommandoführer zu und bat ihn, er möge ihm das Leben schenken, wobei er versprach, auch die schwerste Arbeit zu verrichten. Als Antwort versetzte er ihm mit dem dicken Knüppel einige Schläge auf den Kopf. Viele Knaben liefen in wildem Lauf [davon]. (...) Andere liefen nackt auf dem großen Platz auseinander, um vor dem Tode zu fliehen. Der Kommandoführer rief einen Unterscharführer mit einem Gummiknüppel zu Hilfe. Die jungen reinen Knabenstimmen stiegen von Minute zu Minute an, bis sie in bitteres Weinen übergingen. Dieses schreckliche Wehklagen ertönte weithin. Wir standen vollkommen erstarrt und wie von diesem kläglichen Weinen gelähmt. Mit einem Lächeln der Zufriedenheit, ohne die kleinste Regung von Mitleid, mit den stolzen Mienen der Sieger, standen die SS-Männer da und trieben sie, schrecklich schlagend, in den Bunker. Auf den Stufen stand ein Unterscharführer mit dem Gummiknüppel, und wenn einer zu langsam dem Tode entgegenlief, erhielt er einen mörderischen Schlag mit dem Gummiknüppel. Einige Knaben liefen trotzdem noch durcheinander auf dem Platze hin und her und suchten nach Rettung. Die SS-Männer liefen ihnen nach, schlugen und hieben, bis sie die Lage im Griff hatten und sie am Ende in den Bunker getrieben hatten. Ihre Freude war unbeschreiblich. Hatten sie denn niemals Kinder gehabt?

Es mag zynisch klingen, aber man muß immerhin zugeben, daß die Nazis auf eine niederträchtige Weise unparteiisch waren. Sie behandelten ihre eigenen Mitbürger und Soldaten mit einer Brutalität, die die meisten Menschen normalerweise nur gegenüber ihren ärgsten Feinden anwenden. Wie schonungslos die Nazis mit ihren eigenen Leuten verfuhren, beweist ihr Umgang mit den Abschiedsbriefen von Soldaten an ihre Angehörigen.[4] Im August 1942 stieß die 6. Armee der Deutschen bis zur

Wolga vor. Stalingrad lag auf der gegenüberliegenden Uferseite. Im September gingen die Russen zum Gegenangriff über, im November kreiste eine Armee von russischen Panzern 240 000 deutsche Soldaten ein. Die 6. Armee wurde eingeschlossen und – auf direkten Befehl Hitlers – ihrem Schicksal überlassen. Als im Januar 1943 der Vorrat an Nahrung und Munition (und Zeit) zur Neige ging, sagte man den Soldaten, daß zum letzten Mal ein Flugzeug starten würde und jeder noch einen Brief schreiben könnte. Doch man hatte in Hitlers Hauptquartier nie die Absicht gehabt, die Post tatsächlich zuzustellen. Dieser Plan sollte lediglich dazu dienen, die Stimmung innerhalb der Truppe festzustellen. In der Tat wurde in den Briefen derart heftige Kritik am deutschen Oberkommando geübt, daß Göbbels sie einfach unterschlug. Schließlich wurden die Briefe von den Alliierten entdeckt. Die 6. deutsche Armee wurde am 2. Februar 1943 von den Russen vernichtend geschlagen. Die meisten Männer starben. Es folgen Auszüge aus zweien dieser Briefe:

Ich werde nicht mehr zurückkommen. Bring es den Eltern schonend bei. Ich bin zutiefst erschüttert und glaube an gar nichts mehr. Ich war immer stark und voller Vertrauen, aber jetzt bin ich schwach und ohne Hoffnung. Ich werde nie erfahren, was sich hier alles zugetragen hat; aber das, was ich gesehen habe, reicht schon aus, um mir die Kehle zuzuschnüren. Niemand kann mir mehr erzählen, daß die Männer mit den Worten »Deutschland« oder »Heil, Hitler« auf den Lippen gestorben sind. Ja, es hat viele Tote gegeben, aber ihr letztes Wort war »Mutter« oder der Name eines Menschen, den er liebte.

Man hat uns heute morgen gesagt, wir könnten einen Brief schreiben. Nur noch einmal, sage ich, denn ich weiß genau, daß es das letzte Mal ist. Du weißt, daß ich immer an zwei Menschen geschrieben habe, an zwei Frauen, an »die andere« und an Dich... Heute aber, wo mir das Schicksal die Wahl läßt, nur an einen Menschen zu schreiben, schicke ich meinen Brief an Dich. Du warst sechs Jahre lang meine Frau. Der letzte Brief des Mannes, den Du geliebt hast, ist an Dich gerichtet. Behalte mich in Erinnerung als den Mann, der sich erst am Ende seines Lebens daran erinnert hat, daß er Dein Mann ist, und der Dich um Verzeihung bittet; ja mehr noch, der Dich bittet, allen, einschließlich Carola, zu erzählen, daß ich genau in dem Augenblick zu Dir zurückgefunden habe, der mir Dich für immer wegnimmt.

Aus einer anderen Quelle[5] stammen einige Zeilen, die der tschechische Journalist Julius Fucik im selben Jahr geschrieben hat. Er wurde am 24. April 1942 von der Gestapo verhaftet und am 8. September 1943 in Berlin hingerichtet. Einem Unbekannten gelang es, die Aufzeichnungen Fuciks aus seiner Gefängniszeit zu retten.

Die Hoffnungen fallen leise und weich ab, wie welke Blätter. Lyrische Seelen, die das anschauen, verfallen manchmal der Sehnsucht. Der Winter bereitet sich den Menschen vor wie einen Baum. Glaubt mir: Nichts, gar nichts hat mir das von meiner Freude genommen, die in mir ist und sich täglich mit irgendeinem Motiv von Beethoven meldet. Der Mensch wird nicht kleiner, auch wenn er um einen Kopf kürzer ist. Und ich wünsche mir brennend, daß Ihr, wenn alles vorbei ist, Euch meiner nicht in Trauer erinnert, sondern mit der gleichen Freude, mit der ich immer lebte.

Diesen Brief schickte er an seine Eltern, kurz nachdem er erfahren hatte, daß er erschossen werden sollte. Dann schrieb er einen kurzen Brief »An die Überlebenden«, der eine grundsätzliche Bitte enthielt, die stellvertretend für all die Opfer stand:

> ... Ich bitte nur um eines: Ihr, die Ihr diese Zeiten überleben werdet, *vergeßt nicht*. Vergeßt weder die Guten noch die Bösen. Tragt sorgfältig die Aussagen all derer zusammen, die gefallen sind.

Der letzte Satz, den er niederschrieb, lautete: »Menschen, ich hatte euch lieb. Seid wach!«
In dem Brief an seine Eltern vergleicht Fucik das Leben mit einem verwelkenden, absterbenden Baum. Dieses Bild taucht oft in Briefen auf, die vor Hinrichtungen geschrieben wurden. Den folgenden Brief schrieb ein Jahr später Nikolaus von Halem – ein Rechtsanwalt, Geschäftsmann, Dichter und Nazigegner –, wenige Minuten bevor er im Oktober 1944 mit neununddreißig Jahren von den Nazis umgebracht wurde. Dieser kurze Brief, den er mit gefesselten Händen verfassen mußte, war wie so viele Abschiedsbriefe an seine geliebte Mutter gerichtet:

> Jetzt habe ich auch die letzte kleine Unruhe überwunden, die den Baumwipfel faßt, ehe er stürzt! Und damit habe ich das Ziel der Menschheit erreicht. Denn wir können und sollen wissend dulden, was der Pflanze unwissentlich widerfährt.
> Adieu, ich werde geholt.
>
> > Tausend Küsse
> > Dein Sohn[6]

Der natürliche Feind des Waldes ist das Feuer. Es folgen einige Auszüge aus dem Brief von Peter Graf Yorck von Wartenburg, einem vierzigjährigen Juristen und hochrangigen Offizier (vor der Machtergreifung durch die Nazis), der ein entschiedener Nazigegner war. Er wurde im August 1944 hingerichtet. Er schrieb an seine Mutter und an seine Frau. Hier sind der erste und der letzte Abschnitt des Briefes an seine Frau, der wieder einmal beweist, daß ein Mensch, der sich im Recht weiß, auch bei einer ungerechten Behandlung nicht seinen Stolz verliert.

> Wir stehen wohl am Ende unseres schönen, reichen, gemeinsamen Lebens. Denn morgen will der Volksgerichtshof über mich und die anderen zu Gericht sitzen. Ich höre, das Heer hat uns ausgestoßen; den Rock kann man uns nehmen, aber nicht den Geist, in dem wir handelten. Und in ihm fühle ich mich den Vätern und Brüdern und auch den Kameraden verbunden...
> ... Wenn der Anschein auch sehr ruhmlos, ja schmachvoll ist, – ich gehe aufrecht und ungebeugt diesen letzten Gang, und ich hoffe nur, daß Du darin nicht Hochmut und Verblendung siehst. – Des Lebens Fackel wollten wir entzünden, ein Flammenmeer umgibt uns, welch ein Feuer![7]

Freiherr Alexis von Roenne war Oberst der deutschen Armee. Schon bei der Machtergreifung Hitlers erkannte er im Nationalsozialismus das Unglück Deutschlands. Gewissensbisse hielten ihn davon ab, an der Vorbereitung des Attentats auf Hitler mitzuwirken (am 20. Juli 1944 deponierte Graf Stauffenberg in einer Aktenmappe eine Bombe unter einem Konferenztisch im Führerhauptquartier), doch die freundschaftlichen Beziehungen, die Roenne mit den Führern des Widerstandes verbanden, sowie seine bekannte Abneigung gegen die Nazis waren Grund genug für seine Verhaftung und Hinrichtung. Den folgenden Brief schrieb er am Abend vor der Hinrichtung an seine Mutter:

Berlin, 11. Oktober 1944 abends

Meine einzig geliebte Mama!
Heute kam mir aus einem besonderen Anlaß der Gedanke, Dir noch einmal zu schreiben, obgleich ein kurzer Brief an Dich schon meinen vorigen Abschiedsbriefen beiliegt... Ängstige Dich also gar nicht, schon Papa sagte mir, daß unser Großpapa sterbend ein linderndes Mittel von sich wies mit den Worten: »Es muß alles ausgehalten werden!« So souverän stand er über dem Sterben, ganz herrlich. Ich selbst nun erwarte seit einer Woche von Tag zu Tag den Tod, jetzt z. B. für morgen... [ich] freue mich am Sonnenschein und habe mich nur insofern ganz aus der Welt zu lösen versucht, als ich nicht mehr lese und mich auch möglichst von allen militärischen und politischen Gedanken fern[halte]... Abgesehen von meinen Gedanken an meine kleine Schar [seine Frau und zwei kleine Kinder], [bin ich] ein vollkommen glücklicher Mensch, ein Vorgang, der hier schon oft auffiel...
... Der Tod jetzt bedeutet mir gar nichts, aber wie gerne wäre ich mit der kleinen Schar heimgegangen, die ich nun nicht hüten und schützen kann! Doch bei solchen irdischen Gedanken erinnert der Herr auch immer daran, daß ich ihr nach menschlichem Ermessen im Schweren sowieso nicht zur Seite gewesen wäre und daß vor allem Er ein weit besserer Schutz und Schirm ist!

... Ich weiß, daß Ihr nie von meinem Liebsten [seine Frau] lassen und besonders *ihres so unendlich weichen, liebebedürftigen Herzens* gedenken werdet, das Euch alle auch so lieb hat. Dafür, und für all die unendliche Liebe von fast 42 Jahren danke ich Euch und vor allem Dir, meine unbeschreiblich geliebte Mama, aus tiefstem Herzen!
Reichere und innigere Liebe von seiner Mutter hat nie ein Kind empfangen als

Dein Alecci

Mit unendlichem Dank habe ich heute noch an die herrliche Kindheit gedacht, die vor allem Deine Liebe mir in Mittau und Wilkajen bereitete! Alles in goldenem Glanz, Du im Mittelpunkt![8]

Wenn jemand den Nazis in die Hände fiel, dann spielte es keine Rolle, ob er Jude war oder nicht. Nach dem Krieg beschlossen verschiedene Menschen – angeregt durch die Entdeckung des Abschiedsbriefes des Freiherrn von Roenne –, Abschiedsbriefe von Opfern des Naziregimes zu sammeln. Im Vorwort des Bandes *Du hast mich heimgesucht bei Nacht* schrieb der bekannte Theologe Reinhold Niebuhr: »Diese Sammlung von Abschiedsbriefen ist ein Beweis dafür, wie läuternd die Flammen des Martyriums sind. Leser dieser Briefe, die keine Deutschen sind, werden feststellen, daß man unmöglich eine ganze Nation anklagen kann, und daß eben dieser Nation, die den Nationalsozialismus hervorgebracht hat und sich ihm beugen mußte, auch geistreiche Männer angehörten, durch die diese heldenhaften Taten und Lebensbeschreibungen erst möglich wurden.« In der Waagschale des Lebens bildeten diese Briefe – flüchtige und erhabene

Gedanken auf einem Fetzen Papier – das einzig verfügbare Gegengewicht zu den ungeheuerlichen Grausamkeiten, die diese Menschen zum Schreiben drängten.[9]

Ähnlich verhält es sich mit einer Sammlung von Briefen – sie wurden ebenfalls vor einer Hinrichtung verfaßt –, die unter dem Titel *De Sidste Timer (Die letzten Stunden)* erschienen ist.[10] Diese Sammlung umfaßt Briefe, die von dänischen Patrioten – Angehörigen der dänischen Widerstandsbewegung – am Vorabend ihrer Hinrichtung durch die Nazis, die damals Dänemark besetzt hielten, geschrieben wurden.

Kim Malthe-Bruun, ein junger dänischer Seemann, wurde am Sonntag, dem 8. April 1945, von einem Exekutionskommando erschossen. Wenige Wochen nach seiner Verhaftung im Dezember 1944 schrieb er den folgenden Brief, der aus dem Gefängnis geschmuggelt und seiner Mutter übermittelt wurde. Kim war einundzwanzig Jahre alt.[11]

> ... Die Gestapo ist nur ein Haufen primitiver Kerle, die sich darauf verstehen, Schwächere zu übertölpeln und einzuschüchtern...
>
> Hör zu: falls Du eines Tages selbst Verrätern oder der Gestapo in die Hände fallen solltest, dann schau ihnen – und Dir selbst – direkt in die Augen. Sie haben Dich jetzt nur in ihrer physischen Gewalt, mehr hat sich nicht geändert. Ansonsten sind sie immer noch derselbe Abschaum der Menschheit, der sie vor Deiner Verhaftung waren. Schau sie Dir genau an, und Du wirst sehen, wie klein sie gegen Dich sind. Dann wird Dir klar, daß diese Kreaturen höchstens dazu imstande sind, Dir ein paar blaue Flecken und schmerzende Muskeln beizubringen...

Bleib ihnen gegenüber ganz ruhig, zeig weder Haß noch Verachtung, beides stachelt ihren überempfindlichen Stolz viel zu sehr an. Betrachte sie als Menschen und benutze ihre Eitelkeit als Waffe gegen sie.

Dein Kim

Derselbe tapfere junge Seemann hat einen Brief an seine Braut geschrieben, der für sie zu einer Art Wegweiser des Überlebens wurde. Die Worte könnten aus einem alten Lotsenbuch stammen: »Aber eines Tages trieb uns ein Sturm auseinander. Ich stieß auf ein Riff und ging unter, doch Du wurdest an eine fremde Küste gespült ... « Der junge Philosoph mahnt seine Geliebte eindringlich, Plato zu lesen, damit sie erkenne, was er für sie empfindet. Der Brief ist vom 4. April 1945.

Mein kleiner Liebling, heute war mein Prozeß, und ich wurde zum Tode verurteilt. Was für eine schreckliche Nachricht für ein kleines Mädchen von zwanzig Jahren! Man hat mir erlaubt, diesen Abschiedsbrief zu schreiben. Aber was soll ich jetzt schreiben? Wie soll mein Schwanengesang ihrer Meinung nach wohl klingen?
Wir sind auf stürmischer See gefahren, wir haben einander vertraut wie spielende Kinder und wir haben uns geliebt. Wir lieben uns noch immer, und wir werden uns immer lieben. Aber eines Tages trieb uns ein Sturm auseinander; ich stieß auf ein Riff und ging unter, doch Du wurdest an eine fremde Küste gespült. Du wirst in einer neuen Welt weiterleben. Ich bitte Dich nicht, mich zu vergessen: warum solltest Du etwas vergessen, das so schön ist? Aber Du sollst Dich nicht daran festklammern. Du mußt so unbeschwert wie sonst weiterleben und doppelt fröhlich sein, denn das Leben hat Dir auf Deinem Weg das Schönste alles Schönen geschenkt ...

Ich muß an Sokrates denken. Lies von ihm – Du wirst bei Plato entdecken, daß er darüber berichtet hat, was ich im Augenblick durchmache. Ich liebe Dich unendlich, aber jetzt nicht mehr, als ich Dich schon immer geliebt habe. Der Stich, den ich im Herzen spüre, ist nicht schlimm. So ist das nun mal, und Du mußt das verstehen. Etwas lebt und brennt in mir – Liebe, Eingebung, nenn es, wie Du willst, aber es ist etwas, für das ich bis jetzt keinen Namen gefunden habe. Ausgerechnet jetzt muß ich sterben, dabei weiß ich nicht mal, ob ich in dem Herzen eines anderen Menschen wenigstens ein kleines Feuer angezündet habe, ein Feuer, das mich überdauern wird. Trotzdem bin ich ganz ruhig, denn ich weiß, daß die Natur so reich an Gaben ist, daß niemand Notiz davon nimmt, wenn ein paar einzelne Triebe zertreten werden und absterben. Warum sollte ich also verzweifeln beim Anblick all der Fülle, die weiterleben wird?

Kopf hoch, mein einziges Herz, halt den Kopf hoch und schau Dich um. Die See ist immer noch blau – die See, die ich so sehr geliebt habe und die uns beide umgab. Leb Du nun für uns beide weiter... Denk daran, und ich schwöre, es ist wahr, jede Trauer verwandelt sich in Freude – aber nur wenige werden sich das im nachhinein eingestehen. Sie hüllen sich in ihre Trauer ein, und Gewohnheit läßt sie glauben, daß die Trauer nie wieder aufhört, und sie hüllen sich für immer in sie ein. In Wahrheit folgt auf die Trauer ein Reifungsprozeß, und nach dem Reifen kommt die Frucht... Wie gern würde ich Dir all das Leben einhauchen, das in mir ist, damit es fortbestehen könnte und so wenig wie möglich davon verlorenginge. Danach sehne ich mich mit meinem ganzen Wesen.

Dein, doch nicht auf ewig,
Kim

Oftmals sind Abschiedsbriefe eine Art Glaubensbekenntnis, moralischer Kreuzzug oder politisches Manifest. Der Brief von John Brown ist dafür ein Beispiel. Er war ein verurteilter Kriegsgefangener in einem Konflikt, den er selbst heraufbeschworen hatte. Er hatte mit der Fackel auf den Feind gewiesen. Der Feind hieß Sklaverei. Brown war kein Verbrecher im herkömmlichen Sinn: er war ein unbeirrbarer Vorkämpfer seiner Sache.

Brown war ein fanatischer und glaubensfester Gegner der Sklaverei. Beständig war er allerdings nur in seinen Überzeugungen; sein übriges Leben war ein einziges Chaos. Er zog von Ohio nach Pennsylvania, von dort nach Massachusetts, dann in eine Negergemeinde nach New York, von dort nach Kansas und schließlich nach Virginia. Er hatte zwanzig Kinder von zwei Frauen, und mit weniger als zwei Dutzend Männern, darunter mehrere seiner eigenen Söhne, stellte er eine kleine Privatarmee zusammen. Er glaubte, er habe einen heiligen Auftrag zu erfüllen. Im Mai 1856 griffen er, vier seiner Söhne und drei weitere Männer am Pottawatamie-Fluß in Kansas das Haus von Siedlern an, die für die Sklaverei eintraten, und erschlugen fünf von ihnen mit dem Beil.

Im Sommer 1859 ließ er sich mit einundzwanzig Mann auf einer Farm in der Nähe des staatlichen Munitionslagers bei Harpers Ferry/Virginia nieder. Am 16. Oktober griff er mit seinen Leuten das Arsenal an und nahm es ein, doch zwei Tage später überwältigte ein Trupp Soldaten unter Oberst Robert E. Lee Browns Horde und tötete zehn von seinen Leuten, darunter zwei seiner Söhne.

Brown wurde wegen Mordes, Aufwiegelung zum Sklavenaufstand und Hochverrats angeklagt. Er weigerte sich, ein

Schuldbekenntnis abzulegen; außerdem lehnte er es ab, auf Unzurechnungsfähigkeit zu plädieren. Bei seiner Gerichtsverhandlung erklärte er: »Ich glaube, daß es nicht falsch war, sondern richtig, sich für die Sache derer einzusetzen, die von allen verachtet werden. Dazu habe ich mich immer offen bekannt.« Er wurde verurteilt und am 2. Dezember 1859 aufgehängt. Am Abend vor seiner Hinrichtung schrieb er folgenden Brief, der manche Ähnlichkeit mit einem Lotsenbuch aufweist:

Gefängnis von Charlestown, Jefferson Co., Virginia
30. November 1859

Meine geliebte Frau, meine lieben Söhne und Töchter! Dies ist heute wahrscheinlich der letzte Brief, den ich an Euch schreibe. Ich habe beschlossen, Euch allen gleichzeitig zu schreiben. Ich erwarte die Stunde meiner öffentlichen *Ermordung* mit Fassung und Heiterkeit, denn ich bin zutiefst davon überzeugt, daß es keinen anderen Weg gab, um in der Sache Gottes und der Menschlichkeit voranzukommen, und daß nichts, was ich oder meine ganze Familie an Opfern gebracht und erduldet hat, *umsonst gewesen ist...*
Vertrauet Euer ewiges Gut nicht der stürmischen See an, wenn Ihr kein *Steuerruder* oder einen *Kompaß* habt, der Euch leitet. Ich fordere Euch nicht auf, dem Verstande abzuschwören; ich fordere Euch nur auf, aufrechten und nüchternen Gebrauch von Eurem Verstande zu machen. Meine geliebten Kinder, werdet Ihr auf die letzte Mahnung dessen hören, der Euch liebt? Entschließet Euch, Euer ganzes Herz Gott dem Herrn zu schenken, lasset Euch durch nichts erschüttern oder von Eurem Entschlusse abbringen. Habt keine Angst, Ihr könntet es eines Tages *bereuen...*

Haltet Euch bereit, und bald werdet Ihr am eigenen Leib erfahren, ob der Bibeltext göttlichen Ursprungs ist oder nicht, der da lautet: »Bleibet niemandem ein Ding schuldig, sondern liebet einander.« John Brown schreibt diese Zeilen an seine Kinder, damit auch sie die Sklaverei, diese »Summe aller Niedertracht«, aus tiefstem Herzen verabscheuen.

Denket daran, daß »derjenige besser ist als der Mächtige, welcher nicht leicht im Zorne entflammt, und derjenige, der seinen Verstand im Zaume hält, besser ist als jener, der eine Stadt regiert«. Bedenket ferner, daß »die Weisen und alle, die eine Schar auf den rechten Weg zurückbringen, leuchten wie die Sterne auf ewiglich«. Nun aber, meine Lieben, lebet wohl. Ich empfehle Euch Gottes Segen.

Dein Dich liebender Gatte und
Euer liebevoller Vater John Brown[12]

John Browns Tod hat einen seltsam prophetischen Anstrich. Der Aufrührer begrüßt ihn als ein Märtyrer und glaubt offensichtlich, daß er nur eine Station auf seinem langen Kreuzzug sei. Bei seiner Verhandlung sagte er: »Ich beuge mich meiner Verhaftung, denn ich weiß nur zu gut, daß ich gehängt werde für den Versuch, dem Übel der Sklaverei ein Ende zu machen. Doch auch nach meinem Tod bleibt das Übel fortbestehen, und Ihr und all die andern, die das Vaterland lieben, müßten lernen, daß es nur mit Blut von dieser schuldbeladenen Welt getilgt werden kann.« Vielleicht war das eine Prophezeiung; doch sicherlich war es nicht die Sprache der Anpassung und des Ausgleichs. Das Wort »Blut« läßt den Leser besonders erschrecken. In seiner Vorausahnung warnt er uns vor dem bevorstehenden Bürgerkrieg.[13]

1977, genau fünfzig Jahre nach der umstrittenen Hinrichtung von Nicola Sacco und Bartolomeo Vanzetti, wurden die Lowell-Akten zu diesem Fall von der Harvard-Bibliothek der Öffentlichkeit zugänglich gemacht. Die Briefe deckten einige interessante Fakten über die Behandlung des Falles auf. A. Lawrence Lowell – sein Name vereinigt in sich die Namen zweier Industriestädte in Massachusetts, die mit seiner Familie in Zusammenhang standen – war Rektor von Harvard. Gemeinsam mit dem Vorsitzenden des Massachusetts Institute of Technology und einem ehemaligen Richter war er in eine Gutachterkommission berufen worden, die den Gouverneur des Staates in der Frage der Begnadigung von Sacco und Vanzetti beraten sollte. Obwohl Beweise vorlagen, daß beide Angeklagte nicht am Tatort waren, als der Raubmord begangen wurde, also andere die Schuldigen sein mußten, weigerte sich der Gouverneur, ein Gnadengesuch zu befürworten. Sein Beraterstab stimmte mit ihm überein, die Verhandlung sei fair gewesen. Die Öffentlichkeit stand den Angeklagten feindselig gegenüber – es herrschte Panikstimmung. Man sah in den beiden Angeklagten Ausländer, Anarchisten und, was das Schlimmste war, Atheisten. Am Ende war Rektor Lowell seine gesellschaftliche Stellung wichtiger als die Gerechtigkeit. Die fragwürdigen Beweismittel und die unfaire Prozeßführung fielen jedenfalls nicht ins Gewicht.

Sacco hatte in einer Schuhfabrik gearbeitet, und Vanzetti war Fischhändler. Beide waren 1908 aus Italien gekommen. Der Raubmord geschah 1920. Der Prozeß und das anschließende Revisionsverfahren dauerten insgesamt sieben Jahre. Schließlich starben die beiden Männer am

21. August 1927 kurz nach Mitternacht auf dem elektrischen Stuhl. Am Tag vor ihrer Hinrichtung schrieb Vanzetti, ein Einwanderer ohne Schulbildung, einen Brief an Saccos Sohn. Dieser Brief wurde unmittelbar nach der Hinrichtung veröffentlicht und ist heute Bestandteil der amerikanischen Geschichte.

21. August 1927. Aus der Todeszelle des Staatsgefängnisses von Massachusetts.

Mein lieber Dante,
ich gebe die Hoffnung noch nicht auf, und wir werden bis zum letzten Augenblick für unser Recht auf Leben und Freiheit kämpfen, aber alle Kräfte von Staat und Kapital und Reaktion hassen uns auf den Tod, weil wir Freiheitskämpfer sind und Anarchisten.
Ich schreib Dir nur wenig hierüber, weil Du noch zu jung bist, um dies und andere Dinge zu verstehen, über die ich gerne mit Dir reden würde...
Ich will Dir nur sagen, daß ich Deinen Vater gut genug kenne, um zu wissen, daß er kein Verbrecher ist, sondern einer der mutigsten Männer, die ich je kennengelernt habe. Eines Tages wirst du verstehen, was ich damit sagen will. Dein Vater hat alles geopfert für die Freiheit und Gerechtigkeit aller. An diesem Tag wirst Du stolz auf Deinen Vater sein, und wenn Du tapfer genug bist, dann wirst Du seinen Platz einnehmen im Kampf zwischen Tyrannei und Freiheit, und Du wirst seinen (unsere) Namen und unser Blut wieder ins Recht setzen...
Ich möchte, daß Du mich als einen Kameraden und Freund von Deinem Vater, von Deiner Mutter, von Ines und Susie und von Dir selbst in Erinnerung behältst. Glaub mir, auch ich bin kein Verbrecher gewesen, ich habe weder geraubt noch gemordet, sondern

nur gegen das Verbrechen unter den Menschen und für die Freiheit aller gekämpft.

Denk daran, Dante, daß jeder, der etwas anderes über Deinen Vater und mich sagt, ein Lügner ist und unschuldige Tote beleidigt, die in ihrem Leben immer tapfer waren. Denk auch daran, Dante, daß man uns nicht zum Tod verurteilt hätte, wenn wir Feiglinge, Heuchler oder Überläufer gewesen wären. Keinen räudigen Hund, nicht mal einen giftigen Skorpion hätten sie aufgrund solcher Beweise hingerichtet, wie sie gegen uns vorgebracht wurden. Aufgrund der Beweise, die wir für eine Wiederaufnahme des Prozesses vorgelegt haben, hätten sie jedem Muttermörder und Schwerverbrecher einen neuen Prozeß zugestanden.

Denk daran, Dante, denk immer daran: wir sind keine Verbrecher. Es war alles ein abgekartetes Spiel. Man hat uns ein Wiederaufnahmeverfahren verweigert. Und wenn wir nach sieben Jahren, vier Monaten und siebzehn Tagen unbeschreiblicher Qualen hingerichtet werden, dann für das, was ich Dir bereits gesagt habe: weil wir für die Armen und gegen die Ausbeutung und Unterdrückung des Menschen durch den Menschen eingetreten sind...

Der Tag wird kommen, an dem Du den grausamen Fall, von dem ich hier schreibe, in seinem ganzen Ausmaß begreifst. Dann wirst Du uns ehren.

Nun, Dante, sei immer tapfer und gut. Ich umarme Dich. P. S.: Ich habe Deiner Mutter ein Exemplar der amerikanischen Bibel hinterlassen, die sie gerne lesen wollte. Sie wird sie Dir geben, wenn Du größer bist und sie verstehen kannst. Behalt sie als Andenken. Leb wohl, Dante.

Bartolomeo[14]

In vielen der vorangegangenen Briefe erkennt man – im Gegensatz zu den Abschiedsbriefen von Selbstmördern –

die engen Bindungen an geliebte Menschen. Frederick Wagner, ein dänischer Psychiater, hat diesen auffallenden Unterschied zwischen Abschiedsbriefen von Selbstmördern und solchen Lebewohlbriefen ebenfalls bemerkt. Er stellte fest, daß in den Lebewohlbriefen größere Zuneigung zu den Angehörigen zu spüren sei. Ihre Verfasser wenden sich mit ihren letzten Worten an das Leben und bekunden »eine positive, würdige, oft sogar religiöse Einstellung zum Leben und eine herzliche Zuneigung zu ihrer Familie«.[15]

Hier nun ein Beispiel aus neuerer Zeit und aus einem anderen Land. Vladimir (Vlado) Clementis war 1948 Außenminister der Tschechoslowakei. Als Student hatte er sich der Tschechischen Kommunistischen Partei angeschlossen. In den 30er Jahren war er Abgeordneter seiner Partei im Parlament. Man sagte ihm nach, er habe einen scharfen Verstand. Er hatte Rechtswissenschaft, Philosophie und Politische Wissenschaften studiert und beherrschte mehrere Sprachen fließend. 1945 wurde er zum Minister ernannt. 1948, nachdem Jan Masaryk auf mysteriöse Weise ums Leben gekommen war – er wurde angeblich von den Russen aus dem Fenster des tschechischen Außenministeriums gestoßen –, wurde Clementis Außenminister der Tschechoslowakei.

In den späten 40er und frühen 50er Jahren, den letzten Lebensjahren Stalins (er starb 1953), brach eine neue Welle des Antisemitismus über die kommunistischen Staaten herein. Durch den Einfluß der Sowjets wurden die Juden, die in der Tschechischen Kommunistischen Partei Führungspositionen innehatten, ihrer Ämter enthoben und verhaftet. Den Tiefpunkt dieser Ära markiert der Prozeß Rudolf Slanskys in den Jahren 1951 und 1952. Slansky war der ehemalige Generalsekretär der Partei und Vizepremier des Landes. Er und zehn seiner jüdischen Kollegen wurden vor Gericht gestellt, für schuldig befunden und hingerichtet. Clementis, der selbst kein Jude war, wurde anscheinend in diese Gruppe einbezogen, um dem Prozeß seinen offensichtlich antisemitischen Charakter zu nehmen. Im Januar 1951 kam er ins Gefängnis, wurde im sogenannten »Slansky-Prozeß« wegen verschiedener Vergehen gegen den Staat verurteilt und am 3. Dezember 1952 aufgehängt. (Seine Asche wurde von einem Lastwagen aus auf die Straßen von Prag gestreut.)

Von Eugen Löbl* – er saß mehrere Jahre im Gefängnis, weil er eine Auseinandersetzung mit dem sowjetischen Außenhandelsminister hatte – stammen einige Details über Clementis' Verhaftung.

»Im November 1949 erfuhr ich, daß Clementis [damals war er noch tschechischer Delegierter bei den Vereinten Nationen] eine Reihe von Auseinandersetzungen mit dem sowjetischen Vertreter bei den Vereinten Nationen, Wischinsky, hatte. Kurz darauf sickerten bei der westlichen Presse Nachrichten über seine bevorstehende Verhaftung durch. Clementis setzte sich mit dem kanadischen Außenminister Lester Pearson in Verbindung und bat bei der kanadischen Regierung um Asyl. Die Sowjets arrangierten ein Treffen mit Clementis' Ehefrau Lida,

---

* Diesen Bericht und alle folgenden Briefe von Clementis übergab mir Eugen Löbl persönlich.[16]
  Clementis' Briefe wurden 1964 von der Verlagsgesellschaft für politische Literatur unter dem Titel »Listv z vazeny« (Briefe aus dem Gefängnis) in Prag veröffentlicht.

die sich damals in Prag aufhielt. Lida war eine schöne, zerbrechliche Frau, die eine kurze Karriere als Opernsängerin hinter sich hatte. Man bat sie, ihrem Mann mitzuteilen, daß die Gerüchte über seine mögliche Verhaftung gegenstandslos seien. Auf diese Weise getäuscht, flog sie nach New York, um dort ihren Mann zu treffen. Der war durch ihre Nachricht beruhigt und kehrte nach Prag zurück.

Im Januar 1951 wurde Clementis verhaftet und eingesperrt. Da die Vernehmungsbeamten wußten, wie besorgt Clementis um das Wohl seiner Frau war, drohten sie, sie ebenfalls zu verhaften, falls er sich nicht zu den Anschuldigungen bekennen würde. Sie fürchteten nur, Lida könnte Selbstmord begehen, bevor Clementis kapitulierte. Deshalb wurde sie noch am selben Tag verhaftet, ohne daß Clementis davon wußte. Lida und Clementis wurden drei Zellen voneinander entfernt auf demselben Stockwerk desselben Gefängnisses jeweils in eine Einzelzelle gesperrt. Lida durfte ihrem Mann nur so lange schreiben, wie sie vorgab, in Freiheit zu sein. Clementis erfuhr nie von ihrer Notlage; er dachte während seiner ganzen Gefangenschaft, seine Frau wohne bei ihren Eltern.«

Hier nun eine Auswahl von Clementis' Briefen an seine Frau und ein Brief von Lida an ihn. Alle Briefe wurden in Gefängniszellen geschrieben, buchstäblich nur einen Sprung weit voneinander entfernt, und doch wußten beide Gefangene nicht, wo der andere jeweils war. Die Briefe spiegeln den Mut zweier Menschen unter extremer Anspannung wider.

An meine liebe Hadicka [Lida] und alle meine Lieben, man hat mir erlaubt, Dir für die tausend Kronen zu danken, die Vater geschickt hat. Ich habe mir von dem Geld ein paar Pazyzans [Zigaretten], Pfeifentabak und andere Kleinigkeiten gekauft.

Ich kann Dir gar nicht sagen, was Dein Brief für mich bedeutet. Es scheint, als käme er aus einer anderen Welt. Hoffentlich darf ich bald wieder einen Brief von Dir bekommen. Ich sehne mich so sehr danach, daß ich Angst habe, darauf zu hoffen.

Mach Dir keine Sorgen um meine Gesundheit. Ich lese von morgens bis abends. Lesen ist »geistige Betäubung« gegen das, was ich hier erlebe. Es ist erstaunlich, daß man in völliger Isolation fähig ist, an seinen Ideen festzuhalten.

> Ich umarme Dich in Liebe. Grüß alle von mir.
>
> Dein
> Vlado

Im folgenden Brief denkt sich Lida Neuigkeiten für ihren Mann aus. Sie erfindet Geschichten über Brocek, Vlados Lieblingshund, den die Behörden im selben Gefängnis eingesperrt halten.

16. Januar 1952

Mein geliebter Vlado,

Danke für Deinen lieben Brief – ich habe mich furchtbar danach gesehnt, so wie ich mich nach Dir sehne. Als ich Deine Zeilen las, tauchte Dein Gesicht vor mir auf. Aus Deinen Worten kann ich herauslesen, wie Du lebst und denkst. Ich freue mich schon auf das nächste Mal, wenn Du mir schreibst...

Alle, auch die aus Tisovec, lassen Dich grüßen und denken oft an Dich. In Deiner Abwesenheit haben wir die Ferien nicht gefeiert. Es geht allen gut – Olga hat Kummer mit ihren Zähnen, Mutter mit ihren Beinen, und dann noch die Erkältungen, die von der Jahreszeit kommen. Brocek ist quietschfidel, sehr lebhaft und trotzdem folgsam, obwohl er ohne Leine herumläuft. Er hat viele Freundinnen und sogar eine Braut namens »Rita«. Sie sieht ihm ähnlich, aber sie ist viel jünger. Im Eßzimmer darf Brocek mit am Tisch sitzen. Das ist sein Beobachtungsposten: Er wartet, ob »Herrchen kommt«. Alle haben ihn gern.

Jaraska Vaseks Frau bekommt bald ihr Baby. Alle sind ganz aus dem Häuschen und warten gespannt auf das große Ereignis. Meine Eltern wollen unbedingt ihr erstes Enkelkind haben...

Bitte schreib bald. Ich mache mir Sorgen um Deine Gesundheit. Du erwähnst sie in Deinem Brief mit keinem Wort. Für mich ist sie aber das Wichtigste. Schreib mir, wenn Du am meisten an mich denkst oder wenn Dir alles düster erscheint. Dann stellt sich unsere zuverlässige Telepathie ein, um Dich zu trösten. Ich denke immer an Dich – von dem Augenblick an, wo ich aufstehe, bis spät in die Nacht. Kannst Du den Himmel sehen? Ich werde meine Botschaften an Dich an die Wolken, an den Mond und an die Sterne heften, damit sie meine Gedanken zu Dir tragen. Wie ich sie beneide.

Nach neunzehn Jahren Ehe würde ich auch gerne Liebesbriefe schreiben. Aber ich finde nicht die richtigen Worte, um alles zu beschreiben, was ich fühle, oder die Tiefe dieser Gefühle auszudrücken. Wenn wir wieder zusammen sind, werden wir uns gegenseitig für das Entgangene entschädigen. Aber jetzt müssen wir die »erbarmungslose Realität« hinnehmen, von der Du gesprochen hast. Wir dürfen die Hoffnung nicht aufgeben, daß alles wieder gut wird, daß alles in Ordnung kommt und wir eines Tages wieder glücklich sein werden, auch wenn die Gegenwart schwierig und bitter ist. Trotz aller

Zwänge, die ich natürlich zu spüren bekomme, bin ich optimistisch und voller Vertrauen. Mein Instinkt und mein gutes Gefühl flößen mir dieses Vertrauen ein.

Sei nicht unglücklich, mein Liebster. Sei tapfer und schreib mir, wenn Du am meisten an mich denkst. Bitte sag mir, was Du empfindest; wenn Dich irgend etwas bedrückt. Deine Lieben senden Dir die herzlichsten Grüße. Sie alle freuen sich auf ein frohes Wiedersehen mit Dir. Du kannst gar nicht wissen, wie sehr wir uns nach Dir sehnen.

Ich umarme Dich leidenschaftlich und voller Liebe und küsse Dich, mein geliebter Vlado.

Deine
Lida

27. Juni 1952

Meine geliebte Lida,

ich müßte ein langes Epos schreiben, um Dir zu zeigen, wie viel mir Deine Briefe bedeuten. Das gilt besonders für den letzten, in dem Deine Entschlossenheit zu spüren war, auch in Zukunft Notlagen zu meistern. An die Zukunft zu denken – vor allem, was aus Dir wird – gehört mit zum Schmerzlichsten, was ich durchgemacht habe. Deshalb bedeutet es mir so unendlich viel, daß Du entschlossen bist, die kommenden Schwierigkeiten mit neuer Kraft und neuer Hoffnung zu ertragen. Mach Dir keine Sorgen deswegen, daß Du meinen Brief vielleicht nicht ganz so beantwortet hast, wie Du es wolltest. Ich finde in Deinen Briefen immer das, wonach ich suche und was ich brauche, meine geliebte Lida...

Was meine Gesundheit betrifft, so sind alle wichtigen Organe in Ordnung. Ich grüße unsere Lieben von ganzem Herzen, und ich umarme und küsse Dich.

Dein
Vlado

2. Dezember 1952

Meine liebste und einzige Lida,
wie ich Dir vor einiger Zeit schrieb, habe ich Frieden mit
mir selbst geschlossen. Doch bis ich Dich sah*– und
wieder alles durchlebt habe, was uns beide verbindet
(und für immer verbinden wird) –, konnte ich meine
innere Ruhe nur mit Vernunft und Willenskraft aufrechterhalten. Ich war vollkommen ruhig, als Du mir sagtest,
daß Du alles weißt und verstehst. Ich wußte, daß es gar
nicht anders sein konnte – ich habe nie daran gezweifelt.
Deine Worte gaben mir genau das, was ich brauchte.
Bevor ich Dich sah, schrieb ich in einem Brief an Olga
und Boza, daß der schlimmste Moment in meinem
Leben wäre, meiner geliebten Lida Lebewohl zu sagen.
Ich werde diesen Brief nicht noch einmal schreiben,
obwohl ich mich so hoffnungslos unzulänglich ausgedrückt habe.
Du weißt, daß ich vor dramatischen Worten immer
Angst hatte. Doch welche Worte könnten würdig sein,
um auszudrücken, was mir Deine Augen sagten? Wir
waren uns noch nie so nah wie hinter diesem trennenden
Drahtgitter. Wie mußt Du gelitten haben! Du warst so
schön, so rein, so wunderbar, als Du mir gabst, was ich
nicht ausdrücken konnte und das ich jetzt selbst empfinde.
Ich glaube, Du hast die Kraft, die Schwierigkeiten des
Lebens, die noch auf Dich zukommen werden, zu meistern. Das ist für mich ein letzter, starker Trost. Ich weiß
auch, Du wirst die Antwort auf die Frage finden, die Du
mir gestellt hast und die ich unbeantwortet ließ: »Wie
kann ich weiterleben?« Du kannst nur ein würdiges

---

* Die russischen Behörden erlaubten den beiden am Tag vor Clementis' Hinrichtung, sich zu sehen – mit einem Trenngitter zwischen ihnen.

Leben leben. Das Leben eines Menschen, der bis zuletzt in meinen Gedanken war und bleibt, der das Ziel und der Sinn meines Lebens ist.

Ich glaube, Du wirst – in 10 bis 15 Jahren? – ein sozialistisches Europa erleben, das Du dann von mir grüßen kannst. Schon aus diesem Grund darfst Du die Hoffnung nicht aufgeben. Du mußt eine positive Einstellung finden zu unserer Zeit und zum Leben selbst. Du weißt besser als jeder andere, wer und was ich war, wie ich fühlte und dachte, welche Fehler ich hatte. Darum weißt Du auch, was ich falsch gemacht und wann ich mich falsch verhalten habe. Ich weiß, daß in einer Welt ohne Spannungen, Gefahren, plötzliche Umwälzungen und die Pest der Zwietracht auch andere sehen und begreifen werden...

Ich rauche meine letzte Pfeife. Ich lausche und höre Dich Lieder von Smetana und Dvořák singen. Ich bin und ich werde immer bei Dir sein.

Dein
Vlado

1963, mehr als zehn Jahre nach Clementis' Hinrichtung, waren in der Tschechoslowakei vorübergehend liberale Strömungen zu verspüren. Angesichts dieses veränderten politischen Klimas wurde der Fall Clementis wiederaufgenommen. Er wurde »rehabilitiert«.

Am Tag nach der Hinrichtung ihres Mannes wurde Lida aus dem Gefängnis entlassen. Sie gab ihre Briefe und die ihres Mannes Löbl, der sie in die USA brachte. Er sah, daß sie eine gebrochene Frau war; sie konnte den Tod ihres Mannes nicht verwinden. Sie hatte gesagt: »Ich kann nicht glauben, daß die Partei Vlado das angetan hat, einem Mann, der sein Leben dem Kommunismus geweiht hat.« Später erfuhr Löbl, daß sie in einer psychia-

trischen Klinik behandelt wurde. Er sagt: »Was anschließend [nach 1968] passiert ist, weiß ich nicht.«

Manchmal, wenn auch nur selten, wird ein Mensch, der
zum Tode verurteilt ist, im letzten Moment begnadigt.
Der nachfolgende Brief ist ein ganz außergewöhnliches
Dokument, 1849 nach seiner Begnadigung verfaßt von
einem der tiefschürfendsten Schriftsteller des neunzehnten Jahrhunderts. Fjodor Dostojewski war verhaftet und
angeklagt worden, Mitglied einer revolutionären politischen Gruppe zu sein. Den folgenden Brief schrieb Dostojewski, einen Tag nachdem der Zar sein Todesurteil
aufgehoben hatte, an seinen Bruder – ein Jahrzehnt
bevor er seine weltberühmten Werke verfaßte. Aber allein die Titel einiger dieser Werke – *Aufzeichnungen aus
einem Totenhaus, Aufzeichnungen aus einem Kellerloch,
Schuld und Sühne* – verraten, daß die Erinnerung an diese
schrecklichen Augenblicke, da er in den Abgrund schaute, nie aus seinem schöpferischen Bewußtsein schwan-
den. Für ein paar Sekunden in seinem Leben hing er in
der Schwebe zwischen Leben und Tod. Sein amerikani-
scher Zeitgenosse Herman Melville schrieb in einem
seiner frühen Romane: »O Seele, die du hörtest Leben
und Tod.«
So muß Dostojewski gelitten haben, als er aus seiner Zelle
geführt wurde, um erschossen zu werden. Für einen
Mann, den man so grausam behandelt hatte, um ihn dann
aus reiner Willkür zu begnadigen, ist das Leben eine
Vergünstigung, besonders begehrenswert, ja nahezu unwirklich, ein ruheloses Glücksspiel – wie eine Roulette-
scheibe. Und für alle Zeit hocken Tod und Auferstehung

wie zwei launische Kobolde auf seinen Schultern, und das Leben wird zum Spiel: Dostojewski verfiel der Spielleidenschaft.

Petersburg, Peter-Pauls-Festung
22. Dezember 1849

Michail Michailowitsch Dostojewski
Auf dem Newski-Prospekt, gegenüber Grjasnaja
im Hause Neslind

Bruder, mein lieber Freund! Alles ist entschieden! Ich bin zu vier Jahren Zwangsarbeit auf einer Festung (wahrscheinlich Orenburg) verurteilt worden und muß anschließend als Gemeiner dienen. Heute, am 22. Dezember, hat man uns auf den Semjonow-Platz geführt. Dort wurde uns allen das Todesurteil verlesen, man ließ uns das Kreuz küssen, zerbrach über unseren Köpfen die Degen und kleidete uns für die Hinrichtung an (weiße Hemden). Dann stellte man drei zur Vollstreckung des Urteils an den Pfahl. Wir wurden in Gruppen zu je drei aufgerufen, ich war also in der zweiten an der Reihe, und mir blieb kaum noch eine Minute zum Leben.
Ich habe an Dich, Bruder, und an die Deinen gedacht; in dieser letzten Minute warst Du, Bruder, Du allein in meinen Gedanken, und erst hier wurde mir bewußt, wie sehr ich Dich, mein teurer Bruder, liebe! Mir blieb auch Zeit, Pleschtschejew und Durow zu umarmen, die neben mir standen, und von ihnen Abschied zu nehmen. Endlich wurde zum Abbruch getrommelt, die an den Pfahl Gebundenen wurden zurückgeführt, und man verlas uns, daß Seine Kaiserliche Hoheit uns das Leben schenke...
Ja! Wahrlich! Jener Kopf, der Schöpfer war, der dem höheren Leben der Kunst lebte, der die höchsten Be-

dürfnisse des Geistes erkannt hatte und mit ihnen vertraut war, jener Kopf ist mir längst von den Schultern getrennt. Geblieben sind mir Erinnerungen und Bilder, die ich geplant, aber noch nicht mit Leben erfüllt habe. Sie sind in der Tat wie eiternde Wunden! Doch mir ist das Herz geblieben und das gleiche Fleisch und Blut, das ebenso zu lieben und zu leiden, Mitleid zu hegen und sich zu erinnern vermag, und das macht trotz allem das Leben aus...

Werde ich denn nie wieder eine Feder in die Hand nehmen? Ich glaube, es wird in vier Jahren möglich sein. Ich werde Dir alles schicken, was ich schreibe, falls ich etwas schreibe. Mein Gott! Wie viele Gestalten, die ich erlebt und erschaffen habe, werden zugrunde gehen, verlöschen in meinem Gehirn oder sich als Gift in mein Blut ergießen. Ja, wenn es mir nicht erlaubt sein wird zu schreiben, komme ich um...

Nun leb wohl, leb wohl, Bruder! Ich umarme Dich fest... bleib, wie Du bist, liebe mich und laß Dein Gedächtnis nicht erkalten. Der Gedanke an Deine Liebe wird das Beste in meinem Leben sein. Leb wohl, nochmals leb wohl! Lebt alle wohl!

Dein Bruder

Diese Briefe, die angesichts einer bevorstehenden Hinrichtung geschrieben wurden, zeigen uns den Adel, zu dem der menschliche Geist sich erheben kann. Wir sehen, wie hoch sich Menschen – manchmal erschüttert, manchmal unerschütterlich – in Situationen extremer Belastung über jegliche Not stellen können. Diese unschätzbaren Lotsenbücher beweisen, daß der menschliche Geist in der letzten Prüfung, in der unmittelbaren

Bedrohung des Todes, als *Opfer* nicht scheitert. Nur wenn wir als Verbrecher und Schurken handeln, überkommt uns nicht wiedergutzumachende Schmach.

Heimtücke: Gespräche mit lebensbedrohlichen Krankheiten

> Wir alle sind geboren mit dem Strick um den Hals; aber erst wenn der Tod uns unversehens in seiner raschen Schlinge fängt, erkennen wir Sterblichen die stumm und tückisch immer gegenwärtigen Gefahren des Lebens.
>
> HERMAN MELVILLE, *Moby Dick*
> (Kapitel 60)

Von Hippokrates, dem großen Arzt der Antike, stammt der Begriff »Karzinom«. Er geht auf das griechische Wort *karkinos* zurück, das soviel wie Krebs bedeutet. Die Bezeichnung kommt daher, weil die starken Adern, die einen Tumor umgeben, aussehen wie die ausgestreckten Scheren eines Krebses, der seine vielfachen Fortsätze wie gefährliche Tentakeln über den Tumor ausbreitet. Hippokrates wußte dabei nicht (es sei denn, er hat es vorausgeahnt), daß sich Metastasen bilden können, die sich krebsartig im ganzen Körper fortsetzen und oft heimtückisch mehrere Organe gleichzeitig befallen.

So wie die »Stimme der Taube« – das Gurren der Turteltaube – zu biblischer Zeit im ganzen Land zu hören war, so in heutigen Tagen die »Stimme des Krebses«, genauer: die Stimmen der Krebsopfer. Diese Stimmen, die manchmal schwach, aber trotzdem deutlich zu vernehmen sind, sind es wert, gehört zu werden. Hier meldet sich eine dieser Stimmen zu Wort.

Ich gebe auf. Ich will, daß es vorbei ist. Ich warte auf kein Wunder mehr. Das Schwitzen und die Fieberanfälle machen mich fix und fertig. Und dann geht es mir wieder gut. Es ist ein ganz langsamer Prozeß. Vielleicht gar kein so schmerzvoller, eher ein langsamer Prozeß. Manchmal würde ich gern aus dem Haus gehen. Und dann würde ich mich lieber wieder hinlegen und sterben. Ich meine, ich weiß nicht, was ich sagen soll. Ich habe es einfach satt. Heute morgen bin ich aufgewacht und hatte richtig Angst. Ich sagte, lieber Gott, lieber Gott, was soll ich nur tun? Aber der liebe Gott antwortet nicht.

Dies sind Marions Worte, die Worte eines zweiundzwanzigjährigen Tänzers und Friseurs. Der junge Mann starb an akuter myeloischer Leukämie. Ich sitze im Krankenhaus an seinem Bett. Die Zitate sind wörtliche Wiedergaben einer Tonbandaufzeichnung. Seine Stimme ist schwach; er spricht sehr leise; gelegentlich werden seine Worte durch Hustenanfälle und Seufzer unterbrochen.

Als er ins Krankenhaus eingeliefert wurde, zeigte er eine feindselige Haltung und war aufbrausend – »bösartig«, wie mir ein Arzt später erzählte. Er beschimpfte die Schwestern mit unflätigen Ausdrücken. Aber der Gipfel war, daß er eine volle Urinflasche nach einer Schwester warf. Danach bat mich sein Arzt, ihn zu besuchen. Zu Beginn der ersten Sitzung geschah etwas Ungewöhnliches: ich betrat sein Krankenzimmer, berührte sacht seine Hand, redete ihn mit seinem Vornamen an und sagte, ich würde verstehen, weshalb er sich wie ein ungezogener Junge aufführte. Ich ging ein großes Risiko ein; dadurch, daß ich derart unvermittelt an ihn herantrat, hätte ich alles verderben können. Aber er fing an zu weinen. Uns verband auf Anhieb eine seelische Beziehung.

Innerhalb weniger Stunden wurde er ruhiger, und sein Verhalten gegenüber dem Krankenhauspersonal besserte sich. Anscheinend brauchte er nur jemanden, der ihn dort besuchte, »wo er lebte«, mit seiner Furcht, seiner Qual und seinem Schmerz. Die Sitzung, die auf den nächsten Seiten wiedergegeben ist, fand einige Wochen nach der ersten statt – ich sah ihn fast täglich –, ungefähr zehn Tage bevor er starb. Die Sitzung verlief folgendermaßen:

SHNEIDMAN: Wovor hatten Sie Angst?

PATIENT: Oh, vor dem Unbekannten und dem nächsten Tag, dem nächsten Tag. Wieder etwas, weshalb ich weitermachen muß. *(Husten)* Dr. Shneidman, wenn es eine Möglichkeit gäbe, Schluß zu machen, dann würde ich es tun. Es dauert so lange. Ich glaube, ich habe nicht viel Geduld.

S: Das stimmt. Sie werden in vieler Hinsicht auf die Probe gestellt, auch in dieser.

P: Sie meinen die Geduld?

S: Ja. Denn ich glaube nicht, daß es in Ihrem Leben schon einmal eine Situation gegeben hat, in der Sie so viel Geduld aufbringen mußten.

P: Wie macht man das? Ich habe Angst. Sie sagten, Sie würden mir erklären, was Tod bedeutet.

S: Verzeihung?

P: Sie sagten, Sie würden mir erklären, was Tod bedeutet. Sie sagten, es sei etwas, worüber ich nichts wüßte.

S: Ja.

P: Wenn ich nur sicher sein könnte, daß er friedlich ist. Ist er friedlich?

S: Ich kann es nicht garantieren.

P: Denn das ist so wichtig. Es ist wichtiger als alles andere, daß er friedlich ist. Meine Mutter glaubt immer noch, daß vielleicht noch etwas passiert.

S: Wie hat sich die Beziehung zwischen Ihnen und Ihrer Mutter in den letzten paar Tagen verändert?

P: Ich habe sie geliebt. Ich liebte sie einfach. *(Weinen)* Ohne diese Zwänge. Ich liebte sie, ohne das Gefühl, daß sie mich kastriert. Ich nahm ihre Liebe hin. Ich ließ sie meine Mutter sein. Sie war so wunderbar. Sie hat mich mehr getröstet als irgend jemand sonst.*

S: Das ist schön. Glauben Sie, daß Ihr jetziger Zustand damit zu tun hat?

P: Ich weiß nicht. Für mich ist es so, weil es jetzt keinen Grund gibt, mich vor ihren Kastrationstendenzen in acht zu nehmen. Sie meint es wirklich gut mit mir. Sie gibt mir Trost, sie ist so selbstlos. Weinen hilft nicht. Es ist schlimm, wenn man einen Fieberanfall bekommt und schwitzt, so wie ich... Und wenn es einen Gott gibt, wenn es irgend jemand gibt, zu dem ich beten könnte und der vielleicht dieses Wunder fertigbrächte, ich wäre schrecklich dankbar und würde meine Dankbarkeit so gut zeigen, wie ich nur könnte. *(Husten)*. Es ist so weit hergeholt, so unwirklich. Ich habe keine Chance. Ich möchte so gern leben. Ich will jetzt noch nicht sterben. Ich bin halb tot und halb lebe ich noch, aber vielleicht bin ich schon mehr tot als lebendig, denn die Ärzte machen mir keine Hoffnungen mehr. Im Moment geht es nur darum, daß sie alles tun, um mich so lange wie möglich am Leben zu erhalten, dabei möchte ich das gar nicht. Denn wenn es schon vorbei ist, dann soll es auch wirklich vorbei sein. Ich sollte einfach aus dem Weg sein. Meine Mutter sagt immer: Nimm jeden Tag, wie er kommt. Das ist sehr schwer, furchtbar schwer. Ich hatte vorher schon viel

---

* Nur wenige Wochen zuvor hatte er sich geweigert, mit seiner Mutter zu sprechen oder sie in sein Zimmer zu lassen.

Mühe damit, und jetzt erst recht... So viele Leute haben mir gesagt, wie sehr mein Schicksal sie berührt hätte.

S: Ich bin sicher, daß es stimmt.

P: Alle möglichen Leute, junge, alte, Leute in meinem Alter. Ich hatte keine Ahnung.

S: Wie fühlen Sie sich damit?

P: Ich ging gestern abend ins Bett, nachdem ich es mir angehört und darüber gesprochen hatte. Ich fühlte mich wohl, und es war sehr tröstlich. Aber dann wachte ich heute morgen auf und hatte solche Angst. Es ist so, als müßte ich ständig die Gewißheit haben, daß ich ein guter Mensch bin und daß es jemand gibt, der mich liebt. Ich finde das nicht besonders toll.

S: Wie meinen Sie das?

P: Ich meine, wenn ich so gewesen wäre, dann könnte ich das hier besser ertragen.

S: Mit mehr Gelassenheit?

P: Ja. Vielleicht könnte ich sogar besser gegen die Krankheit ankämpfen. Bisher habe ich nicht sehr gut gekämpft. Es ist beinahe so, als ob ich, seit ich die Krankheit bekam, sterben wollte. Ich wollte nicht direkt sterben, aber ich wußte, daß ich sterben würde.

S: Sie haben sich irgendwie aufgegeben?

P: Ja... Vor ein paar Monaten wurden mein Blut und das Knochenmark untersucht. Der Arzt gab mir eine Spritze, das war Valium, und dann sagte er mir, daß ich Leukämie hätte.

S: Wie hat er es Ihnen gesagt? Hat er es irgendwie erläutert?

P: Ich glaube, er sagte, wir hätten noch einen guten Zeitpunkt erwischt und es gäbe wirklich eine Chance, und ich sollte ins Krankenhaus gehen.

S: Wie haben Sie reagiert?

P: Ich habe sofort meine Mutter angerufen.

S: Was ging in Ihrem Kopf vor? Wußten Sie, was diese Diagnose bedeutete?

P: *(hustend)* Ich erkannte zwar den Ernst der Lage, aber ich stand unter Schock.

S: Was haben Sie Ihrer Mutter gesagt?

P: Ich sagte ihr, ich hätte Leukämie.

S: Und wie hat sie darauf reagiert?

P: Sie weinte... Aber ich dachte wirklich, ich würde geheilt. Das hatte man mir jedenfalls gesagt. Man sagte mir, ich hätte wirklich eine gute Chance. Und die Ärzte haben alles versucht. Und nun wird ein wirklich guter Mensch, der noch so schrecklich viel zu geben hat, sterben. Ein junger Mensch wird sterben. Ein Tod, der absolut sinnlos ist.

S: Sie reden so sachlich über sich selbst.

P: Es ist ein sinnloser Tod. Ich habe immer wieder dieselbe Frage gestellt: Warum gerade ich? Ich habe keine Antwort bekommen. Ich nehme an, irgend jemand muß es bekommen, es ist nur eine Krankheit, und es gibt Statistiken, und irgend jemand muß die Krankheit eben bekommen. Vielleicht wird ein Freund von mir, der gerade im Auto sitzt und daran denkt, wie leid ich ihm tue, bei einem Unfall getötet, weil irgend jemand bei einem Autounfall ums Leben kommen muß.

S: Das ist eine interessante Idee: Es gibt so viel Elend und Tod, und es muß verteilt werden.

P: Ja. Ich möchte so gerne schlafen, zur Ruhe kommen, aber ich muß ständig ans Sterben denken. Aber wenn ich hier rauskomme, will ich nicht schlafen. Ich möchte hier raus. Ich möchte einfach was machen, vielleicht französisch essen gehen, ins Kino gehen, wieder mit meiner Freundin schlafen. Natürlich könnte es dadurch auch schwieriger werden. Aber warum nicht? Warum sollte ich es nicht tun? Ich frage mich, was ich alles versäumt habe. Jetzt ist es unwiederbringlich. Glauben Sie, es wäre gut, wenn ich rausgehe, auch wenn es mir nicht hundertprozentig gutgeht, aber wenn der Arzt sagt, es ist okay?

S: Natürlich. Glauben Sie etwa nicht?

P: Sie wissen, ich schwitze immer noch. Ich glaube, das ist ein Symptom dieser Krankheit, und mein Hals und mein Magen machen mir auch noch ein bißchen zu schaffen.

S: Gut, dann stelle ich Ihnen jetzt die Frage: Was glauben Sie?

P: Ich glaube fast, daß alles andere besser ist, als hier in diesem Bett zu liegen. Ich hasse es, den Leuten draußen zur Last zu fallen, aber ich werde nie wieder völlig gesund werden. Ich bin wirklich an einem Tiefpunkt angelangt.

S: Ich weiß, und es ist schwierig.

P: Ein richtiger Tiefpunkt... Haben *Sie* Angst vor dem Tod?

S: Ja, natürlich. Warum fragen Sie?

P: Ich habe mich gerade gefragt, wie jemand über den Tod denkt, der mehr oder weniger ein Fachmann auf diesem Gebiet ist.

S: Tja, ich bin so sterblich wie jeder andere. Ich glaube, wir sind uns sehr ähnlich. Ich hasse Krankheiten und Schmerz, Untauglichkeit, Ungewißheit, all die Dinge, die Sie auch nicht mögen.

P: *(seufzt)* Ich bin jetzt wieder ganz ruhig.

S: Ich komme am Montag gegen elf Uhr wieder vorbei.

P: Hoffentlich bin ich dann noch da. Ich meine, hoffentlich bin ich physisch noch da.

S: Das ist eine notwendige Voraussetzung. Bis dann.

In dieser Sterbeszene tauchen bestimmte Themen auf, die immer wieder zur Sprache kommen werden. Die Angst (»Ich hatte richtig Angst«); die entnervte Reaktion auf starke Schmerzen (»hinlegen und sterben«); die um sich greifende Ungewißheit (»wenn es einen Gott gibt«); die Vorstellungen von Rettung (»irgend jemand, der

vielleicht dieses Wunder fertigbrächte...«); die hochge-
steckten Ziele (»Ich würde mich als besseren Menschen
betrachten«); die Skepsis (»Es ist so weit hergeholt, so
unwirklich... Es ist ein sinnloser Tod«); die sich drama-
tisch verändernden zwischenmenschlichen Beziehungen
(»Ich nahm ihre Liebe hin«); das tiefe Gefühl der Unge-
rechtigkeit (»ein wirklich guter Mensch... wird sterben«); die Sorge um den guten Ruf nach dem Tod (»Ich
glaube nicht, daß von einer Tonbandaufnahme viel zu
halten ist«); und der Kampf gegen den Schmerz (»Ich
gebe auf. Ich will, daß es vorbei ist«).

Dies sind einige der Themen, die auftauchen und immer
wiederkehren, wenn ein Mensch unheilbar krank ist und
mit der wachsenden Bedrohung durch den Tod leben
muß. Es handelt sich dabei um Fantasien, Gedanken und
Emotionen – um allgemeine menschliche Erfahrungen
also –, die wir von Kindheit an in uns tragen, aber die erst
zum Vorschein kommen (in verschiedenen Kombinatio-
nen), wenn wir von den Schrecken des gefürchteten
Unbekannten ernsthaft bedroht werden.

Obwohl die Themen oft dieselben sind, gibt es nicht nur
eine Art zu sterben. Jeder Mensch stirbt auf seine ganz
persönliche Weise.[1]

In der Thanatologie wird zur Zeit die Meinung vertreten
– vor allem von Elisabeth Kübler-Ross[2] –, daß es fünf
»Phasen« des Sterbens gebe, die in einer bestimmten
Reihenfolge ablaufen. Aufgrund meiner eigenen Erfahrungen bin ich zu einem völlig anderen Ergebnis gelangt,
so daß ich die Behauptung zurückweise, Menschen, die
sterben, würden in einer Art Gleichschritt verschiedene
Stadien des Sterbens durchlaufen. Im Gegenteil, bei

meiner Arbeit mit Sterbenden bin ich auf ein breites Spektrum an menschlichen Emotionen und unterschiedlichen menschlichen Bedürfnissen gestoßen. Ich habe eine große Bandbreite von psychologischen Abwehrmaßnahmen und Manövern entdeckt, bei manchen nur ein paar davon, bei anderen Dutzende. Das alles habe ich in beeindruckender Vielfalt erfahren.

Loma Feigenberg, ein bedeutender schwedischer Thanatologe am Karolinska-Krankenhaus, schreibt dazu folgendes:

> Frau Kübler-Ross, deren Arbeit und deren vielgelesenes Buch zweifellos von weitreichender Bedeutung für die »neue« Thanatologie sind, hat das Sterben in verschiedene Phasen seiner psychologischen Aspekte eingeteilt... Diese These stützt sich auf ihre persönlichen Eindrücke, und sie hat bis jetzt noch keine entsprechende Untersuchung vorgelegt, die dies verifizieren könnte. Der Eifer und die Befriedigung, mit denen diese Fünf-Phasen-Einteilung vielerorts aufgenommen wurde, ist erstaunlich. Es hat den Anschein, als ob diese gleichförmige Abfolge vielen Menschen in der verwirrenden Vielfalt des Sterbens ein Gefühl der Sicherheit und des Vertrauens gegeben hätte.
>
> Avery Weisman schrieb kürzlich dazu: »Schematische Phasen – Nichtwahrhabenwollen, Zorn, Verhandeln, Depression, Zustimmung – sind bestenfalls Annäherungen an eine Individualisierung, und schlimmstenfalls behindern sie sie sogar.«
>
> Die Frage, ob es beim Sterben verschiedene Phasen gibt, ist nicht nur für die theoretische Thanatologie von Interesse – sie hat auch Auswirkungen auf die klinische Betreuung von Sterbenden. Was immer die Autorin auch beabsichtigt haben mag, Tatsache ist, daß die von

Frau Kübler-Ross vorgenommene Einteilung des Sterbens in unterschiedliche Phasen als eine Art Check-Liste für den Vorgang des Sterbens angesehen wird. Man erwartet daher, daß in der vorgegebenen Reihenfolge ein Stadium auf das andere folgt. Und wenn ein Patient deutlich von diesem Schema abweicht, dann kann es durchaus sein, daß er vom Krankenhauspersonal zu hören bekommt, er würde »falsch« sterben.[3]

Wie im Leben, so sind auch beim Sterben die emotionalen Verfassungen, die psychischen Abwehrmechanismen, die Bedürfnisse und inneren Antriebe unterschiedlich, auch wenn sie – in einer lebensbedrohlichen Situation nur mehr als verständlich – nicht unbedingt auf die euphorischen Aspekte des Lebens gerichtet sind. Dazu gehören Reaktionen wie Gelassenheit, Wut, Schuld, Schreck, kriecherisches Benehmen, Angst, Kapitulation, Heldenmut, Abhängigkeit, Neid, Bedürfnis nach Kontrolle, Kampf um Selbständigkeit und Würde und schließlich Verweigerung.

Für einen potentiellen Helfer ist es wichtig, daß er »Leben« und »Sterben« nicht trennt. Die meisten Menschen, die an einer unheilbaren Krankheit leiden, sind – bis sie ins Koma fallen – höchst lebendig und hören oftmals genau auf den Zusammenklang ihrer eigenen Emotionen mit den Gefühlen derer, die um sie herum sind. Wenn einem Menschen gesagt wird, er habe Krebs, kann diese Mitteilung sein Innenleben zwar völlig verändern, aber sie verwandelt diesen Menschen nicht in ein psychisch funktionsuntüchtiges Wesen. Im Gegenteil, sie kann ihn vielleicht gerade dazu anspornen, über verschiedene Möglichkeiten und Reaktionen nachzudenken.

Es gibt auch kein Naturgesetz – wie Autoren behaupten, die die Zustimmung als letzte Phase des Sterbens betrachten –, daß ein Mensch eine Art psychoanalytischen Gnadenstand erreichen oder auf eine andere Weise mit dem Leben abschließen muß, bevor der Tod sein Siegel darunter setzt. Tatsache ist, daß die meisten Menschen zu früh oder zu spät sterben, um die losen Fäden zu straffen und die Scherben des Lebens zusammenzufügen.

Meine persönliche Ansicht über die Psychologie des Sterbens stützt sich vor allem auf eine allgemeine Persönlichkeitstheorie und die gründliche Auseinandersetzung mit der Studie von Dr. Henry A. Murray[4] über menschliches Verhalten. Ich glaube, daß jeder Mensch dazu neigt, so zu sterben, wie er gelebt hat – und vor allem, wie er früher in Phasen von Bedrohung, Streß, Mißerfolg, Herausforderung, Schock und Verlust reagiert hat. In diesem Zusammenhang möchte ich einen bekannten Ausspruch des deutschen Biologen Ernst Haeckel, eines Forschers aus dem 19. Jahrhundert, leicht abwandeln: *Die Onkologie ist eine Wiederholung der Ontogenese*. Grob gesprochen meine ich damit, daß sich in der Phase des Sterbens die dunklen Lebensphasen eines Menschen widerspiegeln, ja wiederholen, oder zumindest parallel verlaufen. Man stirbt so, wie man in den schrecklichsten Momenten seines Lebens gelebt hat.

Um vorherzusehen, wie sich ein Mensch verhalten wird, wenn er stirbt, greifen wir nicht die Höhepunkte seines Lebens heraus. Wir stellen vielmehr unsere Nachforschungen, wie es ein bekannter Krebsarzt kürzlich ausgedrückt hat, »im Wellental« des Lebens an. Sterben ist ein

Kraftakt; deshalb ist es sinnvoll, sich frühere Begebenheiten im Leben des Betreffenden anzusehen, die vergleichbar, parallel oder psychologisch ähnlich erscheinen. Bei allen Menschen gibt es bestimmte Konstanten. Ein Mensch lebt so weiter, wie er in der Vergangenheit bereits gelebt hat; und Sterben ist Leben. Es gibt keine festgesetzten Phasen. Menschen leben unterschiedlich, und Menschen sterben unterschiedlich. Manche Begebenheiten in ihrem früheren Leben waren für sie Vorboten des Sterbens. Ich behaupte, daß die psychische Situation eines Menschen, der Krebs hat, die psychischen Vorgänge in vergleichbaren früheren Lebensabschnitten ebendieses Menschen widerspiegelt.

In einem kürzlich erschienenen Artikel von Dr. John Hinton[5] wird von einer Studie berichtet, die sich mit sechzig unheilbar kranken Krebspatienten befaßt. Darin wird das Verhältnis zwischen der Persönlichkeit jedes einzelnen Patienten und seinem Geisteszustand vor und während der Krankheit untersucht. Die Ergebnisse haben gezeigt, daß es notwendig ist, *im Detail* zu wissen, wie der einzelne früher mit den Ansprüchen, die das Leben an ihn gestellt hat, fertig wurde – also in Dutzenden von Situationen, in denen ein Mensch stark, geduldig, aggressiv, schwach, passiv, furchtsam usw. gewesen ist. Hintons Ergebnisse regen (trotz ihres vorläufigen Charakters) zum Nachdenken an:

Problemen ins Auge sehen: Diese frühere Charaktereigenschaft wird vom Ehemann oder der Ehefrau geschildert, um zu zeigen, daß der Patient tatsächlich mit den Ansprüchen, die das Leben an ihn stellte, fertig wurde und keinem Problem aus dem Weg ging. Diejenigen, die vorher im Leben gut zurechtkamen, waren allgemein weniger depressiv, ängstlich oder gereizt und zogen sich nicht so sehr in sich zurück. Dieses Ergebnis war eines der bedeutsamsten der gesamten Studie... Wenn jemand in der Vergangenheit Schwierigkeiten hatte, im Leben zurechtzukommen, dann erhöhte sich damit die Wahrscheinlichkeit, daß er in der gegenwärtigen Situation unter Depressionen und Angstzuständen litt... Dadurch bestätigt sich der Eindruck, daß die frühere Lebensweise eines Patienten Einfluß darauf hat, wie er stirbt.

All das deutet darauf hin, daß wir, falls wir nur genug über einen anderen Menschen wissen (und zwar über den ganzen Zeitraum seines Lebens hinweg), in der Lage wären, präzise Angaben über sein zukünftiges Verhalten zu machen. Das wäre keine Voraussage im herkömmlichen Sinn, sondern vielmehr eine begründete Schlußfolgerung aus vergangenen Verhaltensmustern des Betreffenden.

Die Streßphasen im Leben eines Menschen hängen jedoch nicht immer mit Krankheiten zusammen. Sie können mit Mißerfolgen und bedrohlichen Situationen im beruflichen wie im privaten Bereich oder auch mit dem Befinden eines geliebten Menschen in Zusammenhang stehen. So mancher Ehemann hat, während seine Frau operiert wird, einen erhöhten Blutdruck, und umgekehrt. Es kommt sogar vor, Anthropologen haben das festgestellt, daß sich der Mann genau zu der Zeit, in der seine Frau ein Kind zur Welt bringt, ins Bett legt und so etwas wie Wehen verspürt.

In ihrem großartigen Buch *Krankheit als Metapher* beschreibt Susan Sontag, die selbst Krebs hatte, zwei Krankheiten: Tuberkulose (und die seltsam romantisierenden Assoziationen, die mit dieser Krankheit verbunden waren) und Krebs (und die abwertenden Vorstellungen, die noch zu der Krankheit dazukamen). Am Anfang ihres Buches wird das Bild zweier Welten heraufbeschworen – das Reich der Gesunden und das Reich der Kranken, wobei die Krankheit die Nachtseite des Lebens ist, eine eher lästige Staatsbürgerschaft. Früher oder später ist jedoch jeder Mensch gezwungen, zumindest für eine Weile, sich als Bürger dieses Reichs der Kranken auszuweisen.[6]

Ich möchte diese beeindruckende Metapher noch um einen dritten Ort ergänzen: das Reich der Sterbenden. Es ist ein gewaltiger Unterschied, ob ein Mensch nur einfach krank ist (sich schlecht fühlt und Schmerzen hat), oder ob er an einer lebensbedrohlichen Krankheit leidet. Vom psychologischen Standpunkt aus ist es ein enormer Unterschied, ob man einem Menschen einfach sagt, daß er krank ist, oder ob man ihm mitteilt, daß sich in seinem Körper ein unbesiegbarer Feind eingenistet hat. »Kranksein« und »Sterben« ist nicht dasselbe. Wenn der Lebensspaß eines Menschen den Stempel »Sterben« trägt, dann ist es dasselbe für ihn, als würde er ihm weggenommen – und das bedeutet, daß er nicht einmal mehr in das »Reich der Kranken« zurückkehren kann.

In einer intensiven zwischenmenschlichen Beziehung zu einem Sterbenden konzentriert sich alles auf einen bestimmten Punkt. In dieser Situation ist der Blick auf den Kalender gerichtet. Ein Sterbender schneidet normalerweise das Thema Tod und Sterben an; der Begleiter

sollte nicht davor zurückscheuen. Bewußte und unbewußte Bedeutungen verschwinden gelegentlich, weil der
Tod selbst irrational ist.

Wenn ich an meine eigene psychotherapeutische Arbeit
mit Sterbenden denke, dann glaube ich, daß ich mich
dabei von folgenden Grundsätzen, Zielen und Überzeugungen habe leiten lassen:[7]

1. Das Ziel der Verbesserung der psychischen Situation.
Die Arbeit mit Sterbenden zielt in der Hauptsache darauf ab -bei den Besuchen, im wechselseitigen Gespräch,
bei den Ratschlägen, bei Interpretationen und beim
Zuhören –, die psychische Situation des Patienten zu
verbessern. Realistisch betrachtet, kann man dabei nicht
immer optimistisch sein. Der Begleiter findet zu Beginn
seiner Arbeit eine trostlose Situation vor, die wahrscheinlich im Laufe der Zeit noch trostloser werden wird.

2. Die Selbstbestimmung des Betroffenen. Diese Idee basiert auf der Achtung vor dem Individuum. Man sollte
einem Menschen nicht die Möglichkeit nehmen, seine
Behandlung zu überwachen, ein Gefühl von Würde zu
behalten und soweit wie möglich von unnötigen Schmerzen befreit zu sein[8], nur weil er oder sie sterben muß.
Menschen sollten nicht zu bloßen Patienten degradiert
werden; ihr Status als freier Bürger und als Mensch sollte
aufrechterhalten bleiben.

Der folgende Bericht stammt von einem Universitätspro-
fessor*, der an amyotropher lateraler Sklerose (ALS),
einer lebensgefährlichen neuromuskulären Krankheit
litt. In »Notes of a Dying Professor« und in »More Notes

---

* Es handelt sich um den verstorbenen Archie J. Hanlan, der außerordentlicher
  Professor für Sozialarbeit an der Universität von Pennsylvania war.

of a Dying Professor« berichtet er über einige bittere Erfahrungen[9] – über seine erschütternden Erlebnisse mit Ärzten und Krankenhauspersonal – und stellt Überlegungen an zu der Art und Weise seiner Behandlung, um sie indirekt zu kritisieren.

> Nachdem er mich oberflächlich untersucht hatte, merkte ich, daß er immer schweigsamer wurde. Das beunruhigte mich. Was verschweigt er mir? Er wirkte sehr nachdenklich und ernst. Ich fragte ihn, was mir seiner Meinung nach fehlte, aber ich bekam keine Antwort... Dann sagte er mir schließlich, daß ich sofort einen Neurologen aufsuchen sollte... Der Neurologe war betont kühl und unnahbar, aber äußerst gründlich... ich hatte immer mehr den Eindruck, daß ich ernstlich krank war... ich bedrängte ihn ständig, mir eine Antwort zu geben, aber er reagierte überhaupt nicht. Dieses Schweigen führt wohl bei jedem Patienten in so einer Situation zu Besorgnis, Angst und Verwirrung.
> Man behandelte mich wie einen Gegenstand. Patient zu sein ist eine Sache, aber ein Gegenstand zu sein bedeutet, noch weniger zu sein als ein Patient. Und ich fing an, mich nicht nur vor dieser unbekannten schrecklichen Krankheit zu fürchten, über die keiner etwas weiß – und wenn man etwas weiß, dann sagt man es mir nicht –, sondern ich war ärgerlich und wütend, denn ich sagte mir: »Verdammt noch mal, ich bin ein Mensch, und ich will auch wie einer behandelt werden!«

Wir wollen anläßlich dieses Falls kurz darüber nachdenken, was die moderne Medizin getan hat. Sie läßt einen Menschen so früh wie möglich wissen (in einer Weise, die von unbeabsichtigter Grausamkeit bis hin zu verständnisvollem »Bedauern« reicht), daß er nur noch kurze Zeit zu leben hat. Über seinem Kopf schwebt das Damoklesschwert, das den Lebensfaden nach einem genauen Zeitplan durchschneidet. Und dann verwendet die moderne Medizin gewissenhaft ihre beträchtlichen wissenschaftlichen Energien darauf, den Körper am Leben zu erhalten, während oft gleichzeitig, ohne böse Absicht, entweder unsere tiefsten inneren Bedürfnisse mißachtet oder unsere Persönlichkeit und Psyche ahnungslos traumatisiert werden.

Das Schlimmste an der ganzen Sache ist, daß das alles nicht so sein müßte. Die Medizin könnte (und sollte) beides tun: Sie könnte die Krankheit behandeln und gleichzeitig psychologischen Beistand leisten. Zumindest in der Theorie gibt es, von möglichen eigenen Neurosen der Ärzte abgesehen, keinen überzeugenden Grund, weshalb Ärzte die Sorgen, Ängste und Unsicherheiten ihrer Patienten in Streßsituationen nicht erkennen sollten. Sie könnten mit ihnen sprechen, um diese Ängste zu zerstreuen – und zugleich den Schleier des Geheimnisvollen, der normalerweise einen Medizinmann umgibt, ein wenig lüften –, so, wie sie selbst von einem Kollegen behandelt werden möchten, sollten sie selbst an einer schweren Krankheit leiden.

Man muß nicht erst jemand sein, um zu sterben, und man braucht auch keinen Spitzenplatz auf der sozialen Leiter, um gut zu sterben. Offensichtlich aber kann ein Mensch dem Tod besser begegnen, wenn er zu Beginn des Krankheitsprozesses Willensstärke besitzt, wenn er Glück hat und Angehörige, die ihm beistehen, und wenn schließlich das System (insbesondere die Art, auf die die medizinische Kunst am Patienten praktiziert wird) es zuläßt.

3. Die Bedeutung der Übertragung. In keiner Aufzählung von Freuds wesentlichen Gedanken darf der Begriff »Übertragung« fehlen. Nach dieser Vorstellung neigt der Mensch dazu, auf bestimmte »Figuren« in seinem Leben – z. B. Ärzte, Lehrer, Polizisten, Kellner usw. – auf eine Weise zu reagieren, die sein eigenes Bedürfnis nach Liebe, seine Angst vor Behörden oder seine Verachtung von Schwäche widerspiegelt. Diese Gefühle und Bedürfnisse gehen auf frühe unbewußte Reaktionen gegenüber den Eltern und Geschwistern zurück; d. h., wir sind so veranlagt, daß wir wichtige Gefühle schnell auf eine andere Person übertragen. Diese Übertragung kann sowohl positiv (»Ich mag dich«) als auch negativ (»Ich hasse dich«) sein. An dieser Stelle sei ein außergewöhnlicher Auszug einer Therapiesitzung angeführt, um den Begriff der Übertragung zu erläutern. Bei der Patientin handelt es sich um eine liebenswerte Frau von Anfang Fünfzig, die an Brustkrebs starb. Es hat ihr in den letzten Tagen vor ihrem Tod viel Kraft gegeben, daß sie ihre Gefühle auf mich übertragen konnte. Diese Sitzung fand an einem Tag statt, an dem es draußen regnete und stürmte.

Patientin: Es ist gut, hier drinnen zu sein. Ich wollte nicht umkehren, nur weil es regnet. Ich will nicht aufgeben, wenn ich nicht unbedingt muß. Ich glaube, wenn man aufgibt, denkt man bloß: »Mir geht es grade nicht gut«, oder: »Ich bin zu müde«, oder irgend so was, und dann gibt man einfach auf.

Shneidman: Die Tatsache, daß Sie bei diesem starken Regen hierher gekommen sind, wirft eine interessante Frage auf, die gut in diese Sitzung hineinpaßt. Was haben Sie eigentlich von diesen Sitzungen?

P: Ich weiß nicht. Ich genieße sie irgendwie. Es ist schön, über Dinge zu sprechen, über die ich jahrelang nicht nachgedacht habe. Ich bin nicht mehr so nervös wie vorher. Natürlich nehme ich noch ab und zu Valium. Und ich höre Ihnen gerne zu. Ich denke dabei an Dinge, an die ich vorher nie gedacht habe. Ich weiß nicht, was mir diese Sitzungen bringen sollen. Ich bin nie in therapeutischer Behandlung gewesen. Trost, nehme ich an. Ich weiß nicht, ob es daran liegt, daß ich Tabletten nehme und daß ich zu Ihnen komme, jedenfalls bin ich ruhiger.

S: Ich werde Ihnen nun eine Frage stellen, die nur ein Psychotherapeut stellen kann: Wie finden Sie mich?

P: Ich halte Sie für einen netten Menschen, mit dem man sich gut unterhalten kann. Und wenn es einmal längere Pausen gibt, weil ich nicht viel zu sagen habe oder mich verhasple, dann greifen Sie ein und erzählen interessante Dinge. Sie erwarten nicht zu viel von mir. Und ich glaube auch, daß Sie meine Gefühle verstehen.

S: Mögen Sie mich? [Ja.] Warum?

P: Ich glaube, eben aus diesen Gründen.

S: Erinnere ich Sie an jemand? Ich meine nicht vom Aussehen, von der Kleidung oder der Statur. [Nein.] Sie haben mir ein paar bewundernswerte menschliche Eigenschaften zugesprochen. Dabei kommt es nicht darauf an, ob ich tatsächlich diese Eigenschaften besitze. Es gab sicherlich Menschen in Ihrem Leben, die dieselben Eigenschaften hatten. Wer fällt Ihnen dabei ein, wenn Sie diese Worte benutzen?

P: Tja, ich nehme an, da Sie der Mensch sind, zu dem ich komme, weil ich Sorgen habe, wird es wahrscheinlich meine Mutter sein, zu der ich hinging, wenn ich Kummer hatte. Zu meinem Vater ging ich nicht so gern. Wir hatten uns sehr lieb, aber wir konnten einfach nicht miteinander reden. Aber mit meiner Mutter konnte ich über alles sprechen. Wir hatten eine sehr enge Mutter-

Tochter-Beziehung, und wir waren gute Freundinnen. Doch in Ihrer Gegenwart kann ich noch offener über Dinge sprechen. Es gibt ein paar Dinge, bei denen ich mich schämen würde, sie meiner Mutter zu erzählen... Mutter war meine Krankenschwester, mein Kindermädchen, sie war alles zusammen. Ich habe sie sehr, sehr lieb gehabt. Sie war so liebenswürdig, man konnte sich so gut mit ihr unterhalten, und sie war so verständnisvoll. Sie kam auch zu mir, wenn sie irgendein Problem hatte, und wir redeten miteinander, als ob wir gleichaltrig wären. Ich weiß wirklich nicht, warum Dad und ich nie die Schranken überwinden konnten, wo wir uns doch so furchtbar gern hatten.

S: Sie hatten Ihren Vater furchtbar gern, und sie liebten Ihre Mutter sehr.

P: Ich habe Dad nicht viel gesehen. Er war oft geschäftlich unterwegs. Aber Mutter war immer um mich herum, sie war von klein auf immer da, wenn ich von der Schule nach Hause kam. Ich kann mich nicht erinnern, daß sie einmal nicht dagewesen wäre.

S: Deshalb hatten Sie Ihr ganzes Leben hindurch stets das Gefühl der Sicherheit – zumindest bis vor kurzem. [Ja.] Sie hatten Glück: es gab in Ihrer Kindheit relativ wenig seelische Erschütterungen.

P: So gut wie keine. Das einzige Mal, daß ich wütend auf Mutter war – dabei war es genaugenommen überhaupt nicht Mutters Schuld –, war, als Charles [ihr Mann] zum Militärdienst nach Übersee geschickt wurde. Ich erinnere mich, daß ich am ersten Abend, als ich wieder zu Hause war und Mutter in mein Zimmer kam, um mir einen Gutenachtkuß zu geben, zu ihr sagte, daß ich es nie zulassen würde, daß meinem kleinen Mädchen dasselbe passiert. Ich würde nie zulassen, daß man meinem kleinen Mädchen den Mann wegnimmt. Ich weinte und gab irgendwie meiner Mutter die Schuld. Ich erinnere mich auch, daß ich später in ihr Zimmer ging und mich

174

entschuldigte. Ich hatte eingesehen, daß es dumm war zu behaupten, ich würde nicht zulassen, daß der Krieg meinem kleinen Mädchen den Mann wegnimmt, und meiner Mutter dafür die Schuld zu geben.

S: Es ist verständlich, daß Sie in diesem Moment Ihrer Mutter die Schuld für Ihren Verlust gaben.

P: Warum? Warum habe ich das getan?

S: Oh, aus einem ganz einfachen Grund. Sie hatten von Ihr erwartet, daß Sie Ihnen alles gibt und daß sie Sie vor allem beschützt. Sie hatte ihre Aufgabe fast hundertprozentig erfüllt. Für Sie besaß sie so etwas wie magische Kräfte. Sie konnte einfach alles. Sie waren sich der Gegenwart Ihrer Mutter so sicher, wie Sie sicher sein konnten, daß die Sonne jeden Morgen aufgeht. Und obwohl Sie bereits erwachsen und verheiratet waren, waren Sie immer noch das kleine Mädchen und sind es irgendwo auch heute noch. Das geht jedem so. Wir wachsen nie über diese Gefühle hinaus. In diesem irrationalen Moment, als Sie weinten, gab es für Sie nur eine logische Schlußfolgerung: Mutter kann alles schaffen. Dabei ließen Sie einfach die Tatsache außer acht, daß gerade ein Weltkrieg im Gange war.

P: Und ich war enttäuscht.

S: Auch wenn es so keinen Sinn ergibt, im Unbewußten steckt ein tieferer Sinn.

P: Nein, bestimmt nicht.

S: Aber so funktioniert unser Verstand. Psychologisch gesehen ist das einer der aufrichtigsten Momente in Ihrem Leben. Und da sagen Sie: ich meinte es nicht so. Tatsächlich meinen Sie nur, daß Sie es nicht bewußt, sondern unbewußt gemeint haben, und das ist in Wirklichkeit eine Botschaft, die ein großes Kompliment an Ihre Mutter enthält, weil sie im Grunde besagt, sie ist allmächtig. Das ist wirklich ein schöner Augenblick. So gesehen ergibt alles einen Sinn.

P: Ja, jetzt schon. Es hat für mich nur all die Jahre keinen

Sinn ergeben – kurz nachdem ich es gesagt hatte oder seither –, bis heute. Jetzt verstehe ich es.

S: Und was ist mit mir? Welche allmächtigen Dinge erwarten Sie von mir?

P: Daß Sie meinen Krebs heilen, nehme ich an...

Aus Vilhelm Mobergs Roman *Von den Auswanderern* stammen die Worte, die Anna, Karl Oskars ältestes und liebstes Kind, ausruft, als sie an einem Magendurchbruch stirbt:

> Es tut weh, zu sterben, Vater. Ich will nicht, daß Gott mich zu sich holt, wenn das so schlimm ist. Ich will hier zu Hause bleiben. Kann ich nicht hierbleiben – bitte, laß mich hierbleiben! Du bist so groß und stark, Vater, kannst du mich nicht beschützen, damit Gott mich nicht holen kann?... Ich bin so klein. Möchtest du gerne sterben, Vater? Willst du, daß Gott kommt und dich holt?[10]

In diesem ergreifenden Abschnitt erkennen wir den feinen, aber entscheidenden Unterschied zwischen der Allmacht, die das Kind auf seine Eltern (und die Patientin auf ihren Therapeuten) als Stellvertreter Gottes projiziert, und der *realen* oder unausweichlichen Allmacht der Natur oder Gottes. Und wir erkennen auch die indirekte Drohung des Opfers gegen den bis dahin als allmächtig geltenden Vater (oder Therapeuten) – daß der wahre Gott jeden vernichtet, auch den, der sich als Gott aufspielen will: »Willst du, daß Gott kommt und [auch] dich holt?«

4. Begrenzung der Ziele. Es ist eine Frage der Motivation, daß jeder Therapeut, der effektiv arbeiten will, verständlicherweise ein grundlegendes Interesse am »Erfolg« seiner Arbeit hat. Bei einem Sterbenden muß der Therapeut seine Vorstellungen darauf ausrichten, wie er diesem Menschen tatsächlich helfen kann. Es ist ein Prozeß, der, gleichgültig wie vielversprechend er begonnen hat oder wie effektiv er geführt wurde, immer mit dem Tod endet. Wir müssen uns darüber im klaren sein, daß nur sehr wenige Menschen exakt nach psychologischen Zielvorstellungen sterben, nachdem sie sich durch alle möglichen Komplexe und Neurosen durchgearbeitet haben. Der Therapeut oder Begleiter muß in der Lage sein, Unvollkommenheit und Entschlußschwäche zu tolerieren. Niemand wird jemals das Geflecht seiner Psyche und seiner zwischenmenschlichen Beziehungen entwirren. Bis zur letzten Sekunde gibt es Schöpfungen und Nachschöpfungen, die neue Lösungen erforderlich machen. Der totale Einblick ist ein Abstraktum: es gibt keinen Zustand von ewiger seelischer Stabilität.

Das Ziel, die Probleme des Lebens vollständig zu lösen, ist wohl unerreichbar. Avery Weisman meint dazu: »Der schönste Tod ist der, den sich ein Mensch selbst aussuchen würde, wenn er die Wahl hätte.« Man kann dem Sterbenden dabei helfen, seine Angelegenheiten in Ordnung zu bringen – obwohl letztlich jeder stirbt, ohne ein psychisches Testament zu hinterlassen.

Da es keine speziellen psychologischen Ziele gibt (zum Beispiel *diese* Einsicht, oder *jene* Analyse), liegt der Schwerpunkt in der Beziehung und der kontinuierlichen Gegenwart des Begleiters. Es gibt nichts, was unbedingt erreicht werden *muß*. Der Patient bestimmt das Tempo, er entscheidet, ob das Thema Tod überhaupt erwähnt wird – obwohl dies in der Regel der Fall ist. Die »Methode der schrittweisen Annäherung« ist deshalb zweckmäßig, weil sie dem Sterbenden über Tage hinaus gestattet, zuzugeben, daß er ein Problem, eine Krankheit, einen Tumor, eine bösartige Krankheit, Krebs oder eine unheilbare Geschwulst hat. Manche Menschen können erst nach und nach offen über ihre Krankheit sprechen. Als diejenigen, die helfen wollen, neigen wir dazu, unsere eigene Leistung danach zu beurteilen, in welchem Maß wir beim Tod eines anderen Menschen Trost gespendet haben. Wir denken darüber nach, ob der Tod der Großeltern, eines Elternteils, des Bruders oder der Schwester, eines Freundes oder eines Patienten positiv oder negativ war, und wir empfinden in unterschiedlichem Maß Stolz, Schuld oder Scham, abhängig von der Rolle, die wir selbst bei diesem Tod gespielt haben. Mir ist zum Beispiel klar, was ich bei dem Gedanken an Marion empfinde, den jungen Mann, der, wie ich zu Beginn des Kapitels erwähnt habe, an Leukämie gestorben ist.

Wenn ich an Marion denke, dann trauere ich um ihn. Gleichzeitig aber fühle ich mich ziemlich wohl bei dem Gedanken, daß ich ihm geholfen habe, einige seiner seelischen Konflikte zu lösen, und vor allem, daß ich ihn wieder mit seiner Mutter zusammengebracht habe. Es war eine schöne Erfahrung für ihn und seine Mutter. Das war das Bedeutendste, was im Rahmen seines Sterbens passieren konnte.

Meine Erinnerung an einen anderen Fall ist weniger triumphal. In der Tat habe ich das Gefühl, daß ich bei einem entscheidenden Aspekt meiner Arbeit mit einer fünfzigjährigen Frau, die an Lymphdrüsenkrebs gestorben ist, einen ziemlich schwerwiegenden Fehler begangen habe. Unsere enge psychologische Beziehung half ihr zwar, aber im Laufe meiner Therapie ließ ich eine Regel, die ich ständig anderen beizubringen versuchte, völlig außer acht: von Anfang an mit den künftigen Hinterbliebenen zusammenzuarbeiten. Ihre Ehe war schon vor Jahren geschieden worden, und sie wußte nicht einmal (oder kümmerte sich nicht darum), wo ihr ehemaliger Mann sich aufhielt. Aber sie hatte einen erwachsenen Sohn, und sie tat alles, um mich davon abzuhalten, mit ihm zu sprechen. Ich begegnete ihm nur ein einziges Mal kurz in ihrem Krankenzimmer, und es war schon fast peinlich, wie grob sie ihn behandelte. Heute ist mir klar, daß ich ihn entgegen ihrem ausdrücklichen Wunsch bereits zu Beginn meiner Therapie hätte anrufen und mit ihm sprechen sollen. Man wird verstehen, welche Vorwürfe ich mir deswegen mache: Er ist einen Tag nach ihr gestorben. Nach allem, was ich weiß, ist er in seiner Wohnung bei einem Brand umgekommen, der durch einen Kurzschluß in seinem Radio verursacht worden war. Der Untersuchungsbeamte sprach von einem Unfall. Aber bei dem Gedanken an den Zeitpunkt seines Todes überkommt mich ein ungutes Gefühl. Zweifellos hätte ich von Anfang an mit ihrem einzigen Sohn in engem Kontakt stehen müssen.

Es folgt ein sensibles, ja fast humorvolles Lotsenbuch des Todes. Es handelt nicht von Krebs, sondern vom normalen Verfallsprozeß des menschlichen Körpers. Der Auszug stammt aus der Autobiographie von Hans Zinsser, die unter dem Titel *As I Remember Him* erschienen ist.

Zinsser, ein hochgebildeter Arzt, ist an seinem Lebensabend angekommen und nachdenklich geworden. In den ungewöhnlichen Abschnitten, die nun folgen, schilt er verschiedene Organe seines Körpers, weil sie ihm den Dienst versagen. Gleichzeitig aber hört man heraus, daß er diesen Prozeß der Auflösung und des Verfalls irgendwie doch toleriert, denn er weiß genau, daß dieser Niedergang unausweichlich zum Lauf der Natur gehört.

Da bin ich, ja *ich*, wie immer. Mein Geist ist lebendiger denn je, meine Sensibilität wacher, meine Gefühle stärker. Ich scheine zum ersten Mal die Welt so zu sehen, wie sie ist, ich liebe die Menschen inniger und mit mehr Verständnis. Ich fange erst jetzt an, mein Geschäft zu begreifen und meine Arbeit in ihrem eigentlichen Verhältnis zur Wissenschaft insgesamt zu erfassen. Mir ist, als trete ich gerade in eine Phase stärkerer Gefühle und vernünftigeren Denkens ein. Und doch bin ich es – im wesentlichen unverändert, außer daß ich durch eine Art Destillationsprozeß konzentrierter bin –, gefangen in einem kaputten Körper, der mich auslöschen wird, wenn er stirbt. Leider kann man einen verbrauchten Körper nicht durch einen neuen ersetzen, wie man ein Pferd, das lahmt oder sich den Hals gebrochen hat, oder ein Schiff mit einem Leck durch ein neues ersetzen kann. Ich muß mich damit abfinden, daß mein Geist, meine Seele, meine Gedanken und meine Liebe, alles das, was ich in Wirklichkeit bin, untrennbar verbunden ist mit diesen abgenutzten Organen, die mir allmählich den Dienst versagen.
Doch weiter in diesem tragikomischen Lobgesang! Ihr armen Eingeweide, ich kann Euch keine Schuld geben! Ihr habt Euer Bestes getan und mir besser gedient, als man es von Organen erwarten durfte, mit denen solch

ein Raubbau getrieben wurde. Wenn ich nur an die Unmengen von Flüssigkeit denke, die durch Euch hindurchgelaufen sind! Unzählige Sorten von vergorenem Hopfen und Malz, von gekelterten Trauben aus aller Herren Länder und allen Klimaten ... ganz zu schweigen von den Spirituosen – schottischer, irischer, kanadischer Whisky, Bourbon, und der gelbliche, schwarzgebrannte Fusel, gefärbt mit Hühnerkot, von den Blauen Bergen; echter Gin und Ginverschnitt; Slibowitz vom Balkan, Starka aus Polen und Wodka aus der Steppe; Pfefferminz- und Kakaolikör, Marie Brizard, Cointreau und Calvados.

Nein, nein, meine lieben Organe! Ihr habt mich nicht im Stich gelassen. Es ist genau umgekehrt. Doch ist es einfach zu dumm, daß Ihr mich ausgerechnet jetzt mitnehmen müßt, wo ich gerade erst anfange, trocken hinter den Ohren zu werden.[11]

Diese allmählich versagenden, »abgenutzten Organe« bieten ein Musterbeispiel für den Prozeß des Sterbens. Krebs bedeutet lediglich eine dramatische und schmerzhafte Beschleunigung dieser Verfallskurve. Und wie Zinsser so richtig bemerkt und wie wir alle wissen, nimmt der Körper den Geist mit sich, wenn er stirbt – die Psyche, die Person, wie sie sich von innen her erfahren hat. Denn eben das bedeutet Tod: daß das Bewußtsein aufhört zu arbeiten. Auch wenn wir alle sterben, können wir nie den Tod selbst erfahren. Der Tod existiert nur für den Überlebenden. Oder wie es der große amerikanische Wissenschaftler und Philosoph Percy Bridgman ausgedrückt hat: »*Ich* lebe ewig.«

Das Auffallende an solchen recht seltenen Betrachtungen einer unheilbaren Krankheit ist, daß ihre Verfasser dem Leser nicht nur Liebe und Betroffenheit vermitteln wollen, sondern auch – auf fast zwanghafte Weise – ihre Gedanken über die Krankheit und das Sterben. Die Autoren schildern die Auswirkungen der Krankheit, die Umstände, unter denen sie davon erfuhren, die Konsequenzen der Diagnose, die Sorge um die noch möglichen Aussichten und die Besinnung auf die dramatische Veränderung des eigenen Selbstbildes, dem die Krankheit ihren Stempel aufgedrückt hat.

Der folgende Auszug stammt aus dem Vorwort des Buches *Stay of Execution* von Stewart Alsop.

Dies ist ein sonderbares Buch. Es gibt zwei Gründe oder Entschuldigungen, weshalb ich es geschrieben habe. Erstens habe ich mich oft genug gefragt, wie es wohl sein muß, wenn man plötzlich gesagt bekommt, man sei unheilbar an Krebs erkrankt und es bestehe keine Möglichkeit einer Operation. Ich nehme dabei an, daß sich andere Leute bereits dieselbe Frage gestellt haben. Wenn ein Autor eine ungewöhnliche Erfahrung gemacht hat, die wahrscheinlich für viele Menschen von Interesse ist, dann hat er ein Gespür dafür, und vielleicht fühlt er sich geradezu verpflichtet, darüber zu schreiben. Zweitens fing ich an, über mein vergangenes Leben nachzudenken, nachdem man mir gesagt hatte, daß mir nicht mehr viel Zeit bliebe... In gewisser Weise gibt es keine interessantere Erfahrung als hin und wieder in vertrauter Gemeinschaft mit dem Herrn zu leben, den W. C. Fields »den Mann im weißen Nachthemd« nannte und der für mich einfach der Onkel Thanatos ist. Und manchmal, wenn es mir sehr schlechtging, dann war er sogar der liebe, alte Onkel Thanatos. Abgesehen von der Geburt ist der Tod schließlich die einzige universelle Erfahrung, und obwohl jeder vernünftige Mensch hofft, ihn so lange wie möglich aufschieben zu können, ist er sogar in der Vorausschau eine interessante Erfahrung.

Der Titel von Alsops Buch, »Aufschub der Vollstreckung«, erinnert an das traumatische Erlebnis anderer Zeugen, über die das Todesurteil verhängt wurde, das durch einen Gnadenakt schon aufgehoben schien, um schließlich doch unerbittlich vollstreckt zu werden. Was wie eine Begnadigung aussah, war nur ein Aufschub gewesen. Mit dem Titel seines Buches deutet Alsop auf eine grundlegende Frage hin, die er im Verlauf des Textes ausdrücklich stellt: Lohnt sich die kurze Zeit des Aufschubs? In den folgenden Abschnitten ist seine Antwort verschleiert enthalten:

Wie stehen die Chancen, daß eine Besserung eintritt? Besser als 50 Prozent, sagte er...
Wie lange wird die Besserung anhalten?
»Wir haben heute abend einen Patienten mit AML [Akute Myeloische Leukämie, die bei Erwachsenen am häufigsten vorkommende Form von Leukämie] hier bei uns im Krankenhaus«, sagte er fröhlich. »Sieben Jahre war sein Zustand stabil...«
Aber was war der Durchschnitt?
»Bei ungefähr 50 Prozent unserer Patienten mit AML, bei denen eine Besserung eingetreten war, dauerte dieser Zustand ein Jahr oder länger...«
Wie viele starben vor Ablauf von zwei Jahren?
Dr. Glick zögerte einen Moment. »Etwa 95 Prozent«, sagte er und wechselte rasch das Thema.
Ich hatte eine schlechte Nacht... Ich dachte darüber nach, was Dr. Glick mir gesagt hatte...
Lohnte es sich tatsächlich, einen Monat oder länger in einem Raum mit laminaren Strömen eingesperrt zu sein, die Haare zu verlieren und abzumagern, um entweder in

diesem Raum zu sterben oder als Skelett aus ihm herauszukommen und auf den Tod zu warten? Wäre es nicht vernünftiger, nach Hamlets »blankem Dolch« in Form eines Fläschchens mit Schlaftabletten zu greifen? Und dann kroch in mir das Gefühl des nahenden Todes herauf, die Vorstellung vom Ende eines angenehmen Lebens: niemals würde ich Tish oder Andrew oder Nicky oder die vier älteren Kinder wiedersehen, nie wieder könnte ich nach Needwood gehen oder mit Freunden lachen oder den herannahenden Frühling spüren. Mich überkam ein schreckliches Gefühl des Alleinseins, der Verletzlichkeit, der Schutzlosigkeit und Hilflosigkeit. Ich stand auf, durchsuchte meinen Kulturbeutel nach einer Schlaftablette, fand schließlich eine und dämmerte ein.

Ich hatte noch nie so eine schlimme Nacht erlebt, und ich glaube, ich werde auch nie wieder so eine Nacht erleben. Denn nach dem ersten Schock des unmittelbar drohenden Todes setzte eine Art Schutzmechanismus ein, und ich nehme an, daß es den meisten Menschen ebenso ergeht. Dies ist zum Teil ein vollkommen bewußter Willensakt – die Entscheidung, an die grausame Zukunft nur ein Minimum seiner Gedanken zu verschwenden und nicht mehr.

Der bewußte Versuch, den Verstand zumindest teilweise gegen die Unvermeidlichkeit des Todes abzuriegeln, spielt vermutlich bei dem seltsam fröhlichen Ton, in dem ich vieles in meinem Buch beschrieben habe, eine gewisse Rolle. Zum Beispiel habe ich mich instinktiv lieber an Begebenheiten erinnert, die mich während des Krieges belustigt haben, wie etwa meine erste Begegnung mit Tish, als an Zeiten, in denen ich unglücklich war oder Angst hatte. Was meine Karriere als Journalist betrifft, so erinnere ich mich auch hier lieber an die lustigen Dinge als an solche, die mit einer tieferen Bedeutung verknüpft sind.

Ich glaube, dieser Schutzmechanismus ist zugleich auch eine unbewußte Reaktion. Ich erinnere mich, daß ich denselben Vorgang während des Krieges im Kampf erlebt habe. Da ist der erste Schock, wenn man begreift, daß der Gegner auf der anderen Seite tatsächlich versucht, einen zu töten... Aber das ungläubige Staunen ist bald verflogen, und eine Art von innerem Gleichmut tritt an seine Stelle, gepaart mit dem starken instinktiven Bedürfnis, Schutz zu suchen, damit die Granate, die Kugel oder die Mine einen anderen tötet, nicht einen selbst.

Auf diese Weise wird das Unerträgliche erträglich, und man lernt, mit dem Tod zu leben, indem man nicht zu viel an ihn denkt.[12]

In diesem Abschnitt scheint Alsop ganz von selbst Freuds Konzept von Unterdrückung, Verdrängung und Verneinung wiederentdeckt zu haben. In seiner vorsichtigen psychologischen Studie erkennen wir den Kreiselschutz, das stärkste Betäubungsmittel der Natur: die Verneinung – das bewußte Verdrängen der Gedanken und Ängste, die uns zu überwältigen drohen, ins Unbewußte.

Wenden wir uns nun einem anderen authentischen Lotsenbuch des Todes zu. Es wurde in der ausdrücklichen Absicht geschrieben, ein Wegweiser zu sein für alle, die nachfolgen. Es stammt von einem jungen Psychiater, der an Leukämie starb. (Ich erhielt dieses Dokument von seinem ehemaligen Mentor Dr. Eugene Pumpian-Mindlin.) Dies ist, mit einigen wenigen Korrekturen, der Bericht des jungen Arztes über sein Sterben.

Auf den Gedanken, diesen Bericht zu schreiben, war ich bereits im November gekommen, aber bis zum Mai des folgenden Jahres lag er brach [der Verfasser starb zwei Monate später], weil ich einfach nicht in der Lage war, das Ziel und den Inhalt dieses Berichts klar zu umreißen. Aber die Zeit verging, und sie sorgte dafür, daß einige meiner Pläne und Ideen Gestalt annahmen, die eine Zeitlang noch formlos und wirr in meinem Kopf herumgeirrt waren. Mit diesem Bericht möchte ich meine eigenen Empfindungen hinsichtlich meiner Krankheit objektivieren und erläutern, die Frage von Leben und Tod aus meiner Perspektive klären helfen und andere Menschen aus subjektiver Sicht über den psychologischen Vorgang informieren, der sich in einem Menschen vollzieht, wenn ihn eine lebensbedrohliche Krankheit heimgesucht hat.

Die Schilderung des chronologischen Ablaufs der Ereignisse soll dem Leser als Orientierungshilfe dienen. Im November entdeckte ich, daß ich an akuter myeloischer Leukämie litt. Ich machte diese Entdeckung rein zufällig, nicht weil ich annahm, daß mit mir irgend etwas nicht stimmte. Ich hatte eines Abends bemerkt, daß ich Petechien [punktförmige Blutungen in der Haut] hatte. Am nächsten Tag suchte ich einen befreundeten Arzt auf, und nachdem er mich untersucht hatte, ohne etwas Ungewöhnliches feststellen zu können, empfahl er mir, ein paar Bluttests machen zu lassen. Eine Knochenmarkuntersuchung ergab dann die endgültige Diagnose. Tags darauf sagte mir der Hämatologe, der mich, mein Blut und das Knochenmark untersucht hatte, unter vielem Zögern, daß ich tatsächlich diese Krankheit hätte.

Meine anfängliche Reaktion ist schwer zu beschreiben, und es ist noch schwieriger, mich genau daran zu erinnern. Ich erinnere mich jedoch, daß ich das Gefühl hatte, die Äußerungen des Arztes beträfen gar nicht mich, sondern jemand anders. Im Laufe des Gesprächs wurde ich dieses Gefühl natürlich sehr bald los, und als ich mir schließlich voll bewußt wurde, was diese Diagnose bedeutete, war ich zutiefst und bitter enttäuscht. Ich fühlte mich vorsätzlich um die Realisierung meiner Hoffnungen und Ziele betrogen, die sich im Laufe meiner beruflichen Karriere angesammelt hatten. Ich war seit drei Jahren Assistenzarzt in der Psychiatrie, und stand gerade im Begriff, meine berufliche Identität zu entwickeln. Aber noch wichtiger war, ich ahnte, daß ich unmittelbar an der Schwelle zur Entwicklung echter persönlicher Reife und persönlicher Identität stand. Jetzt spürte ich, daß mir das alles versagt bleiben und ich niemals die Früchte meiner Arbeit ernten würde, für die ich mich so lange eingesetzt hatte.

Ich ging sofort zu meinem Vorgesetzten und erfuhr, daß man ihn bereits informiert hatte. Er begegnete mir mit freundlichem Wohlwollen und zeigte sich außerordentlich hilfsbereit, meine aus den Fugen geratenen Perspektiven wieder ins richtige Gleis zu bringen. Von diesem Moment an konnte ich immer auf die guten Ratschläge, die Ausgewogenheit und Reife meiner Vorgesetzten und Lehrer bauen, ohne die ich wahrscheinlich nicht solche Fortschritte gemacht hätte.

Das nächste Gefühl, das ich deutlich ausmachen kann, ist die zunehmende Besorgnis über die unvermeidliche Abnahme der körperlichen Leistungsfähigkeit und damit verbunden meine verminderte Leistungsfähigkeit sowie mein nachlassendes Interesse im Beruf. Ich bekam Schuldgefühle, weil ich mir einbildete, für meine Arbeit nicht mehr zu taugen. Infolge der Tabletten, die ich zwangsläufig wegen der Krankheit nahm, wenn auch nicht aufgrund der Krankheit selbst, war meine übliche Leistungsfähigkeit stark eingeschränkt. Wenn ich meinen Schuldgefühlen Ausdruck verlieh und behauptete, nicht in der gewohnten Weise meinen Teil zu der Arbeit beizutragen, dann redeten mir meine Lehrer diesen Unsinn sofort aus. Sie schafften es, mein unnötig übersteigertes Ego zu besänftigen, das seither umgänglicher geworden ist. Trotzdem hatte ich heftige Gewissensbisse, als ich keine Langzeitpatienten mehr behandeln konnte, weil die körperlichen Symptome meine Arbeit zu sehr beeinträchtigten. Zu meinem Erstaunen empfand ich keine bewußte Wut oder Angst angesichts der Tatsache, daß ich eine lebensgefährliche Krankheit hatte.

Ich war nur zutiefst enttäuscht und furchtbar ärgerlich, daß diese Krankheit Einfluß auf mein Leben hatte. Aber zu keiner Zeit empfand ich einen »Zorn gegen die Götter«, weil sie dieses Spielchen mit mir trieben. Ich fand auch nicht, daß ich zu Beginn meiner Krankheit Verneinung, in welcher Weise auch immer, als Mittel der Verteidigung benutzte, wie ich es später tat, als sich herausstellte, daß einige der chemotherapeutischen Maßnahmen eine beträchtliche Wirkung hatten. Ich fing vielmehr an zu glauben, daß ich endlos Tabletten schlucken könnte, ohne je an meiner Krankheit zu sterben. In der Anfangsphase vergaß ich sogar meine Krankheit und lenkte meine Aufmerksamkeit auf sehr praktische Dinge, d. h., »ich brachte meine Angelegenheiten in Ordnung«. Ich war damit so beschäftigt, daß es mir möglich war, mich auf einen Aspekt des Sterbens zu konzentrieren, der mit dem Krankheitsprozeß selbst nichts zu tun hatte, weshalb sich meine Angst erheblich verringerte. In dieser Hinsicht entfalteten meine Frau und ich enorme Energien, um unsere Dinge zu regeln.

Wir mußten in unserem Leben eine Reihe Veränderungen vornehmen, um früher als vorgesehen einige Vorstellungen, die wir von unserem Leben hatten, zu verwirklichen. Obwohl tatsächlich eine ganze Menge passierte, zähle ich an dieser Stelle nur zwei oder drei Beispiele auf. Als erstes zogen wir von einer kleinen Mietwohnung, die damals unseren Bedürfnissen genügt hatte, in ein größeres Haus, und wir kauften zusätzlich neue

Möbel. Da ich mich sehr für Musik interessierte und auch selbst komponierte, borgten wir uns von Freunden einen großen Flügel. Sie waren äußerst großzügig, und wir durften den Flügel behalten, solange sie hier in der Gegend wohnten, denn sie kamen sowieso nicht dazu, auf ihm zu spielen.

Meine Frau nahm praktisch alle anfallenden Arbeiten bei diesem Umzug selbst in die Hand und renovierte auch eines der drei Schlafzimmer, die es im Haus gab, damit ich ein eigenes Arbeitszimmer hatte. Als alles fertig war, wurden wir uns der neuen Situation erst bewußt. Wir erkannten, daß es gar keiner schlimmen Krankheit bedurft hätte, um alle diese Dinge zu tun, denn wir hatten uns finanziell keineswegs verausgabt. Wenn wir nur gewollt hätten, hätten wir das alles schon früher tun können, vor meiner Krankheit... Wir hatten uns die Annehmlichkeiten eines Zuhauses, in dem man auch gut arbeiten konnte, eigentlich ohne triftigen Grund versagt.

Meine Eltern waren von der Nachricht über meine Krankheit schockiert und traurig, ja sie wollten es zunächst nicht glauben. Sie machten sich Gedanken darüber, wie jemand überhaupt so eine Krankheit bekommen konnte, oder, besser gesagt, warum jemand so eine Krankheit bekam. Irgendwie fanden sie vermutlich, daß diese Krankheit eine Art – gerechte oder ungerechte – Strafe für den Betreffenden sei. Als es darum ging, meine drei Kinder über meine Krankheit aufzuklären, wurde ich mit der Frage konfrontiert: »Wie kannst du ihnen das so kurz vor Weihnachten antun?« Ich erklärte, es wäre besser für die Kinder, wenn sie genau wüßten, was vor sich ging, statt daß sie sich in ihrer Phantasie irgend etwas ausmalten. Das könnte weitaus schlimmer sein als die Wahrheit. Die Tatsache, daß das Weihnachtsfest kurz bevorstand, hatte damit nichts zu tun.

Immerhin ergab sich für mich dadurch die Möglichkeit, ein paar zweifellos bestehende Unsicherheiten hinsichtlich der Art dieser Krankheit auszuräumen. Es gab da einige Vorstellungen, Zweifel und Ängste, die unbedingt zerstreut werden mußten. Die Kinder hatten sich irgendwie darauf eingestellt, einen kränkelnden Vater zu haben, der eine Krankheit hatte, an der er bald sterben konnte. Eine Vorstellung von der Krankheit war allen Kindern gemeinsam (unausgesprochen zwar, doch spürbar): »Ist die Krankheit ansteckend? Werde ich auch krank, wenn ich dir zu nahe komme?« Sobald diese Frage geklärt war, konnten die Kinder viel näher auf mich zukommen. Wie sich später herausstellte, hatten fast alle Kinder, mit denen ich in therapeutischem Kontakt stand, dieselbe Vorstellung.

Es ist durchaus möglich, daß einige meiner Kollegen ähnliche Vorstellungen hatten. Wenn es so war, dann habe ich es nicht bemerkt, sondern kann es nur vermuten, denn ich hatte mit einigen Leuten, mit denen ich seit Beginn meiner Krankheit zusammenarbeitete, praktisch überhaupt keinen Kontakt mehr. Es gab Vermutungen (die in gewisser Weise durch Gespräche mit Vorgesetzten bestätigt wurde), daß einige Leute, mit denen ich früher recht engen Kontakt hatte, aufgrund ihrer eigenen Ängste und Vorstellungen hinsichtlich des Todes nicht imstande waren, mit mir und meiner Krankheit umzugehen.

Durch einen meiner Vorgesetzten erfuhr ich etwas, das mich beinahe amüsierte. Einige meiner Kollegen wünschten sich nämlich, ich möge tot umfallen und es hinter mich bringen, anstatt sie weiterhin mit meiner Gegenwart zu quälen. Andere wiederum wurden sich des engen Verhältnisses bewußt, über das man vorher nie gesprochen hatte. So war es mit zwei oder drei meiner Assistenzkollegen, und das half uns allen weiter. Hier ging es nicht nur darum, Gefühle offenzulegen oder frei über sie zu reden, sondern es entstand dadurch auch ein engeres Verhältnis zwischen uns.

Die ganze Zeit versuchte ich, anderen klarzumachen, daß ich in keiner Weise einem Gespräch über meine Krankheit aus dem Weg gehen wollte. Ich wollte nicht so tun, als ob ich besser wäre, als ich in Wirklichkeit war (obwohl ich dazu neigte). Ich weigerte mich auch nicht, Fragen zu beantworten wie zum Beispiel, ob es mir etwas ausmachte, ständig an meine Krankheit erinnert zu werden. Im Gegenteil, ich war irgendwie ärgerlich, wenn ich nicht danach gefragt wurde, wie es mir ging. Ich wollte die Gefühle über meine Krankheit mit anderen teilen. Einer meiner Freunde und Lehrer meinte, ihn irritiere am meisten, daß meine Krankheit seine Vorstellung von seiner Allmacht zerstört habe. Mit anderen Worten, er konnte die jetzige Situation nicht ändern, obwohl er es so gerne getan hätte. Ich kann mir vorstellen, daß es vielen meiner Kollegen ebenso ging, und sie reagierten in sehr positiver Weise. Eines Tages diskutierten sie dieses Problem untereinander. Einer von ihnen machte den Vorschlag, Blut zu spenden – das ich gewiß einmal brauchen würde –, um etwas Sinnvolles zu tun und das bedrückende Gefühl loszuwerden, sie könnten gar nichts tun. Ich glaube, das hat ihnen sehr geholfen, und mir natürlich auch.

Der Leiter meiner Abteilung versicherte mir immer wieder, daß ich nur solche Aufgaben zu übernehmen bräuchte, die ich auch tatsächlich erfüllen konnte. Er sagte, ihm wäre es lieber, wenn ich weniger und dafür effektiver arbeitete, anstatt zu versuchen, den ganzen Tag durchzuhalten, hinterher aber völlig erschöpft zu sein und damit die Kollegen immer wieder daran zu erinnern, daß ich krank war. Das leuchtete mir ein, und so konnte ich, wenn es mir einmal nicht gutging, zu Hause bleiben, ohne ein schlechtes Gewissen haben zu müssen. Die Unterstützung meiner Kollegen gab mir enormen Auftrieb, und ich hoffe, sie wissen, wie dankbar ich ihnen bin. Meine geringe Lebenserwartung lastete damals schwer auf mir, und ich war froh über jede Unterstützung. Ich ging nicht mehr ins Krankenhaus, sondern wurde nur noch ambulant behandelt. Das war ein wichtiger Schritt. Sonst wäre ich gezwungen gewesen, mich fast ausschließlich auf die inneren Funktionen meines unbrauchbaren Körpers zu konzentrieren, und hätte unmöglich weiterarbeiten können. Es zeigte sich, daß dies einer der wichtigsten Züge der Anpassung an die Krankheit war. Alle gaben mir das Gefühl, mich noch nicht aufgegeben zu haben, obwohl ich jetzt weniger Zeit an meinem Arbeitsplatz verbrachte.

Auch die Beziehung zu meiner Frau war in dieser Zeit überaus wichtig für mich. Zunächst reagierte sie auf meine Krankheit mit Gewissensbissen, Mitleid und absolutem Verständnis. Doch als sie mit der Zeit merkte, daß ich Ausdauer bewies und trotz der ständigen Bedrohung, mit der ich leben mußte, so ziemlich derselbe blieb, war sie imstande, ihren tieferen Gefühlen, die mich und meine Krankheit betrafen, Ausdruck zu verleihen. Die Krankheit und ich waren für sie untrennbar miteinander verbunden. Seit dieser Zeit konnten wir unsere Gefühle offener als je zuvor einander mitteilen, ohne dem anderen weh zu tun. Man nimmt fälschlicherweise an, ein Kranker müsse vor starken, insbesondere negativen Emotionen »beschützt« werden. In Wahrheit jedoch ist es wahrscheinlich gerade in diesem Lebensabschnitt eines Menschen entscheidend, daß er weiß, was in denjenigen vorgeht, die ihm etwas bedeuten.

In den wenigen Monaten seit Beginn meiner Krankheit wurde mir immer mehr bewußt, daß ich in meinen zwischenmenschlichen Beziehungen, sei es mit Patienten oder mit Bekannten, allmählich eine neue Sensibilität entwickelt hatte. Die Sensibilität, die ich meine, läßt sich schwer definieren. Deshalb will ich versuchen zu beschreiben, welche Auswirkungen sie hatte. Eines merkte ich ganz deutlich: ich war angesichts der Launen und Widersprüchlichkeiten anderer Menschen sehr viel toleranter als früher. »Tolerant« ist vielleicht nicht der passende Ausdruck dafür. »Verständnis« wäre wohl in diesem Fall besser, denn ich begriff oftmals recht schnell, was sich hinter einem bestimmten Verhalten verbarg, das einer Situation ganz und gar nicht angemessen schien. Ich verhielt mich ungezwungener gegenüber Leuten, deren Verhalten ich früher nur schwer verstehen konnte. Einige meinten sogar, es sei leicht, mit mir auszukommen, weil ich sie offen zu Fragen über meine Krankheit aufforderte.

Diese sensibilisierte Wahrnehmung des Affektverhaltens anderer griff auch auf mich selbst über. Ich merkte, daß ich mir meiner eigenen Gefühle bewußter geworden war. Meine Sinne hatten sich geschärft; ich glaube aber, daß ich einfach dem Geschehen um mich her mehr Beachtung schenkte als bisher. Ich lechzte förmlich nach jeder Sinneswahrnehmung, die ich aufnehmen konnte. Die Welt schien in vieler Hinsicht schöner geworden zu sein. Ich erlebte nun bewußt die Geräusche und Anblicke, die ich vorher vielleicht nur zufällig bemerkt oder denen ich einfach kaum Aufmerksamkeit geschenkt hatte. Abgesehen von der sensorischen und affektiven Sensibilität, die ich mir offenbar angeeignet hatte, schien ich auch auf dem Höhepunkt des Lernprozesses angelangt zu sein, den ich während meiner beruflichen Karriere durchlaufen hatte. Diese Kulmination wurde innerhalb kurzer Zeit zur Grundlage einer neuen Lebensweise. Mit einem Mal integrierte ich alle Werte und alles, was ich über menschliche Erfahrung wußte, in eine Art zusammenhängendes Ganzes, das mir sehr vernünftig schien, obwohl es schwer zu beschreiben ist.

Das bringt mich auf eine Frage, die ich früher beiseite geschoben hatte: Was war aus all der Wut und den

Depressionen geworden, die eigentlich in mir hätten hochkommen müssen, nachdem ich von meiner Krankheit erfahren hatte? Ich glaube, ich weiß es. Anscheinend waren die Kämpfe, die ich mit mir ausgefochten hatte, nicht umsonst gewesen. Es war ein Glück, daß ich dort, wo ich zu der Zeit war, als alles geschah, große psychologische Unterstützung bekam. Jedenfalls hat es den Anschein, als ob der Friede, den ich während meiner Krankheit mit mir selbst geschlossen hatte, und das Vermögen, Lebenskrisen wie diese zu meistern, von mehreren dynamischen Faktoren abhängen. Einer davon war die wachsende Fähigkeit, die Wut und Aggression zu sublimieren, die in mir aufstiegen, während ich mich diesem Angriff meines Innern hilflos ausgeliefert sah. Anstatt blind um mich zu schlagen oder, was wahrscheinlicher war, den Ärger in mich hineinzufressen und depressiv zu werden, beschäftigte ich mich intensiv mit Musik und komponierte die ersten Wochen meiner Krankheit praktisch wie ein Verrückter. Ich vollendete ein größeres und zwei kleinere Werke; das war viel für diese Zeitspanne, mehr, als ich je in der Vergangenheit erreicht hatte.

Dieses Ventil erwies sich als derart effektiv, daß nur sehr selten Verzweiflung und Depressionen in mir hochkamen. Ich glaube, wenn diese Gefühle in mein Bewußtsein gelangt wären, ich wäre rasend geworden (ich benutze dieses Wort ganz bewußt). Deshalb verbannte ich alles Unangenehme aus meinem Bewußtsein. Bestimmte Instrumente sind für diese Art der Affektentladung besser geeignet als andere. Zum Beispiel taugen die Schlaginstrumente, die in gewisser Hinsicht das Klavier einschließen, hervorragend dazu, um mit Aggressionen, die sich in jedem aufstauen können, fertig zu werden. Aber es ist auch aufschlußreich, wie ich in diesen vergangenen paar Monaten über meine musikalische Arbeit dachte. Ich fiel regelrecht über das Klavier her und wollte buchstäblich ein neues Stück aus ihm heraushämmern.

Sicher lohnt es, sich mit lebensbedrohenden Krankheiten auseinanderzusetzen. Ich habe an mir selbst viel erfahren über die Veränderung der Psyche und über den Wandel in zwischenmenschlichen Beziehungen, der sich vollzogen hat und immer noch vollzieht.

Ich möchte diesen kleinen Essay mit der Bemerkung beenden, daß ich in gewisser Weise, zumindest mit dem Verstand, mein Schicksal akzeptiert habe. Hoffentlich kann ich auch ohne Vorbehalte mir den Gedanken aneignen, daß der Tod eines Menschen in Wirklichkeit nicht mehr und nicht weniger ist als ein Satzzeichen in der ewig faszinierenden Unterhaltung aller Lebewesen.[13]

Dieses Dokument ist ein ungewöhnliches Lotsenbuch, weil es eine relativ ruhige Überfahrt auf zugegebenermaßen stürmischer See beschreibt. Hier haben wir einen Fall, bei dem das Unglück Leukämie über einen bis dahin relativ glücklichen Menschen hereinbricht: ein Arzt mit einer liebevollen Frau, der in der Musik ein Ventil besitzt und aktiv von Vorgesetzten und Kollegen (ja sogar von Patienten) unterstützt wird; kurz, ein Mensch, der alles hat, was man für einen friedvollen Übergang vom Leben zum Tod braucht: eine starke Stütze. Betrachten wir auch die Kleinigkeiten, etwa die Art, mit der ihn sein Arzt und der Leiter seiner Station behandeln: »der Hämatologe... sagte mir unter vielem Zögern«; »mein Vorgesetzter... begegnete mir mit freundlichem Wohlwollen und zeigte sich außerordentlich hilfsbereit«. Dies sind winzige Sonnenstrahlen, die durch düstere Wolken hervorbrechen und manchmal genügen, eine schwere Zeit im Leben erträglicher zu machen.

Auch der Krebstod Hubert Humphreys, der für viele Schlagzeilen sorgte, ist ein Beispiel für eine bestimmte

Art des »angemessenen Todes«. Seine veröffentlichten Äußerungen über seine Krankheit, seinen Gesundheitszustand und seinen Tod können manche von uns anregen, über das eigene Sterben nachzudenken.

Humphrey war ein aufgeschlossener Mann. (Seine Autobiographie trägt den Titel *The Education of a Public Man*; »Erziehung eines Manns der Öffentlichkeit«.)[14] Er war nicht nur ein geselliger Mensch – »schwer zu sagen, wo er aufhörte und wo die Leute anfingen«, wie Carl Sandburg einmal über Lincoln urteilte –, sondern erfreulicherweise auch ein Mensch, der von den Leuten anerkannt wurde. Sein Sterben war eine ganz bemerkenswerte Kollektiverfahrung. Als es 1977 um die Weihnachtszeit mit ihm dem Ende zuging, versteckte er sich nicht vor der Presse oder vor seinen Mitbürgern, sondern zeigte sich trotz seines Gesundheitszustandes aufgeschlossen und beantwortete auch persönliche Fragen. Das Besondere an ihm waren die Art, wie er diese Fragen beantwortete, seine Scherze, seine Offenheit und sein Humor, den er auch im Verlauf seiner Krankheit nie verlor.

Die Geschichte von Humphreys heimtückischer Krebserkrankung ist in einem Bericht festgehalten.

> 1966-1968: Im Urin wird Blut festgestellt (Hämaturie). In der Blase werden gutartige Papillome (kleine Geschwülste) entdeckt. Einige davon werden in den folgenden Jahren entfernt. Keine Verlautbarung an die Presse; keine Äußerungen über seinen Gesundheitszustand in der Öffentlichkeit.
>
> 1973: In der Blase wird ein krebsähnlicher Tumor entdeckt. Keine Pressemitteilung.
>
> Ende 1973: Bestrahlungen (Röntgenstrahlen), sechs Wo-

chen fast jeden Tag. Nicht einmal seine Kollegen wußten davon.

Januar 1974: Erste öffentliche Bekanntgabe seiner ernsten Blasenerkrankung.

September 1976: In der Blase wird noch ein Tumor entdeckt. Zum ersten Mal wird von Krebs gesprochen.

Anfang Oktober 1976: Operative Entfernung der Blase (im Memorial Sloan-Kettering Krebszentrum in New York City). Anschließend Chemotherapie. Ausführlicher Zeitungsbericht.

Mitte August 1977: Darmverschluß. In der Universitätsklinik von Minnesota erhält er einen künstlichen Darmausgang. Im Bulletin seiner Ärzte ist von einem inoperablen Tumor im Becken die Rede. Sein Zustand wird als sehr ernst bezeichnet.

12. Januar 1978: In einem Bulletin heißt es, Humphrey sei sehr geschwächt und brauche Ruhe. Sein Zustand sei kritisch. In dem Bulletin steht auch, daß ein erneuter Krankenhausaufenthalt nicht geplant sei.

13. Januar 1978: Hubert Humphrey stirbt in Waverley/Minnesota.

Unter Humphreys öffentlichen Äußerungen über seine Krebserkrankung war auch eine Bemerkung, die beweist, daß er weder Selbstmitleid noch Pessimismus kannte: »Tief in meinem Innern glaube ich an Wunder. Viele Leute, die bereits im Sterben lagen, haben eins erlebt und wurden wieder gesund. Wenn man das Selbstmitleid nicht überwindet, dann ist das Spiel aus.«

Das heißt nicht, daß es keine Augenblicke der Verzweiflung gab. Doch wenn sie ihn überkamen, sonderte er sie von allem anderen ab. Er gebrauchte dann das Wort »aufrichtig«, womit er persönlich, freimütig gemeint haben muß. Im August 1977 erinnerte er sich an die Bestrahlungen aus dem Jahr 1973, die zu Blasenkrämpfen geführt hatten, und er gestand ein: »Das waren solche Qualen, daß ich tatsächlich aufgeben wollte.«[15] Während dieser Zeit wurde er morgens in aller Heimlichkeit behandelt, um am Tag wieder seine Aufgaben im Senat wahrzunehmen. Nicht einmal seine Kollegen im Senat wußten etwas von seinen quälenden Schmerzen.

In der Öffentlichkeit galt er als der große Kämpfer. Am 19. September 1977 sagte er bei einem Interview in Minnesota: »Ich lasse mich von niemandem verdrängen.« Doch damals wußte schon jeder, daß sein Gesundheitszustand sehr schlecht war. Am 25. Oktober 1977 kehrte er nach elfwöchiger Abwesenheit in den Senat zurück. Während dieser Zeit hatte er im Krankenhaus gelegen und war operiert worden. Mit seiner Erlaubnis wurde eine Erklärung abgegeben, daß er einen inoperablen bösartigen Tumor im Becken hatte. Auf dem Gang zum Senat antwortete er auf teilnahmsvolle Fragen seiner Kollegen. Seine Äußerungen waren zwar voller Emotionen und Gefühle, aber dennoch optimistisch. Die Schlüsselwörter lauteten »Freundschaft« und »Selbstvertrauen«: die Liebe der anderen ströme aus innerer Stärke.

> Die heilsamste Therapie ist Freundschaft und Liebe, und die habe ich überall in diesem Land zu spüren bekommen. Ärzte, Medikamente, Bestrahlung, Pillen, Krankenschwestern, Therapeuten haben mir sehr geholfen. Aber ohne Selbstvertrauen und ohne die Fähigkeit, mit Schwierigkeiten fertig zu werden, ohne den Glauben an die Vorsehung, ohne die Freundschaft, die Zuneigung und den Großmut von Freunden gibt es keine Heilung.[16]

Es gab noch ein anderes charakteristisches Merkmal in Humphreys Stellungnahmen, vor allem, wenn er unvorbereitet Fragen von Reportern beantwortete: sein Humor, seine ironischen, doppeldeutigen Bemerkungen. Hier zwei Beispiele:

Ende 1977 fragte man Humphrey nach seiner privaten Begegnung mit Präsident Carter; man wollte wissen, worüber sie gesprochen hätten. In seiner Antwort sagte er unter anderem, er habe dem Präsidenten versichert, daß er 1980 nicht gegen ihn antreten werde. Wenn man darüber nachdenkt, geht einem auf, daß es sich hier um eine sehr ergreifende Aussage handelt, scheinbar leicht dahingesagt und doch voller Tiefsinn.

Im zweiten Beispiel wird die traurige und tiefere Bedeutung durch den Schwung kaschiert, den er an den Tag legt, als er zum letzten Mal nach Minnesota zurückkehrt. Das folgende Gespräch fand am 23. Dezember 1977 auf dem Flughafen von Minneapolis statt:

> Assistent: Entschuldigen Sie, wir haben noch Zeit für eine letzte Frage.
> Reporter: Senator, wollen Sie Gerüchten über einen Rücktritt entgegentreten?
> Humphrey: Oh, ich trete von nichts zurück. Ich könnte sogar noch irgendwo beitreten. Die Bezahlung ist gut [im Senat], die Arbeitsbedingungen sind gut, und ich mag meine Kollegen. Nein, nein, ich habe keinen Grund, zurückzutreten. Das einzige, was passieren könnte, wäre, daß ich völlig untauglich wäre, aber davon bin ich weit entfernt, Freunde. Viel Spaß. Frohe Weihnachten.
> Fotograf: Gleichfalls, Senator, gleichfalls. Hallo, Senator, Gott schütze Sie.[17]

Fünf Monate bevor Hubert Humphrey starb, teilten seine Ärzte – wahrscheinlich mit seinem Einverständnis – der Presse mit, man habe bei ihm einen Tumor gefunden, der bereits den Beckenknochen befallen habe; er sei inoperabel, und Humphreys Zustand sei hoffnungslos. Diesen Bericht gab die Universitätsklinik von Minnesota am 18. August 1977 heraus. Danach mußte die Welt Humphrey entweder als Aussätzigen oder Paria behandeln (wegen des sozialen Stigmas, das dem Krebs anhaftete), oder ihn (wegen seines Status und der Art, wie er sich verhielt) als den nehmen, der er war. Tatsache ist, daß man ihn akzeptierte und bereits vor seinem Ende um ihn trauerte – Präsident Carter in Camp David, der ganze Senat und weite Teile der Bevölkerung – wie vielleicht noch um keinen Mann in der amerikanischen Geschichte. Wenn er, wie Vizepräsident Mondale nach seinem Tod erklärte, schwer in Ordnung war, dann war es auch schwer in Ordnung, daß er offen über seine Krankheit sprach.

So wichtig, wie das Beispiel war, das Humphrey mit seiner Haltung für das Sterben gab, so wichtig war auch die Wirkung seines Verhaltens auf unsere negativ befrachtete Vorstellung vom Krebs. In den Monaten seines Sterbens half er mit, den Abscheu vor dieser Krankheit abzubauen.

Bei seinen politischen und persönlichen Verlusten zeigte Humphrey beides: sowohl einen gewissen Realismus und eine Portion Skepsis, die aber niemals in lähmende Verbitterung umschlug, wie auch einen wachen Optimismus. Am Ende war Humphrey ein wahrer Sieger.

Das historische Foto vom 15. Januar 1978, auf dem die

Trauergäste hinter dem im Kapitol aufgebahrten Sarg Humphreys zu sehen sind – u. a. Mrs. Humphrey, Präsident Carter, die ehemaligen Präsidenten Nixon, Ford, Außenminister Kissinger –, zeigt viele interessante Aspekte. Dabei wird der Kontrast deutlich zwischen dem Mann, der Präsident werden wollte, und dem Mann, der ihn bei der Wahl geschlagen hatte. Es ist ein Kontrast, der sich erst mit der Zeit verschärft hat. Da ist Nixon, der düster und geschlagen dreinblickt, und der unsichtbare Humphrey, der von allen verehrt in seinem Sarg liegt.

Humphrey rang durch seine ganz besondere Art, den Höhen und Tiefen des Lebens zu begegnen, sogar seinen Niederlagen manchen versöhnlichen Aspekt ab. Er zog für sich selbst (und für die Hinterbliebenen) einige wertvolle Einsichten aus seinem Sterben. Er ist sich in seinem Leben stets gleichgeblieben, als es ihm gutging, und auch, als er krank war. Aber wir bewundern an Humphrey nicht so sehr seine Beständigkeit selbst als vielmehr deren besonderen Stil.

Humphrey sprach ganz offen über seinen Krebs. Er verheimlichte uns nicht die verheerenden Auswirkungen dieser Krankheit. Wir wußten alle, daß er einen künstlichen Darmausgang hatte. Aber er trug all das mit Würde und Humor, der den unheilvollen Assoziationen, die mit dieser Krankheit verknüpft sind, ihre Wirkung nahm. Mit seiner Offenheit half er uns, unsere Meinung über Krebs zu ändern. Damit wurde er zu einer bedeutenden Gestalt in der Geschichte der Medizin.

Dritter
Teil

Trauer

Selbst-Trauer und Voraus-Trauer: Vorbereitungen auf das Ende

> Ich überlebte mich selber; Tod und Begräb-
> nis lagen wohlverwahrt in meiner Seekiste
> eingeschlossen.
>
> HERMAN MELVILLE, *Moby Dick*
> (Kapitel 49)

Trauer ist zwar keine Krankheit, aber ihre Folgen können manchmal so verderblich sein, als wäre sie eine. Ein
Mensch, der vor kurzer Zeit einen Angehörigen verloren
hat, ist bedrückt und durcheinander. Alte Gewohnheiten
beim vertrauten Umgang mit einem geliebten Menschen
gehören unwiederbringlich der Vergangenheit an. Ein
Sturm von Gefühlen bricht über ihn herein, er kommt
sich verlassen vor und ist verzweifelt, manchmal hat er
sogar Schuldgefühle oder ist wütend, und fast immer
mischt sich darunter das Gefühl vernichtender Leere und
endgültigen Verlusts.

Schmerz und Trauer sind so gebräuchliche Worte, daß
jeder von uns meint, er wisse geradezu instinktiv, was sie
bedeuten. Doch eine eingehendere Betrachtung zeigt,
daß sich grundsätzlich mindestens drei verschiedene Ar-
ten von Trauer unterscheiden lassen: Selbst-Trauer
(Trauer um sich selbst, weil man sterben muß); Voraus-
Trauer (Trauer um einen geliebten Menschen, noch
bevor er gestorben ist, aber nachdem feststeht, daß er

bald sterben muß); und Trauer an sich (der Schmerz über den Tod eines Menschen, der einem nahestand).

Viele Aspekte im menschlichen Verhalten nehmen ein zukünftiges Ereignis vorweg. Wenn uns etwas unvorbereitet und unerwartet trifft, sind wir überrascht und verlieren leicht die Nerven; eben das macht im wesentlichen einen Schock aus. Wenn wir nun mit einem unausweichlichen Verlust rechnen müssen – etwa mit dem Tod des Ehepartners, der an Krebs leidet –, ist es darum nicht verwunderlich, daß wir schon im voraus damit beginnen, uns sowohl bewußt als auch unbewußt von ihm loszulösen, um uns, bevor es soweit ist, an den harten Schlag des tatsächlichen Verlustes zu gewöhnen. Genau das soll die Voraus-Trauer leisten: die Wirkung des eigentlichen Verlustes, wenn er tatsächlich eintritt, verringern.

Bei der Selbst-Trauer (oder Ego-Trauer) beklagt der Sterbende nicht nur die »Annullierung« seines Ichs durch den Tod, sondern trauert in der Regel auch über die teilweisen Einbußen, die er in der Gegenwart bereits hinnehmen muß: die Unfähigkeit, bestimmte Dinge zu tun – zu laufen, zu gehen oder aufzustehen –, Dinge, die er tun konnte, bevor die tödliche Krankheit ihm die Kraft und die Energie dazu nahm. Diese Verluste bestehen in der Unfähigkeit, etwas zu leisten, das Leben zu meistern, sich zu freuen und Erfahrungen zu sammeln. Man wird schrittweise reduziert auf sein waches Gehirn, das in einem unfähigen Körper eingesperrt ist. Man ist ans Bett gefesselt – meistens ein Krankenhausbett in einer sterilen und fremden Umgebung –, und oftmals ist es, ob nun zu Hause oder im Krankenhaus, ein qualvolles Lager.

Es ist deshalb völlig natürlich, wenn ein Mensch unter

diesen Verlusten leidet. Sie erniedrigen ihn zu einem Wesen, das nicht mehr ist, was es einmal war. Und manchmal bleiben nur noch wehmütige Wünsche: wenn ich nur keine Magenschmerzen mehr hätte... wenn ich nur aufstehen und im Zimmer rumlaufen könnte... wenn ich doch nur schlucken könnte... wenn ich doch nur... Aber am meisten trauert man um sein eigenes Andenken. Für einen reifen und erfahrenen Menschen bedeutet es eine Schande, daß die Fülle seiner Erinnerungen und Erfahrungen für immer untergehen soll, und es ist bei einem sensiblen Menschen durchaus kein Zeichen von Narzißmus, wenn er diese unheilvolle Gewißheit beklagt. Freud hat einmal erklärt, daß wir uns unseren eigenen Tod nicht wirklich vorstellen können, weil wir in unserer Vorstellung immer Zuschauer bleiben. Aber das ist noch nicht alles. Wenn wir uns unseren Tod vorstellen – eine Welt ohne uns –, können wir heimliche Zuschauer sein (wie unsichtbare Geister), die zu Recht trauern, weil die Welt durch unseren Tod irgendwie ärmer wird.

Eine elegante, gebildete und nachdenkliche Frau von gut fünfzig Jahren, die unheilbar an Krebs erkrankt war und bereits den Tod vor Augen hatte, sagte mir folgendes:

> Sie haben mich gefragt, wie ich über meinen Körper denke. Ich war stolz auf meinen Körper, weil er stark war, weil ich mit den Kindern Schritt halten konnte und weil ich aktiv war. Als sie noch klein waren, war ich so quicklebendig wie sie und konnte alles mitmachen. Sogar als sie älter wurden, konnte ich noch mit ihnen mithalten. Ich war sehr stolz auf meinen Körper. Ich spürte, daß ich einen guten, einen wirklich guten Körper hatte.

Und jetzt wünschte ich, ich könnte ihn einfach ablegen wie ein Kleid und in einen neuen schlüpfen. Alles, was ich hatte, ist zerstört. Noch vor einem Jahr war ich ein ganz anderer Mensch. Sie können sich das überhaupt nicht vorstellen. Und nun hat mich mein Körper im Stich gelassen. Und das nicht nur zum Teil, sondern er ist völlig entkräftet. Es ist eine schreckliche Zeit, und ich versuche etwas zu tun. Aber ich bin einfach zu erschöpft. Mein Körper hat mich tatsächlich im Stich gelassen.

Wir können aus ihren Worten heraushören, wie sie dem nachtrauert, was sie einmal war, und wie sie ahnt, daß sich ihr Zustand noch weiter verschlechtern wird. Wir spüren ihre Trauer über ihren körperlichen Verfall und schließlichen Tod. Im Laufe eines anderen Gesprächs, das wir miteinander führten, sagte sie, sie habe Depressionen. Diese Depressionen hingen zum Teil damit zusammen, daß sie ständig daran denken müßte, was mit ihr geschehen war: daß ihre Vitalität und Energie, die noch in ihr gespeichert sein mochten, immer weiter abnahmen, und daß sie bald sterben würde. Auf verständliche Weise trauerte sie im voraus um sich selbst. Diese realistische Art von Voraus-Trauer ist vom psychologischen Standpunkt aus vernünftig und sicherlich auch gut für das seelische Gleichgewicht. Die Trauer um die eigene Person ist ein wichtiger Aspekt der »Beschäftigung mit dem Tod«, der jeder unheilbar Kranke in den letzten Tagen seines Lebens nachgeht.

Wahrscheinlich wird sich der Leser noch an den zweiundzwanzigjährigen jungen Mann erinnern, der im vorherigen Kapitel zu Wort kam. Ungefähr eine Woche vor seinem Tod sagte er von sich:

Und nun wird ein wirklich guter Mensch, der noch so schrecklich viel zu geben hat, sterben. Ein junger Mensch wird sterben. Ein Tod, der absolut sinnlos ist.

Es spielt keine Rolle, daß sein Leben und sein Beruf offenbar weniger ins Gewicht fallen. Für den Sterbenden scheinen Leistung oder Charakterstärke (woran die meisten von uns einen Menschen messen) plötzlich ohne Bedeutung. Hinterbliebene trauern um einen kürzlich Verstorbenen, genauso trauern Sterbende um sich als Tote. Beide scheinen dem Sprichwort zu folgen: »Man soll über die Toten nichts Böses sagen« *(De mortuis nil nisi bene)*. Der Tod ist der große Gleichmacher. Er holt auch die Großen der Welt herab auf den gemeinsamen Boden und trägt in seiner Allmacht dazu bei, alle Ungleichheit wieder auszugleichen.

Dieser zweiundzwanzigjährige junge Mann will mit seinen Worten eigentlich sagen: Ich bin zu gut zum Sterben. Ebensogut könnte er sagen: Ich bin zu jung zum Sterben. Aber wie immer auch die Worte lauten, es hat den Anschein, als ob der Mensch generell um eine Welt trauert, die sich ohne ihn weiterdrehen wird. Und wenn man es vom psychologischen Standpunkt aus betrachtet, ist es nur ein gesundes Anzeichen von Selbstachtung, wenn man seinen eigenen Tod betrauert.

Der Mensch, der um sich selbst trauert, besitzt Phantasie und Verstand. Davon zeugt seine tröstliche Vorstellung, daß man ihn als jemand Besonderen in Erinnerung behält – »ein wirklich guter Mensch, der noch so schrecklich viel zu geben hat« –, wie auch seine Einsicht, daß wir nichts weiter sind als biologisch abbaubare Materie.

Derjenige, der am meisten um das trauert, was hätte sein können, kennt den Betreffenden am besten. Er kennt nicht nur seine Fähigkeiten, sondern auch seine geheimen Wünsche: Es ist der Sterbende selbst. Und aus diesem Grund kann die Trauer um die eigene Person besonders schmerzlich sein, vor allem, weil man sie mit niemandem teilen kann.

Selbst-Trauer und Verneinung können in ein und demselben sterbenden Menschen zum Ausdruck kommen. Dies ist sogar die Regel. Beides hat seine Zeit: beides geschieht nicht unbedingt abwechselnd oder gleichzeitig, aber beides ist in den Tagen, Wochen und Monaten des Sterbens gegenwärtig. Die Verneinung, die gleichzeitig mit der Selbst-Trauer auftritt, ähnelt in gewisser Hinsicht den halluzinatorischen »Wahrnehmungen« (oder Wieder-Erschaffungen), die Angehörige von Verstorbenen gelegentlich entwickeln: Man hört Schritte vor der Tür oder meint, jemanden neben sich im Bett atmen zu hören. Diese Erlebnisse sind ganz normale, aber trotzdem irritierende Anzeichen tiefer Trauer. In gewisser Weise verneinen sie den bereits eingetretenen Tod; sie sind aber nicht krankhafter, als wenn der Sterbende selbst den eigenen, herannahenden Tod verneint.

Während man bei der Selbst-Trauer um die eigene Person trauert, bevor man selber stirbt, trauert man bei der Voraus-Trauer um einen anderen Menschen, bevor dieser stirbt. Diese Voraus-Trauer wird durch einen intensiven Schmerz ausgelöst – durch das tiefe und überwältigende Gefühl von Verlust und Preisgegebensein –, noch während der geliebte Mensch am Leben ist, aller Voraussicht nach aber sterben wird. Ihre psychologische Funktion liegt darin, den potentiellen Hinterbliebenen Schritt für Schritt – solange noch Zeit ist – an den Gedanken zu gewöhnen, daß ein Angehöriger stirbt, um damit dem Tod die schockierende Wirkung einer plötzlichen und unerwarteten Katastrophe zu nehmen. So wie man oft viele kleine Tode stirbt – bei Trennungen, Scheidungen oder wenn man sich von jemandem löst –, gibt es auch die kleine Trauer, gleichsam als Probe auf die gefürchtete Zukunft.

Es folgen Auszüge aus einer Sitzung mit einem älteren Ehepaar. Nach der ersten Sitzung sah ich den alten Mann nicht wieder, aber ich hatte noch zehn weitere Sitzungen mit seiner Frau, bevor er starb. Auch danach sah ich sie noch oft. In der allerersten Sitzung wirkte sie auf mich, als sei sie nur sein Schatten. Es war schwierig, etwas über ihre Persönlichkeit auszusagen. Aber als sie sich allmählich von ihm löste (um sich ein eigenes Lebensgefühl zu bewahren), befreite sie sich auch aus der Hülle einer vierzigjährigen glücklichen, aber doch wohl allzu behütenden Ehe. Während sie über ihre Voraus-Trauer sprach, verwandelte sie sich von Sitzung zu Sitzung mehr in eine reife, interessante Frau – vielleicht zum ersten Mal in ihrem Leben.

SHNEIDMAN: Für mich fing alles damit an, daß Ihre Tochter mich anrief.

Mr. T: Ja, ich kann mir vorstellen, daß sie Ihnen eine Menge erzählt hat, oder wenigstens, daß sie sich Sorgen um uns macht. Sie lebt dreitausend Meilen von uns entfernt und kann ja auch nicht wissen, wie wir reagieren. Nun, der

Krebs kam ganz plötzlich, und es besteht kein Zweifel, er ist unheilbar. Soweit ich weiß, ist der Tumor nicht lokalisiert. Ich glaube, daß sie sich Sorgen macht, wie wir damit fertig werden. Sie wird sich bestimmt fragen, wie jeder von uns die Sache aufnimmt und wie wir auf all die Konsequenzen reagieren. Sie ruft uns jeden Abend an, und wir sprechen mit ihr. Ich versuche, sie davon zu überzeugen, daß sie keinen Grund hat, sich Sorgen zu machen. Mit anderen Worten, ich meine, sie sollte sich keine so großen Sorgen machen. Was uns betrifft, so müssen wir mit der Sache eben leben. Sie hat ihre eigenen Verpflichtungen, ihren Beruf, und was sie sonst noch alles zu tun hat. Ich habe versucht, ihr klarzumachen, daß sie sich nicht so in die Sache hineinsteigern soll und sich auch keine Sorgen machen soll. Sie sagt: »Okay, aber schließlich liebe ich meine Eltern. Ich möchte wissen, was ihr empfindet.« Der Tumor ist gewachsen. Er war angeschwollen oder so. Und sie sagt: »Ich glaube, du solltest vielleicht eine Biopsie machen lassen.« [An dieser Stelle redet er mehrere Minuten lang über medizinische Details.] . . . Aber nachdem sie ihn unter örtlicher Betäubung herausgenommen und an den Pathologen gegeben hatten, kam der nach einer Weile zurück und sagte, der Tumor wäre bösartig.

S: Was ging Ihnen durch den Kopf, als er das sagte?

Mr. T: Irgendwie war ich schon darauf vorbereitet.

S: Trotzdem. Was ging in Ihnen vor?

Mr. T: Keine großen Gefühle. Ich hatte das irgendwie erwartet.

Mrs. T: Ja, als sie ihn auf der Bahre ins Zimmer hereinrollten, schaute er mich an und sagte: »Ich hab Krebs.« Ich hatte ja nicht die leiseste Ahnung, bis er mich ansah und sagte: »Ich hab Krebs.«

Mr. T: Dr. Jones hat es mir gesagt, und er meinte: »Ich will später mit Ihrer Frau sprechen. Sie können ihr ja sagen, daß es bösartig ist.«

212

S: Und wie haben Sie reagiert?

Mrs. T: Ich war wie betäubt. Und ich glaube, das ist heute noch so – ich fühl mich immer noch wie betäubt.

S: Haben Sie geweint?

Mrs. T: Nein, nein, ich hab nicht geweint. Bis heute hab ich nicht geweint.

Mr. T: Das alte Mädchen hat 'ne Menge Stehvermögen – sie hat schon vieles durchgemacht.

Mrs. T: Und wie ich schon sagte, ich will nicht weiter als einen Tag im voraus denken. Denn – nur Gott weiß, wann es für meinen Mann Zeit ist zu gehen. Daran glaube ich. Ich glaube an nichts anderes. Und ich fühle, so wie immer, ich fühle, wenn die Zeit kommt, dann weiß ich nicht, wie ich reagiere. Vielleicht fange ich an zu schreien. Ich könnte alles mögliche tun. Ich weiß nicht. Wie kann ein Mensch das sagen? Ich weiß es wirklich nicht. Aber ich weiß, daß ich sehr gefühlvoll bin, und ich unterdrücke vieles, weil es keinen Zweck hat, seinen Gefühlen freien Lauf zu lassen. Man muß das Leben nehmen, wie es ist. Ich glaube, man macht soviel durch, man macht sich über so vieles Sorgen, und dann wird doch wieder alles gut. Ich war so oft krank vor lauter Sorge.

S: Wirklich?

Mrs. T: Ja. Und bis zu einem gewissen Grad mache ich mir immer noch Sorgen. Ich bin nicht stark... , obwohl unsere Ehe –

S: Sie beide sind fast vierzig Jahre verheiratet?

Mr. T: Genau vierzig Jahre.

Mrs. T: Deshalb kann ich es ja spüren... Er braucht mir nie was zu sagen, ich weiß es immer gleich... Ich sollte lieber still sein – ich würde gern draußen spazierengehen und es mir von der Seele schaffen, oder nach draußen gehen und mir ein großes Schokoladeneis kaufen. Ja, an einem Tag habe ich einmal zwei große Eisbecher gegessen.

S: Sie müssen furchtbar durcheinander gewesen sein.

Mrs. T: Mein Mann liebt mich immer noch wie am ersten Tag, und er weiß, wie sehr ich ihn liebe. Keiner von uns beiden könnte den anderen so tief verletzen, daß er auf den Gedanken käme, wir sollten in verschiedenen Zimmern schlafen oder so was. Wir hatten nie getrennte Schlafzimmer. Vierzig Jahre haben wir in einem Doppelbett geschlafen, weil wir nicht getrennt sein wollten. Und so ist es immer gewesen. Ich zeige keine Gefühle, weil er nicht denken soll, daß ich mir Sorgen mache. Darüber wäre er todtraurig. Deshalb geh ich frühmorgens spazieren – ich laufe ziemlich schnell, um alles von mir abzuschütteln. Und wenn ich wieder zurückkomme, bin ich freundlich und ruhig. Wissen Sie, wir sind keine gewöhnlichen Leute. Er ist sicherlich der ungewöhnlichste Mann, dem Sie je begegnet sind. Und es gibt niemand, der ihn kannte und der etwas anderes gedacht hätte.

Mr. T: Ich will ganz offen sein. Ich war dabei, als mein Vater und meine Mutter starben. Ich hatte keine starken Gefühle oder so. Ich... ich regte mich nicht auf. Ich erkannte, daß es so sein mußte... Alles in allem meine ich, ich bin jetzt neunundsechzig, und eines Tages mußte es einfach so kommen. Und jetzt ist es gekommen. Dagegen kann niemand was machen.

S: Wie kann ich Ihnen beiden helfen? Woran denken Sie?

Mr. T: Offen gesagt, fällt mir nicht viel ein, was Sie für mich tun könnten. Ich glaube, wir denken ungefähr in derselben Richtung – vielleicht als Vorbereitung darauf, wenn es soweit ist, und die Tatsache, daß es unvermeidlich ist, und daß ich, so gut ich kann, weiterlebe. Aber ich glaube, ihre Situation ist anders. Nun, wie ich schon sagte, ich glaube nicht, daß Sie etwas für mich tun können, aber Sie können etwas für meine liebe Frau tun, denn ich glaube –

Mrs. T: Ich weiß nicht, was ich tun werde – ich meine, so von

einem Tag auf den andern. Ich bin ja schon so lange mit
ihm zusammen. Ich weiß es wirklich nicht. Ich weiß nur,
daß ich dann Hilfe brauche. Das spüre ich.

S: In Ordnung. Ich bin gern zu Ihrer Verfügung.

Mrs. T: Ich brauche wirklich Hilfe, denn ich möchte nicht –
ich wollte nie zusehen, wie er leidet. Ich weiß, daß ich es
nicht ertragen werde, wenn sich sein Zustand verschlechtert.

S: Wir werden sehen. Sie können beide so lange mit mir in
Verbindung bleiben, wie Sie wollen. Sie können auf meine
Hilfe zählen.

Mrs. T: Es ist ein beruhigendes Gefühl zu wissen, daß jemand da
ist, mit dem man reden kann. Das hilft schon. Nur zu
wissen, daß ich mit jemand sprechen kann.

S: Wir sehen uns bald wieder.

Kurz darauf ging es ihm so schlecht, daß er nur noch
ambulant behandelt werden konnte. Aber seine Frau
wollte mich weiterhin sehen, und das tat sie dann auch.
Ein paar Wochen später erzählte sie mir, daß ihr Mann
sich bei einem kurzen Spaziergang in der Nähe ihres
Hauses (wo sie schon jahrelang wohnten) verirrt und nicht
mehr nach Hause gefunden hatte. Nachbarn erkannten
seine schlimme Lage und riefen seine Frau an. Sie ging
und brachte ihn heim. Damals vermutete ich, daß der
Krebs bereits auf sein Gehirn übergegriffen hatte. Sein
Zustand hatte sich rapide verschlechtert, er war völlig
verwirrt und besaß keinerlei Orientierungssinn mehr.
Dann fiel er ins Koma und starb. Das geschah alles
innerhalb weniger Wochen nach unserer ersten Sitzung.
Wie seine Frau mit ihrer Voraus-Trauer und anschließend
mit dem Verlust und dem Schmerz über seinen Tod
kämpfte, wird im folgenden beschrieben.

215

Ich gebe hier lediglich ihre Äußerungen zu Beginn jeder Sitzung wieder, damit wir deutlich sehen können, wie sie sich in diesen wenigen Monaten veränderte.

Zweite Sitzung (zwei Wochen nach unserem ersten Gespräch):

S: Nun, leider ist einiges passiert, und zwar nichts Gutes, seit wir uns das letzte Mal gesehen haben.

Mrs. T: Erinnern Sie sich noch daran... , daß ich sagte, ich könnte nicht weinen? Wissen Sie, ich hab tatsächlich nichts empfunden. Aber jetzt bin ich mir voll bewußt, was geschehen ist. Jetzt kommen mit einem Mal alle Gefühle in mir hoch. Zum Beispiel, wenn er sich nachmittags hinlegt, laufe ich ins Zimmer und schaue ihn immer nur an. Nachts kann ich nicht schlafen – ich sehe zu ihm hinüber und lausche, ob er noch atmet. Und ich bekomme allmählich Angst. Ich frage mich zum Beispiel, was ich tun soll, wenn ich ihn tot in seinem Bett finde. Was ich dann tun werde. Und plötzlich hab ich ein Gefühl, als müßte ich aus der Wohnung rennen. Solche Dinge gehen mir durch den Kopf. Ich glaube..., mein Leben ist ziemlich aus den Fugen geraten. Eigentlich bin ich ein ordentlicher Mensch und handle sehr überlegt, aber jetzt tue ich die verrücktesten Dinge. Ich habe in meinem ganzen Leben noch keinen Strafzettel oder eine Vorladung bekommen, und nun bin ich ständig in Eile – ich habe von einem Polizisten einen Strafzettel bekommen. In den sechzig Jahren meines Lebens ist mir das noch nie passiert. Irgend etwas ist geschehen, mein Gehirn funktioniert nicht mehr. Ich brauche nur fünf Minuten draußen zu sein, und schon schleiche ich auf Zehenspitzen ins Haus, wenn ich die Tür aufmache... Ist das nicht lächerlich? Dabei liegen überall Teppiche. Aber wovor habe ich Angst? Ihn zu sehen. Und das geht jetzt jeden Tag so.

S: Was zu sehen?

Mrs. T: Ihn tot daliegen zu sehen. Und dann fange ich an zu
weinen. Ich habe geweint, geweint und immer wieder
geweint, weil ich gewohnt war, jeden Morgen mit ihm
spazierenzugehen. Ich beschloß, alleine spazierenzugehen und abzuwarten, was passiert. Den ganzen Weg hab
ich geweint. Und dann bekam ich mit einem Mal Depressionen, weil ich so alleine war. Und so wird es von jetzt an
immer sein – ich werde immer allein sein, wenn ich
rausgehe.

S: Wissen Sie... Sie sind zum Teil schon allein.

Mrs. T: Ich weiß. Er soll nicht wissen, was ich empfinde –
deshalb bin ich allein hergekommen. Gestern sagte er:
»Ich wollte, ich könnte jetzt sterben – dann wär alles
nicht mehr so schwer für dich.« Ich ging hinaus und
dachte – ich kann nicht jeden Tag und jede Nacht
weinen, weil ich sonst müde werde und meine ganze
Kraft verliere, und das darf nicht passieren. Ich möchte
so gern für ihn sorgen. Dann sagte er noch: »Solange du
bei mir bist, geht es mir gut. Du wirst mich doch nicht in
ein Pflegeheim bringen, oder?« Ich antwortete: »Nein.«
Und ich wollte es auch nicht. Ich hoffe, Sie verstehen,
daß ich in meinem ganzen Leben nie jemand begegnet
bin, der... Wir haben unser Leben gemeinsam gelebt...
ich bin immer sein Schatz gewesen.

Dritte Sitzung (etwa zwei Wochen später):

S: Wie fühlen Sie sich heute?

Mrs. T: Tja, heute fühle ich mich gar nicht mal so schlecht.
Aber es gibt auch schlimme Momente. Jedesmal, bevor
ich das Haus verlasse, um zur Bank oder zum Einkaufen
zu gehen, drehe ich mich noch mal um und sehe meinen
Mann an... und er wirft mir einen sehnsüchtigen Blick
zu: wenn er doch nur mit mir gehen könnte. Und das
macht mir zu schaffen.

S: Was tun Sie dann?

Mrs. T: Ich nehme mich zusammen, sammle neue Energie, ich kriege das schon hin, und dieser Blick eben, das war nur...

S: Irgendwo macht Sie das fertig.

Mrs. T: Das stimmt. Und wissen Sie, dann mußte ich denken, hier kümmere ich mich nur um mich selbst – und dieser arme Mann sitzt da, sagt kein Wort und schaut mich nur an. Und wenn ich nach Hause komme, denke ich, okay, meine Liebe, er ist alleine gewesen. Heute habe ich den Tag so angefangen, als ob alles in Ordnung wäre. Ich stand auf und fragte mich: »Warum fühle ich mich heute morgen so wohl?« Und es ging mir tatsächlich gut. Nachdem ich aufgestanden war, zog ich mich an und erledigte ein paar wichtige Dinge. Ich holte Geld von der Bank, löste einen Scheck ein und machte noch ein paar Besorgungen. Als ich zur Tür ging und mich noch mal umdrehte, sah er so einsam aus. Da sagte ich: »Vielleicht kannst du das nächste Mal mitgehen.« Ich hatte das Gefühl, daß er aufgeben wollte, er sagte kein Wort. Er geht nur noch vom Bett zum Stuhl und vom Stuhl wieder ins Bett. Ich muß immer noch weinen, wenn ich irgendwo hinkomme, wo wir schon mal zusammen waren. Ich gehe zum Beispiel immer ins Einkaufszentrum. Dort gibt es einfach alles, und man kann sich hinsetzen, wenn man müde ist. Wir beide sind früher jeden Tag dorthin gegangen und herumgelaufen. Ich war schon lange nicht mehr da. Deshalb ging ich am Samstagmorgen hin und wollte ihm einen Schlafanzug kaufen. Aber ich mußte wieder rausgehen. Ich dachte, alle Leute würden die Tränen in meinen Augen sehen, und ich glaube, ich werde eine Zeitlang nicht mehr hingehen, bis ich mich wieder dazu in der Lage fühle. Es ist doch richtig, daß ich solche Orte meide – Orte, an denen wir zusammen waren und etwas gemeinsam gemacht haben –, oder?

Vierte Sitzung (etwa einen Monat später):

Mrs. T: Mein Mann ist wieder im Krankenhaus.

S: Haben Sie ihn heute besucht?

Mrs. T: Ja, und ich sagte ihm, ich würde heute bis nach elf dableiben. Ich hatte mir vorgenommen, jeden Tag hinzugehen. Ich bleibe immer bis kurz nach halb sieben. Das ist ein langer Tag. Ich glaube nicht, daß ich das durchhalte. Ich bin buchstäblich ausgepumpt, wenn ich nach Hause komme – so wie gestern. Aber ich will nicht, daß ich müde werde. Sie müssen wissen, seit ich Sie das letzte Mal gesehen habe, hat sich die Verfassung meines Mannes wieder verändert. Oh, er ist – er ist so ungeduldig. Ich habe nicht mehr so oft geweint. Ich war wütend! Und enttäuscht, und ich fragte ihn, wie er es wagen kann, mich so anzuschreien.

S: Hat er Sie tatsächlich angeschrien?

Mrs. T: Ja, und das hat er noch nie gemacht. Ich kam mir so ohnmächtig vor und dumm. Wissen Sie, wenn ich etwas geholt habe und es ihm nicht sofort gebe, reißt er es mir einfach aus der Hand – das hat er früher nie getan. Es macht mir so zu schaffen, daß ich gar nicht sagen kann, was ich eigentlich sagen möchte. Ich kann überhaupt nichts sagen. Und ich würde auch nichts sagen, ich weiß ja, daß das alles nur von seinem Zustand kommt. Sie hätten mal hören sollen, wie er am Telefon mit unserer Tochter gesprochen hat. Als er aufgehört hatte zu reden, sagte sie: »Hol Mutter noch mal ans Telefon.« Und dann fragte sie mich: »Was ist los mit ihm?« Und ich antwortete: »Tja, so ist er geworden. Ich bin froh, daß er dich auch angeschnauzt hat, damit du nicht denkst, deine Mutter würde sich immer nur beklagen.« Ich kann das einfach nicht begreifen. Er macht die ganze Zeit ein finsteres Gesicht. Natürlich heißt das nicht... Sie glauben doch nicht, er ist böse auf mich?

S: Weshalb denn?

Mrs. T: Weil ich noch so viel Energie habe, und weil er die ganze Zeit auf diesem Stuhl sitzen oder im Bett liegen muß und so hilflos ist. Ist es, weil... ich glaube, es ist auch wegen seiner Verfassung. Glauben Sie, er fühlt sich weniger als Mann, weil...

S: Bestimmt. Meinen Sie nicht?

Mrs. T: Darüber habe ich noch nie nachgedacht. Er ist gleich so aufbrausend, wenn ich ihm die Tür aufmache. Er will es selbst tun. Und das merkte ich – ich hab das ja auch gemerkt. Das hat mich natürlich ganz traurig gemacht.

S: Weil seine Kräfte nachlassen?

Mrs. T: Oh, er hat nicht mal mehr soviel Kraft wie eine Katze...

S: Und nun, da er keine Kraft mehr hat, ärgert er sich nicht nur deswegen, weil Sie es merken, sondern auch weil er es selbst merkt.

Mrs. T: So habe ich die ganze Sache überhaupt noch nicht betrachtet.

Fünfte Sitzung (zwei Wochen später):

Mrs. T: Ich bin so nervös, daß ich immer diese starken Kopfschmerzen kriege. Mein Mann hat sich vollkommen verändert. Ich höre zum Beispiel noch, wie er im Schlafzimmer zu mir sagt: »Du machst mich wahnsinnig«, und dabei droht er mir mit der Faust. Wenn ich ihm nicht in allem zustimme, wird er wütend. Er ist überhaupt nicht mehr der liebe Mann, der er früher mal war. Er schreit mich nur noch an.

S: Was ist Ihrer Meinung nach mit ihm los?

Mrs. T: Ja, am Sonntag – in gewisser Weise ist er ja noch klar bei Verstand – da sagte ich, ich würde Susan und Robert anrufen. Das sind unsere besten Freunde. Sie sagen immer, wir wären ihre Adoptiveltern. Und sie sind so oft bei uns. Er fragte nur, wer ist denn das? Und das war das erste, was er am Sonntag sagte. Und nun bringt er alle Worte durcheinander – ich meine, sie ergeben keinen Sinn. Wenn er etwas erklären will, benutzt er falsche Adjektive. Verstehen Sie, was ich meine? Es ergibt einfach keinen Sinn.

S: Können Sie ein Beispiel nennen?

Mrs. T: Er kann sich nicht erinnern. Er fragte mich: »Was für eine Krankheit habe ich? Was fehlt mir?« Und ich sagte: »Krebs«. Aber er meinte: »Ich hab keinen Krebs. Du weißt, daß ich keinen Krebs habe.« Und ich fragte ihn: »Was hat der Arzt gesagt?« Und so redet er jetzt die ganze Zeit.

S: Seit unserer ersten Sitzung hat er sich um 180 Grad gedreht. Was, glauben Sie, ist mit ihm los?

Mrs. T: Ich glaube, daß irgend etwas seinen Verstand angegriffen hat. Diese Tumore müssen was damit zu tun haben. Ich weiß nicht, wie lange ich noch so weitermachen kann. Manchmal möchte ich mich am liebsten hinstellen und schreien oder die Wände einreißen. Statt dessen gehe ich spazieren, vor allem wenn er schläft. Ich laufe und laufe! Ich kann nicht still sitzen. Ich bleibe bis spät in die Nacht auf und warte mit dem Schlafengehen so lange, bis ich völlig erschöpft bin. Und wenn er dann aufwacht, schreit er: »Wo bist du? Was machst du?« Wenn ich ihn nur ein paar Minuten alleine lassen will, verlangt er, daß ich mich neben sein Bett setze. Ich komme mir vor wie jemand in der Falle...

Sechste Sitzung (zwei Wochen später):

Mrs. T: Gestern haben sie sein Gehirn mit Ultraschall untersucht. Die Ergebnisse sind noch nicht da... Er fing an, Worte zu gebrauchen, die ganz einfach falsch waren, um bestimmte Dinge zu beschreiben. Und dann wußte er nicht mal mehr, in welcher Stadt wir wohnen. Er nannte die Namen von Straßen, in denen wir früher mal gewohnt hatten, als wir jung verheiratet waren. Das ist schon so lange her. Und er fragte, wo ist das? Er dachte wohl, das wäre in irgendeiner anderen Stadt. Oh, ein Freund erzählte uns, er hätte eine Versicherung abgeschlossen – er ist schon pensioniert –, damit er und seine Frau einmal in ein Pflegeheim gehen könnten. Und anstatt Pflegeheim sagte mein Mann Konzentrationslager. Sie wissen ja, er hat früher schon mal gesagt: »Bitte, bring mich nicht in ein Pflegeheim, ich will dir nicht zur Last fallen...« Meinen Sie, er fühlt oder weiß etwas? Er behauptete auch immer: »Meinem Kopf fehlt nichts, ich bin nicht verrückt.« Oh, er ist ja so stolz.

S: Ja.

Mrs. T: Er wollte unbedingt spazierengehen, und als er ein bißchen taumelte und ich ihn festhalten wollte, sagte er: »Du brauchst mich nicht zu stützen, ich kann alleine gehen.« Aber ich weiß nicht, was noch auf mich wartet – es macht mir Angst, daß ich nicht weiß, was auf mich wartet. Ich meine, er versucht... Wird sich sein Zustand schrittweise verändern, oder wird es... irgendwann plötzlich Klick machen? Es wird sich bestimmt etwas ändern. Davor habe ich Angst... Ich bin nie auf den Gedanken gekommen, daß er einen Tumor im Kopf haben könnte.

S: Ich würde gerne wissen, was gestern passiert ist. Was hat man Ihnen gesagt, und was haben Sie gedacht, als Sie die Nachrichten erfuhren?

Mrs. T: Ja, ich – ich hatte einen Schock. Ich stand da und ich – ich konnte es nicht begreifen. Der Arzt sagte: »Ich habe keine angenehme Nachricht für Sie.« Und ich antwortete: »Sagen Sie es mir, ich mag es nicht, wenn man lange drum herum redet.« Und dann sagte er mir: »Ihr Mann hat einen Gehirntumor. Daher kommt es, daß er sich so unberechenbar verhält.« Ich sagte: »O mein Gott.« Und der Arzt meinte: »Bleiben Sie ganz ruhig. Ich habe Dr. Shneidman angerufen, und er sagte mir, er würde Sie morgen sehen.« Ich wußte nicht, daß es auf der Welt

Menschen wie Sie gibt, die sich so sehr um andere kümmern. Weil ich bisher so etwas noch nicht erlebt habe und niemand brauchte. Mein Mann sagte immer, wenn etwas nicht stimmte: »Oh, Liebling, es wird schon alles wieder gut.« Aber nun ist das anders. Etwas läuft schief, und er kann mich nicht trösten.

S: Was ist die ganze Zeit in Ihnen vorgegangen?

Mrs. T: Die ganze Zeit dachte ich: Das ist... Ich dachte: So wird es von nun an sein. Ich werde allein sein. Er wird sterben, und ich werde wie ein aufgeschrecktes Huhn herumlaufen – wie eine Verrückte. Daran mußte ich denken.

Siebente Sitzung (drei Wochen später):

Mrs. T: Ich hätte nie gedacht, daß mir so etwas passieren würde. Ich habe Leute darüber reden hören – Sie haben mir gesagt, daß ich mich irgendwann so fühlen würde. Aber gestern abend kam ich nach Hause und war sehr niedergeschlagen, weil es meinem Mann ziemlich schlechtging. Als ich nach Hause kam und seinen Hut und seinen Stock sah, da fing ich an zu heulen. Gut, dachte ich, das muß wohl so sein. Und das Nächste, woran ich mich erinnere, ist, daß ich jemand schreien hörte – und das war ich. Das war gar nicht ich, es klang wie die Stimme von jemand anderm. Aber ich heulte, und ich konnte dieses *aahh* hören, doch ich war mir nicht bewußt, daß es aus meinem Mund kam. Es war sehr seltsam. Ich bekam Angst. Es dauerte nur eine kurze Weile, aber danach war ich fix und fertig und fühlte mich ganz elend.

S: Was haben Sie dann gemacht?

Mrs. T: Ich dachte, ich kann mich nicht einfach ins Bett legen, weil mir zu vieles durch den Kopf ging. Ich drehte die Musik an und rief ein paar Freunde an – sehr enge Freunde. Die beiden kamen herüber, wir tranken einen

Cognac, und sie blieben bis zwei Uhr nachts. Sie machten Feuer im Kamin, die Musik spielte weiter, und sie steckten mich ins Bett. Sie wollten nicht eher gehen, als bis ich im Bett war. Und als sie wieder zu Hause waren, riefen sie mich an, um zu sehen, ob alles in Ordnung war. Seltsamerweise habe ich seither nicht mehr geweint. Ich fühle mich wie ein anderer Mensch. Ich laufe in der Wohnung herum, sehe mir seinen Hut und seinen Stock an, und mit einem Mal spüre ich – keine Gefühlsregung, ich bin wie benommen. Nichts scheint zu passieren. Was bedeutet das – was ist mit mir geschehen, daß ich nicht mal mehr weiß, daß ich geschrien habe? Als wäre es jemand anders, oder so.

S: Der Verstand funktioniert auf sehr merkwürdige Weise, größtenteils um sich selbst zu schützen. Und irgendwie sind Sie gerade dabei, sich von Ihrem Mann zu lösen.

Mrs. T: Ich glaube, ich habe mir alle Mühe gegeben zu lernen, das zu akzeptieren. Weil mir das passiert ist? Oder weil ich jetzt so bin?

S: Ihr Verstand hat das geprobt.

Mrs. T: Weil ich so oft darüber nachgedacht habe. Ich erinnere mich an den Tag, als ich ihn ins Krankenhaus brachte. An diesem Tag passierte es, und Sie haben es mir gesagt. Ich mußte ganz allein nach Hause gehen, und da ist es geschehen. Und jetzt…

S: Das muß wohl so sein.

Mrs. T: Dann brauche ich jetzt wirklich Hilfe.

S: Die werden Sie bekommen. Und Sie werden es überstehen, so wie Sie es bis jetzt überstanden haben. Die merkwürdigen Dinge, von denen Sie gesprochen haben, sind nicht ungewöhnlich, wenn man bedenkt, was Sie durchgemacht haben.

Mrs. T: Natürlich habe ich mich gefragt, was tatsächlich passiert ist.

S: Das ist eine ganz normale Reaktion, wenn man Kummer hat, und Sie haben erfahren, was Schmerz bedeutet.

Mrs. T: Ja. Es ist seltsam, daß Sie das Wort ausgesprochen haben. Ich hatte das komische Gefühl, er wäre fortgegangen. Als wäre er tot. Als käme das so über mich. Und ich dachte, das muß wohl so sein, und ich wunderte mich nur. Ich habe so viele Freunde, aber die können mich auch nicht ewig bemuttern.

Achte Sitzung (zwei Wochen später):

S: Heute treffen wir uns wieder, und... es ist passiert, nicht wahr?

Mrs. T: Ich habe mir immer wieder gesagt, ich will nicht weinen.

S: Hier sind Papiertaschentücher. Dazu sind sie schließlich da.

Mrs. T: Wissen Sie, ich bin wie benommen.

S: Ja.

Mrs. T: Ich kann nicht Auto fahren. Ich fühle mich nicht danach. Gestern mußte mich jemand nach Hause fahren. Körperlich geht es mir auch nicht besonders gut. Wie kommt das? Mein Kopf ist so voll. Ich kann nicht mehr klar denken... Ich fühle mich wie in Trance, darum kann ich nicht selbst fahren. Alles, was ich tue, ist so, als ob ich – als ob ich nicht ich selbst wäre. Ich laufe herum wie eine Schlafwandlerin. Ich mache alles ganz automatisch. Vor zwei oder drei Uhr nachts gehe ich nicht schlafen. Ich kann einfach nicht. Ich nehme kein Valium mehr, ich will davon nicht abhängig werden. Mein Körper ist wie – kennen Sie dieses Schwächegefühl im ganzen Körper? So fühle ich mich. Wie eine Strohpuppe.

S: Erschöpft und ausgelaugt.

Mrs. T: Stimmt. Ich könnte einfach irgendwo hinfahren, mich hinlegen und tagelang schlafen, ohne die Augen aufzumachen, damit ich wieder in Ordnung komme. Aber ich weiß nicht, ob es klappen würde. Ich könnte einfach... An dem Tag, als ich Sie anrief, wußte ich nicht, was mit mir los war. Deshalb dachte ich, ich könnte einfach mit Ihnen reden. Ich dachte, Sie könnten mir vielleicht... Ich hab nach etwas gegriffen, ich weiß nicht, was es war, aber solange ich wußte, daß Sie am Apparat waren, war ich okay. Aber ich wußte nicht, was mit mir los war, ich wußte nicht, ob ich in Ohnmacht fallen, schreien oder weinen sollte. Aber was mir passierte...

S: Erzählen Sie.

Mrs. T: Ich ging ins Bad, zog meine Kleider aus, legte sie auf einen Haufen, rief meine Freunde an und fragte sie, ob sie herüberkommen und alles mitnehmen würden. Aber das war noch nicht alles. Ich war hysterisch. Nur, danach fühlte ich mich wieder besser. Und als ich den Arzneischrank aufmachte und all das Zeug sah, das er einnehmen mußte, da merkte ich, daß ich es nicht ertragen konnte. Vielleicht bin ich deshalb so erschöpft. Normalerweise trage ich eine dunkle Brille, weil ich nicht weiß, ob ich nicht doch weinen muß. Ich gehe nicht mal einkaufen. Freunde sind vorbeigekommen und haben mir etwas mitgebracht. Sie wußten, daß ich sonst nichts essen würde. Und dann in der Nacht, das war schrecklich. Aber ich – habe ich Ihnen erzählt, daß ich ihn gesehen habe, als er im Sarg lag?

S: Oh.

Mrs. T: Ich weiß nicht mehr, was ich Ihnen alles erzählt habe. Ich habe keine Ahnung.

S: Was haben Sie in diesem Moment gedacht?

Mrs. T: Ich wollte einfach... mit ihm sterben. Am nächsten Morgen haben sie mich nicht mehr zu ihm gelassen. Ich habe ihn am Abend vorher gesehen. Robert und Susan waren auch dabei. Sie hatten Angst, ich würde durchdrehen. Sie meinten: »Nein, du hast ihn schon gesehen und dich von ihm verabschiedet.« Man hatte ihn hergerichtet, und er sah so gut aus. Wissen Sie, er sah aus wie immer. Wirklich. Und ich mußte seine Kleider heraussuchen. Bis vor ein paar Tagen ging es mir ganz gut. Die ganze Zeit, in der er krank war, konnte ich damit fertig werden. Aber jetzt, wo ich weiß, daß er nicht mehr da ist, muß ich immer daran denken, wie er in dieser Nacht um drei Uhr ausgesehen hat. Und wie er die ganze Zeit nach Luft rang. Ich weiß, ich muß darüber wegkommen. Aber dann fällt mir wieder ein, wie friedlich er in seinem Sarg lag, und dann höre ich auf zu weinen. Das ganze Zeug — in meinem Kopf scheint sich alles aufgestaut zu haben. Ich kann nicht klar denken. Ich kann nicht. Ich kann einfach nicht glauben, daß er nie mehr nach Hause kommt. Für mich ist es immer noch so, als wäre er im Krankenhaus. Irgend etwas muß mich aus diesem Trancezustand befreien. Einmal ging ich nachts ins Badezimmer und dachte, ich würde ihn pfeifen hören, so wie er es immer getan hatte. Er pfiff immer und sagte: »Was machst du?«

S: Habe ich Ihnen nicht gesagt, daß es so kommen würde? Für einen Menschen in Ihrer Situation ist das ein ganz normales Erlebnis.

Mrs. T: Sie haben mir gesagt, daß das passieren würde?

S: Die Leute wissen nicht, daß das völlig normal ist.

Mrs. T: Oh, das ist normal?

S: O ja. Das war zu erwarten. Sie hören seine Schritte, Sie hören, wie er im Bett neben Ihnen atmet. Sie hören ihn pfeifen... das ist ganz und gar nicht ungewöhnlich.

Mrs. T: Wirklich nicht?

S: Nein. Genauer gesagt, macht sich da nur eine alte Gewohnheit breit, eine Erwartung.

Mrs. T: Gut, daß ich das jetzt weiß...

Bei der ersten Sitzung hatte mich die Charakterstärke des Mannes durchaus beeindruckt. Die Frau mochte ich zwar, aber sie beeindruckte mich nicht. Ihre Aufgabe in seinem Leben bestand darin (und ich glaube, das war auch ihre Vorstellung von sich selbst), alles zu tun, was er ihr sagte, und für ihn zu sorgen. Als Gegenleistung dafür beschützte er sie – und vereinnahmte sie dabei total. Sie schien keinerlei eigenen Willen zu haben.

Seine Krankheit – genauer gesagt, seine Unfähigkeit – und ihre Einsicht, daß sie bald auf sich gestellt sein würde, veränderten die Situation drastisch. Bei den oben in Auszügen wiedergegebenen Sitzungen können wir erkennen, wie ihr Selbstverständnis, ihr Umgang mit den eigenen Gefühlen und ihre Fähigkeit, die Welt realistisch zu sehen, sich von Woche zu Woche weiterentwickeln. Sie hat die Kraft, wenn nötig andere um Hilfe zu bitten und ansonsten alles selbst in die Hand zu nehmen. Auf vorsichtige und kluge Weise streift sie ihre scheinbare psychologische Unschuld ab. Sie fühlt genau, daß er sterben wird und sie für sich selbst sorgen muß. Instinktiv weiß sie, daß sie nicht warten darf, bis er tatsächlich tot ist, um die Wiederherstellung des eigenen Ichs in Angriff zu nehmen. Sie beginnt vielmehr mit dieser schwierigen, selbstauferlegten Aufgabe, sobald ihr Unterbewußtsein ihr meldet, ihre Tage als abhängige Frau seien zu Ende: sie solle lieber im voraus um ihren geliebten Mann trauern, bevor sie mit dem tatsächlichen Verlust konfrontiert wird.

Trauer:
Stimmen der Hinterbliebenen

> »Mein Junge, mein eigener Junge ist in dem
> Boot. Um Gottes Barmherzigkeit... ich bit-
> te, ich beschwöre Sie!... Das müssen Sie,
> oh, Sie müssen's, und Sie werden es auch
> tun... Ich will nicht gehen«, sagte der Frem-
> de, »ehe Sie mir ja gesagt haben.«
>
> HERMAN MELVILLE, *Moby Dick*
> (Kapitel 128)

Trauer – die scheinbar unstillbare und zutiefst aufwüh-
lende Sehnsucht nach der Rückkehr eines Menschen, der
erst vor kurzem für immer von einem gegangen ist – hat
vieles mit Selbst-Trauer und Voraus-Trauer gemeinsam.
In gewissem Sinn ist die Trauer um einen anderen
Menschen nach dessen Tod eine Erweiterung und eine
Kombination der Trauer um sich selbst und der Trauer
um einen anderen *vor* dessen Tod.

Wie äußert sich Trauer? Sie drückt sich in Klagen,
Weinen, Flehen und Seufzen aus, in langem äußeren
Schweigen und langen inneren Dialogen und, hoffent-
lich, hilfreichen Gesprächen.

Die Arbeit mit Hinterbliebenen in helfenden Gesprächen könnte man als »Nachsorge« bezeichnen.[1] Vorsorge,
Fürsorge und Nachsorge sind etwa gleichbedeutend mit
den traditionellen psychiatrischen Begriffen Immunisie-
rung, Behandlung und Rehabilitation. Nachsorge umfaßt alle verbalen und nichtverbalen Tätigkeiten, die

dazu beitragen, die furchtbaren Nachwirkungen eines traumatischen Erlebnisses im Leben der Hinterbliebenen zu reduzieren. Ihr Ziel ist es, den Hinterbliebenen zu helfen, länger, produktiver und mit geringerer Belastung zu leben, als sie es sonst wahrscheinlich tun würden.[2]

Neuere Untersuchungen von Colin Murray Parkes über Witwen haben gezeigt, daß Frauen, die erst kürzlich ihren Mann verloren haben, ganz unabhängig von ihrem Alter eher sterben (aus allen möglichen Ursachen) oder erkranken als Frauen, die nicht verwitwet sind.[3] Die Ergebnisse lassen darauf schließen, daß Trauer an sich ein zerstörerischer Prozeß ist, bei dem unterschwellige Kräfte am Werk sind, die ein erhebliches Ausmaß annehmen können, wenn sie nicht behandelt und kontrolliert werden.

Lange bevor diese bemerkenswerten Resultate empirisch nachgewiesen wurden, hatte man sie intuitiv bereits erkannt. Die Bemühungen Erich Lindemanns, Hinterbliebenen zu helfen, deren Angehörige auf besonders tragische Weise ums Leben kamen (er nannte dies Krisen-Intervention), begannen damit, daß er sich um die Überlebenden der Brandkatastrophe im Bostoner Cocoanut Grove Nightclub im Jahr 1942 kümmerte, bei der fast 500 Menschen starben.[4] Damit war Lindemann in den 40er Jahren ein Vorläufer der »Samariter« und deren Programm des »Freundschaftsangebots«, einer Organisation, die 1953 in England von Pastor Chad Varah zur Selbstmordverhütung gegründet wurde.[5]

Der plötzliche Tod eines Angehörigen kann für den Hinterbliebenen psychologisch gesehen eine Katastrophe bedeuten – etwa bei so plötzlichen und unerwarteten Ereignissen wie einem Erdbeben oder einer verheerenden Explosion, die viele Opfer fordern und weitreichende Folgen haben. Martha Wolfenstein beschreibt das von ihr so genannte »Katastrophen-Syndrom« als eine »Kombination von emotionaler Gleichgültigkeit, Reaktionsträgheit gegenüber äußeren Reizen und gehemmter Aktivität. Ein Mensch, der gerade eine Katastrophe erlebt hat, leidet zumindest vorübergehend unter dem Gefühl der Wertlosigkeit; dadurch wird seine normale Fähigkeit zur Eigenliebe beeinträchtigt.«[6] In diesem seelischen Zustand kann sich auch jemand befinden, der plötzlich einen Angehörigen verloren hat.

Eine ähnliche psychische Einschränkung zeigt sich bei der anfänglichen Schockreaktion auf schlimme Neuigkeiten – Tod, Mißerfolg, Enthüllung, Schande, einschneidender persönlicher Verlust. Untersuchungen über den Untergang eines Schiffes[7] und über die Folgen eines Tornados[8] beschreiben den anfänglichen psychischen Schock von Überlebenden, auf den motorische Verlangsamung, Einebnung von Gefühlen, Schläfrigkeit, Gedächtnisschwund und erhöhte Beeinflußbarkeit folgen. Kennzeichnend sind eine zunehmende Abhängigkeit, verbunden mit regressivem Verhalten und traumatischem Identitätsverlust sowie einer Art »emotionaler Betäubung«. Es ist eine ungesunde Sanftmut und eine geduckte, unterwürfige Reaktionsweise zu beobachten. Man fühlt sich an Liftons Buch *Death in Life* erinnert, in dem er das Verhalten der Überlebenden des Atombombenabwurfs auf Hiroshima schildert:

Sehr schnell – manchmal innerhalb weniger Minuten oder Sekunden – machten [die Menschen] einen Prozeß »psychischer Abschottung« durch; das heißt, sie hörten ganz einfach auf, etwas zu empfinden. Sie wußten genau, was um sie herum geschah, aber sie hatten ihre emotionalen Reaktionen unbewußt abgeschaltet. Die Übernahme weitreichender Verantwortung durch andere wurde begleitet von einer verstärkten inneren Abschottung, die man als »psychische Taubheit« bezeichnen könnte.[9]

Nachsorgeanstrengungen sind keineswegs auf dieses Anfangsstadium des Schocks beschränkt, sondern bemühen sich ein Jahr oder länger um das tägliche Leben mit dem Schmerz, der dem ersten Schock über den Verlust folgt. Bezeichnenderweise geht die Nachsorge während dieses kritischen ersten Jahres über Monate hinweg, und sie hat vieles mit der Psychotherapie gemein: Gespräch, Ursachenforschung, Interpretation, Bestätigung, Richtungsbestimmung und sogar behutsame Konfrontation sind die verschiedenen Stadien. Es bietet sich dabei die Möglichkeit, normalerweise zurückgehaltene Emotionen auszudrücken, vor allem so negative Gefühle wie Wut, Scham und Schuld. Dadurch bekommt das Leben des Trauernden wieder ein gewisses Maß an Stabilität.

Es folgen nun einige wörtlich wiedergegebene Auszüge aus zwei Gesprächen, die ich vor fünf Jahren mit den Eltern eines jungen Mädchens – sie war die einzige Tochter des Ehepaares – geführt habe, das ermordet worden war. Das erste Gespräch fand ein Jahr und das zweite sechs Jahre nach dem plötzlichen Tod der Tochter statt, und man kann deutlich Veränderungen im Verhalten der Eltern erkennen.

An einem späten Nachmittag wurde ein siebzehnjähriges Mädchen, wahrscheinlich von einem Sexualtäter, auf dem Parkplatz vor einer Behörde erstochen. Binnen einer Stunde wurde den Eltern von zwei jungen, wohlmeinenden, aber unerfahrenen Polizisten die erschütternde Nachricht überbracht. Zuerst wollten sie es nicht glauben, sie standen unter Schock, weinten, der Schmerz überwältigte sie und steigerte sich in Rage. Ihr Zorn richtete sich vor allem gegen die Behörde, bei der ihre Tochter angestellt war und auf deren Parkplatz der Mord geschehen war.

Ein paar Tage später, kurz nach der Beisetzung, saßen die Eltern im Büro eines hohen Beamten dieser Behörde. Er wollte ihnen gerade sein Beileid aussprechen, als die Mutter plötzlich mit gequälter Stimme sagte: »Es gibt nichts, was Sie tun könnten!« Darauf antwortete er, es sei zwar die traurige Wahrheit, daß das Mädchen durch nichts wieder lebendig würde, aber man könne trotzdem etwas tun. Ich weiß nicht, ob er den Ausdruck kannte, aber jedenfalls dachte er dabei an Nachsorge. Dann brachte er die beiden persönlich in mein Büro.

Danach kamen die Eltern gewöhnlich gemeinsam, manchmal aber auch einzeln zur Therapie. Bei unseren gemeinsamen Sitzungen ging es hauptsächlich um die Wutausbrüche der Mutter. Während der ersten Sitzungen verlieh sie ihrem Schmerz offenen Ausdruck und machte ihrem Zorn Luft (oftmals richtete er sich gegen mich). Meine Rolle bestand darin, die Stimme der Vernunft zu verkörpern: mich in ihre Lage hineinzuversetzen und zu erkennen, daß ihre Gefühle gerechtfertigt waren. Ich merkte, daß ich ihnen ein wirklicher Freund sein konnte, und ich glaube, das spürten sie auch. Ich hatte sie gebeten, einen Arzt aufzusuchen, um sich gründlich untersuchen zu lassen. Ein paar Monate nach dem brutalen Mord zeigten sich bei der Mutter ernsthafte Symptome, die eine größere Operation erforderlich machten – von der sie sich aber gut wieder erholte. In dieser Situation stellt sich die interessante (und kaum zu beantwortende) Frage, ob ihre Funktionsstörung auch aufgetreten wäre, wenn sie nicht diesen Schock erlitten hätte. In dem Jahr nach dem Tod ihrer Tochter mußte die Frau zweimal für längere Zeit ins Krankenhaus. Nachdem die körperlichen Leiden behandelt worden waren, befanden sich die Eltern immer noch in einem Zustand gedämpfter Trauer, der zweifellos nie ganz weichen wird.

Der Vater reagierte viel beherrschter. Er weinte leise, versuchte, seine Frau zu beruhigen, und reagierte nicht so sehr dadurch, daß er sich zurückzog, sondern daß er buchstäblich »einschrumpfte«. Das äußerte sich in seinem rapiden Altern – zum Beispiel wurde sein Haar innerhalb eines Jahres fast weiß.

Dies ist ein Auszug aus einem Gespräch, das genau ein Jahr nach dem Tod der Tochter stattfand:

SHNEIDMAN: Heute ist es genau ein Jahr her, nicht wahr?
Mrs.: Genau. Und es war ungefähr um diese Zeit, als sie getötet wurde.
S: Können Sie mir sagen, wie das vergangene Jahr für Sie gewesen ist?

234

Mrs.: Tja, zuerst war der Schmerz sehr intensiv. Es war eigentlich ein körperlicher Schmerz. Ein paar Monate lief ich mit diesem Schmerz herum. Es hat tatsächlich hier drinnen weh getan. Und es kam mir vor, als würde ich alle Last der Welt auf meinen Schultern und in mir drin tragen.

S: Wenn Sie sagen, es tat hier drinnen weh, meinen Sie dann die Stelle, wo man Sie im vergangenen Jahr operiert hat?

Mrs.: Nein, eigentlich nicht. Es tat einfach weh, das ist alles.

Mr.: Ich glaube nicht, daß es ein körperlicher Schmerz war. Es war eher ein seelischer Schmerz.

Mrs.: Nein, war es nicht. Es hat wirklich weh getan. Aber es war auch ein seelischer Schmerz.

Mr.: Es gibt Momente, da ist der Schmerz immer noch da. Es ist schwer zu beschreiben. Er ist einfach da. Ein Gefühl von Schmerz. Ich glaube, das gehört einfach zur Trauer dazu.

S: Eine Art unerträglicher Qual?

Mrs.: Gestern war ein schrecklicher Tag, und heute ist es noch schlimmer.

S: Ja, natürlich.

Mrs.: Man kann nicht einfach an einem Tag siebzehn Jahre auslöschen. Es war, als ob man einen Arm oder ein Bein oder sogar den Kopf verliert. Man kann auch ohne Arm leben, und man muß irgendwie auch lernen, ohne Tochter zu leben. Das hört sich alles so banal an.

Mr.: Ich glaube, was mich betrifft, hat sich im letzten Jahr einiges verändert. Ich habe nicht viel darüber gesprochen, aber ich kann mich der Situation jetzt besser stellen und darüber nachdenken. Ich habe sonst immer versucht, es zu verdrängen. Eine Zeitlang fiel es mir besonders schwer, mir ihr Bild anzusehen.

S: Haben Sie es immer noch bei sich zu Hause aufgestellt?

Mr.: Eins steht in unserm Schlafzimmer und eins auf der Kommode. Es steht immer dort, aber ich kriege keinen Schock mehr, wenn ich ihr Bild sehe.

S: Sie haben beide im vergangenen Jahr sehr unterschiedlich reagiert. Sie sind ja auch von Natur aus sehr verschiedene Menschen.

Mrs.: Ich drehe mich immer noch um, wenn ich irgendwo einen Pferdeschwanz wippen sehe, und dann merke ich, wie dumm das ist. Ich will nur sehen, ob sie es ist. Es geht mir einfach nicht aus dem Kopf.

S: Dieses Gefühl ist immer da und will jeden Moment hochkommen.

Mrs.: Ich glaube, Sie haben uns sehr geholfen, weil jemand da war, mit dem wir sprechen konnten. Jemand, der uns... irgendwie... einen andern Standpunkt zeigte. Wie können wir über unsere Nasenspitze hinausgucken, wenn wir so tief in unserer Trauer stecken?

Mr.: Das wollte ich vor kurzem herausfinden, und Sie haben uns – oder vielmehr mir – geholfen, der Wahrheit ins Auge zu sehen.

S: Wie kam das?

Mr.: Ich weiß nicht. Vielleicht nur deshalb, weil ich ganz offen darüber sprechen konnte.

Mrs.: Und wir dachten, wir könnten Ihnen alles sagen und Sie wären nicht ärgerlich oder – ich weiß nicht recht, wie ich es sagen soll, aber ich habe immer gespürt, daß wir mit Ihnen reden können, daß wir Ihnen alles sagen können, was wir denken, ohne dabei mit Vorwürfen rechnen zu müssen.

S: Was den Zorn und die Vorwürfe betrifft – es gab ja eine Zeit, wo Sie furchtbar wütend waren.

Mrs.: Ja.

S: Was ist aus dieser Wut geworden?

Mrs.: Sie ist verschwunden. Zuerst wäre ich imstande gewesen, alle und jeden umzubringen.

S: Einschließlich mich.

Mrs.: Einschließlich Sie, weil Sie in unseren Augen die Behörde vertraten.

Mr.: Das war nicht ganz so.

Mrs.: Doch, irgendwie war es so. Ich habe die Behörde für ihren Tod verantwortlich gemacht. Ich glaube immer noch, daß irgend jemand hier mitschuldig ist an ihrem Tod, weil er die Lichter ausgemacht hat oder seinen Rundgang vergessen und nichts getan hat – eine Unterlassungssünde wiegt ebenso schwer wie eine begangene Sünde.

Mr.: Ich glaube nicht, daß irgend jemand dafür verantwortlich ist.

Mrs.: Doch.

S: Denken Sie an Fahrlässigkeit?

Mrs.: Ja. Das meine ich mit Unterlassungssünde. Sagen wir so – der Parkplatz war nicht bewacht.

S: Also ist doch noch ein gewisses Maß an aufgestauter Wut und Vorwürfen vorhanden.

Mrs.: Damals wollte ich, daß der Mann gefaßt und getötet wird.

S: Der eigentliche Mörder?

Mrs.: Ja, der Mörder. Heute möchte ich nur noch, daß man ihn einsperrt, aber nicht, daß er getötet wird. Würde sie das wieder lebendig machen? Die Leute hatten Angst vor uns, sie hatten Angst, mit uns zu sprechen.

Mr.: Einige haben auch jetzt noch Angst davor.

Mrs.: Manche haben immer noch Angst davor, weil sie nicht wissen, was sie sagen sollen. Für die meisten ist es schwer, ihre Anteilnahme auszudrücken. Was soll man Eltern sagen, deren Tochter auf diese Weise umgebracht wurde? Irgendwie haben Sie mir auch beigebracht, daß man alles mehr auf sich zukommen lassen sollte.

S: Wie habe ich das gemacht?

Mrs.: Ich weiß nicht, wie. Jedenfalls lasse ich jetzt alles mehr auf mich zukommen.

S: Es hat den Anschein, als ob Ihre Gefühle und Ihre Wut

im Vergleich zu unserem letzten Gespräch vor ein paar Wochen wieder genauso intensiv wären wie vor sechs Monaten. Ich habe diese Heftigkeit seit einigen Monaten nicht mehr an Ihnen bemerkt. Vielleicht ist der Jahrestag schuld daran. Haben unsere Sitzungen beim Kontrollieren dieser Gefühle eine Rolle gespielt? Haben Sie dadurch eine Perspektive bekommen?

Mrs.: Ja, Sie haben uns die richtige Perspektive gezeigt. Sie waren immer derjenige, der die Dinge so gesehen hat, wie sie sind. Wir waren gegen alles so voreingenommen – ich meine, gegen das, was passiert ist. Wir sahen den Wald vor lauter Bäumen nicht.

Mr.: Ich glaube, Sie haben es auch geschafft, ihre Wut bis zu einem gewissen Grad abzubauen, denn damals hat sie die ganze Welt gehaßt. Sie war sehr wütend.

S: Hat sich Ihr Charakter irgendwie verändert?

Mrs.: Ja. Ich bin wahrscheinlich ein bißchen toleranter geworden.

S: Worauf führen Sie das zurück?

Mrs.: Auf alles – nicht nur auf den Tod unserer Tochter, auch auf unsere Gespräche. Wir gewöhnen uns immer mehr daran. Ich nehme an, wir werden uns damit abfinden, daß sie nicht mehr da ist, daß sie nicht mehr zurückkommt und daß es gar nicht so weh tut, auf den Friedhof zu gehen. Dieser Tag soll nichts Besonderes sein, denn was sollten wir feiern? Aber irgendwo ist es doch ein besonderer Tag.

S: Es ist eine Art Gedenktag.

Mrs.: Es war schlimm, als ich gestern abend nach Hause kam und ihn weinen sah. Er hatte für sie gebetet.

Mr.: Das war nur ein Abwehrmechanismus. Ich habe geweint, um dich vom Weinen abzuhalten. Du solltest zur Abwechslung einmal mich bemitleiden.

Mrs.: Ich glaube, irgendwie bin ich anderen Menschen gegenüber toleranter geworden. Aber welchen Preis mußte ich dafür zahlen! Wie schade! All die Jahre. Es hat so etwas Endgültiges. Ich dachte, es würde immer so weitergehen. Sie würde Kinder bekommen und in ihnen weiterleben. Mein Mann ist der letzte männliche Nachkomme seiner Familie.

Mr.: Unser Name wird jedenfalls nicht weiterleben.

S: Ist das so, wie wenn einem die Zukunft abgeschnitten wird?

Mrs.: Abgeschnitten. Wenn man Kinder hat, dann werden die irgendwann einmal heiraten und eigene Kinder haben, und in den Enkeln lebt irgendwie ein Teil von einem weiter.

S: Das stimmt. Darüber habe ich auch schon nachgedacht.

Mr.: Ich glaube, es wird sehr weh tun, wenn wir zu Hochzeiten oder Taufen eingeladen werden.

Mrs.: Irgendwie kann man sich nur sehr schwer vorstellen, daß mit dem Tod alles vorbei ist. Aber schlimmer wäre es, wenn ich Angst vor dem Tod hätte. Ich selbst habe keine Angst mehr vor dem Tod. Er hat nichts Erschreckendes mehr an sich. Ich glaube, ich hatte nur Angst davor, weil der Tod etwas Unbekanntes war. Früher hätte ich Angst gehabt, ins Krankenhaus zu gehen. Aber jetzt war ich so ohne jede Angst, daß ich dem Arzt glaubte, als er mir sagte, es würde nicht weh tun. Wie naiv man doch sein kann. Ich wollte es einfach glauben. Ich bin sicher, daß ich das vergangene Jahr ohne ihn [ihren Mann] nicht durchgestanden hätte.

S: Ich glaube, Sie haben sich fabelhaft aneinander festgehalten.

Mr.: Bis auf damals, als sie mich beinahe im Stich gelassen hätte.

Mrs.: Das war etwas anderes. Das zählt nicht. Es war schwer, diese unmöglichen Tage und die noch längeren Nächte herumzukriegen. Ich träume immer noch von ihr, und wenn ich von ihr träume, dann sehe ich sie in meinen Träumen so, wie sie war.

S: Was sind das für Träume?

Mrs.: Ich träume von der Zeit, als sie noch lebte, dabei weiß ich die ganze Zeit, daß sie tot ist. Wir reden miteinander und tun Dinge, die wir früher immer getan haben. Wir besprechen dieselben Probleme wie früher, und sie ist so, wie sie in Wirklichkeit war. Ich sehe sie nicht durch eine rosarote Brille, und die ganze Zeit über weiß ich, daß sie tot ist. Wenn ich träume, dann weiß ich irgendwie, daß alles nur ein Traum ist, so wie ich weiß, daß sie tot ist. Im Unterbewußtsein weiß ich, daß sie tot ist, und ich bin froh, daß ich sie noch so sehen kann, wie sie war, und nicht weil wir so waren, wie wir eben waren. Wir waren nicht vollkommen, und sie war es auch nicht. Natürlich wollen wir jetzt nicht über ihre Fehler sprechen.

S: Nein. Man soll nicht schlecht über Tote reden.

Mrs.: Nein. Jeder, der von ihr spricht, beschönigt ihre Fehler. Keiner will darüber sprechen. Außer Ihnen fällt mir niemand ein, der absichtlich ihren Namen erwähnt hätte.

S: Aber etwas Wesentliches bleibt.

Mrs.: Ja, von weit, weit her.

S: Vielleicht bleibt man auf diese Weise den Leuten in Erinnerung. In diesem Sinn ist sie noch am Leben.

Mrs.: Sie lebt so lange weiter, wie wir leben.

S: Ja, und noch einige andere.

Mrs.: Das stimmt. Aber Sie wissen doch, daß es im allgemeinen in einer Familie eine Art Kontinuität gibt. Wenn ich jetzt so zurückblicke, dann sehe ich ein, was für eine Verschwendung alles war. Was für ein Jammer, so jung sterben zu müssen.

Mr.: In einer Vitrine bei uns zu Hause stehen die komischsten Sachen. Wir haben noch den Aschenbecher, den sie einmal für uns gemacht hat. So 'n Ding aus Ton. Einen Bleistifthalter.

S: Ich kann verstehen, daß Sie diese Dinge aufbewahren wollen.

Mrs.: Weil sie uns etwas bedeuten. Sie hatte so eine Art, unsere Freunde zu mustern. Unsere Freunde erscheinen mir jetzt viel älter.

S: Fühlen Sie sich älter?

Mr.: Ja, sehr. Wir haben beide vor nicht allzu langer Zeit darüber gesprochen, und wir merkten, daß wir unsere mittleren Jahre übersprungen haben – aus jungen Leuten sind plötzlich alte Leute geworden.

S: Empfinden Sie das wirklich so?

Mrs.: Meistens. Ich fühle mich so alt. Ich habe mich dabei ertappt, wie ich zu meinem Bruder sagte: »Als wir noch jung waren...« Und er antwortete: »Na hör mal, das ist doch erst ein paar Jahre her.«

S: Gut. Dann müssen wir also dafür sorgen, daß Sie sich wieder so jung wie in den mittleren Jahren fühlen.

Mrs.: Ich glaube nicht, daß das geht. Ich hab mich innerlich immer gefühlt, als ob ich neunzehn oder zwanzig wäre. Und jetzt fühle ich mich wie sechzig. Ich fühle mich so alt.

S: Ich erinnere mich an einen ziemlichen Streit zwischen uns beiden. Es war kurz nach dem Tod Ihrer Tochter. Sie sagten damals, es gäbe nichts, was man tun könnte. Ich habe das natürlich nicht geglaubt. Ich fand, daß man etwas tun konnte.

Mrs.: Das habe ich gemeint, als ich sagte, wir konnten mit Ihnen reden und Ihnen alles sagen, ohne daß Sie uns Vorhaltungen machten. Wir haben eine Menge von Ihnen gelernt, auch wenn Ihnen manchmal etwas nicht gepaßt hat.

Mr.: Es gab Momente, wo ich tatsächlich glaubte, Sie würden versuchen, sie wütend auf sich zu machen.

S: Das habe ich nie versucht. Das brauchte ich gar nicht.

Mrs.: Ich habe von Anfang an gespürt, daß Sie mich mögen. Ich erinnere mich noch an Ihr Gesicht, als ich Ihnen ein Bild von ihr zeigte. Das werde ich nie vergessen.

S: Ich kann nicht beschreiben, was in dem Moment in mir vorging.

Mrs.: Man hat es Ihnen angesehen. Sie waren betroffen, und Sie wichen zurück, als ob ich Sie geschlagen hätte. Ich habe ihr Bild immer noch bei mir.

Mr.: Ausgerechnet jetzt fängt meine Nase an zu laufen.

S: Wann soll unser nächstes Treffen stattfinden?

Mrs.: Ich vermisse Sie, wenn ich Sie nicht sehe.

S: Wie oft sollten wir uns Ihrer Meinung nach noch treffen?

Mr.: Bisher haben wir uns einmal im Monat gesehen.

Mrs.: Ich mag gar nicht daran denken, daß es einmal mit unseren Sitzungen vorbei ist.

S: Darüber brauchen wir uns heute noch keine Gedanken zu machen. Dann sehen wir uns also in vier Wochen wieder.

Mrs.: Ja.

Mr.: Ja.

S: Abgemacht.

Nach einem Jahr waren die Wunden zwar einigermaßen verheilt, doch es blieben Narben zurück. Wie bei jeder anderen therapeutischen Behandlung kann auch in diesem Fall die Bedeutung einer einfühlsamen zwischenmenschlichen Beziehung nicht überbewertet werden. Die Bereitschaft zu helfen sowie die Herstellung einer guten Beziehung und Übertragung (und Gegenübertragung) bilden die Grundlagen der Therapie. Der zweite Punkt bezieht sich vor allem auf die Trauer und den Schmerz: Durch meine Beschäftigung mit diesem Ehepaar und anderen Hinterbliebenen wird deutlich, daß das Modell der Krisen-Intervention (drei Monate bzw. sechs Sitzungen), auf dem ein Großteil der Arbeit mit Hinterbliebenen beruht, keineswegs in Einklang damit steht, wie die meisten Menschen ihren Kummer tatsächlich verarbeiten. Ich möchte keinen unumstößlichen oder magischen Zeitraum bestimmen, aber meiner Erfahrung nach hält das akute Stadium der Trauer zumindest ein Jahr an: nicht der unmittelbare Schockzustand oder die Benommenheit, die manchmal nach dem Verlust eintreten, sondern das Problem, in der Welt zu funktionieren – auch wenn hin und wieder kontrollierbare Tränen fließen – ohne quälendes Leid und ohne einen so heftigen Schmerz, der einen von den Schönheiten dieser Welt nicht mehr das geringste wahrnehmen läßt.

Fünf Jahre später – sechs Jahre nach dem Mord – äußerten sich die Eltern folgendermaßen:

SHNEIDMAN: Heute ist wieder der Jahrestag.

Mrs.: Es ist jetzt sechs Jahre her.

S: Und wie ist der Stand der Dinge, bitte? Erzählen Sie mir, wie es Ihnen geht, was Sie tun.

Mrs.: Oh, ich habe eine neue Stelle, in einem Immobilienbüro. Es ist sehr interessant. Sie wissen ja, ich war eine Zeitlang nicht mehr berufstätig.

Mr.: Wir sind wieder umgezogen.

S: Ist das nicht schon der dritte Umzug in sechs Jahren?

Mrs.: Ja, wir waren ziemlich isoliert. Ich kann nicht Auto fahren, und eine Zeitlang wohnten wir in einer Gegend, die lag am Ende der Welt.

S: Sie sehen blendend aus. Haben Sie eine neue Frisur? Sie tragen Make-up. Früher habe ich das nie an Ihnen gesehen.

Mrs.: Tja, man tut, was man kann.

S: Ihre Augen strahlen. Fühlen Sie sich auch so, wie Sie aussehen?

Mrs.: Nein, eigentlich nicht. Es sind schwere Wochen gewesen. Um diese Jahreszeit ist es besonders schlimm. Sie hätte am Zehnten Geburtstag gehabt.

S: Sind Geburtstage und andere Jahrestage immer so schlimm für Sie?

Mrs.: Geburtstage sind für mich immer am schlimmsten.

S: Was haben Sie dieses Jahr an ihrem Geburtstag gemacht?

Mrs.: Ich bin zur Arbeit gegangen. Aber am Sonntag davor waren wir auf dem Friedhof. Wir gehen nicht mehr so oft hin wie früher.

Mr.: Wir sind sonst immer jeden Monat hingegangen. Aber ich glaube, im letzten Jahr war es nicht so oft.

S: Wirklich? Es gehört also zu Ihrem Leben.

Mr.: Ich möchte ihr einfach ab und zu ein paar frische Blumen aufs Grab legen.

Mrs.: Wir besuchen alle Gräber. Alle vier liegen dicht beieinander – die Gräber meiner Eltern, das meiner Schwester und ihres.

Mr.: Es gibt dort noch zwei andere Grabstellen. Die sind für uns.

S: Wie oft gehen Sie auf den Friedhof?

Mr.: Wir waren schon lange nicht mehr da. Im letzten Jahr sind wir ungefähr dreimal dort gewesen. Wir gehen nur dann hin, wenn wir das Bedürfnis haben.

S: Wie fühlen Sie sich dabei?

Mr.: Das ist verschieden. Es gibt Momente, da könnte ich weinen, und dann wieder empfinde ich gar nichts. Das Grab, der Name, es erinnert mich an so vieles.

Mrs.: Für mich ist es immer ein Schock, wenn ich auf den Friedhof gehe. Sie wäre jetzt dreiundzwanzig.

S: Ich bin sicher, Sie werden immer ihr Alter nachrechnen.

Mr.: Ja, dein Leben lang.

Mrs.: Ja, ich fürchte, das werde ich... Unsere Nichte ist inzwischen verheiratet. Sie lebt in Denver.

S: Die Heirat war wohl ein schmerzliches Erlebnis für Sie?

Mrs.: Ja, es war sehr schlimm. Bei anderen Kindern ist es

nicht mehr so schlimm. Ich habe viele Freunde, deren Töchter sehr nett zu mir sind.

S: Wäre es für Sie ein seelischer Schock, wenn Ihre Nichte ein Baby bekommen würde?

Mrs.: Vielleicht, ich weiß es nicht. Es tut weh, wenn Leute, die man kennt, einem Fotos von ihren Enkeln zeigen.

S: Ja.

Mr.: Uns ist noch etwas aufgefallen. Wenn Leute, Freunde, in unserer Gegenwart über ihre Familie und Kinder sprechen, bricht die Unterhaltung immer an einem bestimmten Punkt ab. So ist es auch bei Fremden, die wir über Freunde kennenlernen. Denen wird vorher gesagt, uns nicht nach unseren Kindern zu fragen. Ich glaube, man hat sie alle vor uns gewarnt.

S: Ja, und Sie reagieren äußerst empfindlich darauf.

Mrs.: Natürlich.

Mr.: Ich weiß nicht, ob wir tatsächlich so empfindlich sind, aber jedenfalls fällt uns das immer wieder auf.

Mrs.: Ja, in dieser Hinsicht sind wir wirklich überempfindlich.

Mr.: Viele Leute, die vor Jahren noch große Anteilnahme zeigten, haben inzwischen schon alles vergessen. Sobald das Thema angeschnitten wird, sind sie plötzlich total verstört. Ich meine damit jetzt nicht enge Freunde, sondern Bekannte und Kollegen, mit denen ich zusammenarbeite oder mit denen ich die letzten acht oder zehn Jahre zusammengearbeitet habe. Ich glaube, die Leute erinnern sich nicht gerne an so etwas.

Mrs.: Das ist für sie Schnee von gestern.

S: Was hat Ihnen am meisten geholfen?

Mrs: Die Gewißheit, daß mein Mann da ist.

S: Füreinander dazusein?

Mrs.: Ja.

Mr.: Ich glaube, wir sind uns näher als je zuvor.

Mrs.: Der Schmerz ist nicht mehr so intensiv wie früher.

Mr.: Ich glaube, die Zeit hat mehr dazu beigetragen als alles andere.

Mrs.: Manchmal – manchmal ist es ziemlich schlimm, und dann geht es plötzlich wieder besser. Ich muß nicht mehr die ganze Zeit daran denken. Aber wenn ich zufällig ein blondes Mädchen sehe, oder jemand geht oder spricht wie sie, dann ist die Erinnerung plötzlich wieder da. Sie wäre jetzt dreiundzwanzig, aber ich kann es mir überhaupt nicht vorstellen, weil ich nicht weiß, wie ihr Leben verlaufen wäre.

Mr.: Es kommt vor, daß in einem Gespräch ihr Name erwähnt wird, aber es geht dann nicht hauptsächlich um sie.

Mrs.: Da sind auch noch die Freunde, die uns sehr nahestehen, denn ich glaube, das ist auch eins von den... von den Dingen, die uns verbinden. Sie spielen auch gerne mit uns Karten.

S: Ich nehme an, Ihr Leben ist wieder fröhlicher geworden, weil Sie gemeinsam mit Freunden Karten spielen, trinken, lachen und reden können.

Mrs.: O ja. Wir sind auch nie allein verreist, sondern haben immer Freunde mitgenommen.

Mr.: Ja, auf solchen Reisen eben.

Mrs: Es ist merkwürdig. Ich hatte immer Schwierigkeiten mit dem Einschlafen, vor allem seit sie tot ist, aber auf dem Schiff konnte ich schlafen. Ich glaube, das liegt an dem Schaukeln, und auf dem Schiff kann mich niemand ärgern.

S: Wie sehen Ihre Zukunftspläne aus? Was wollen Sie in ein paar Jahren machen? Können Sie dann wohl noch unbeschwerter leben als jetzt?

Mr.: Ich glaube schon. Wir freuen uns darauf, wenn wir erst pensioniert sind und uns ganz dem Reisen widmen können.

S: Wie schön.

Mrs.: Das hört sich viel besser an, als es ist.

Mr.:   Bis dahin ist es noch ein langer Weg.

Mrs.: Ich muß oft an Sie denken.

S: So?

Mrs.: Ja.

S: Was fällt Ihnen dabei ein, wenn Sie an mich denken?

Mrs.: Tja, ich denke – ich denke, was in aller Welt – ich denke oft, was wir wohl ohne Sie angefangen hätten... Ich glaube nicht, daß wir es ohne Ihre Hilfe geschafft hätten.

S: Sie haben einmal gesagt: Wir hätten es geschafft, aber vielleicht nicht genauso gut.

Mrs.: Ich wollte damit sagen, es wäre nicht so einfach gewesen. Dabei war es jetzt auch nicht immer leicht.

S: Ja.

Mrs.: Es wäre bestimmt alles sehr viel schwieriger gewesen.

S: Ihre Gefühle mir gegenüber müssen eigentlich schwanken. Was denken Sie über mich?

Mrs.: Oh, ich glaube, Sie sind für mich so etwas wie ein Vater. Ich habe immer gespürt, daß ich Ihnen die Wahrheit sagen kann. Man kann den Menschen nicht immer die Wahrheit sagen.

S: Sehen Sie in mir immer noch einen Teil der Behörde?

Mrs.: Ich glaube, ich sehe in Ihnen lediglich den Menschen. Ich habe Sie nie mit der Behörde in Verbindung gebracht. Es war alles eine ganz und gar persönliche Angelegenheit.

S: Ganz am Anfang sagten Sie aber, ich wäre in Ihren Augen ein Abkömmling der Behörde. Aber ich nehme an, dieses Gefühl hat sich im Lauf der Zeit gelegt.

Mrs.: Es ist nie so gewesen – ich meine, diesen Eindruck hatten Sie. Deshalb sind wir ja hierhergekommen. Aber ich habe Sie nie mit der Behörde in Verbindung gebracht. Niemals – vielleicht ganz zu Anfang, aber Sie waren für mich nie ein Gegner. Ich habe in Ihnen immer einen Freund gesehen. Wenn Sie mich nach meinen Gefühlen fragen, würde ich antworten, ich habe Sie sehr gemocht.

S: Das geht mir sehr nahe. Es passiert einem nicht oft im Leben, daß man jemand in einer wirklich schlimmen Situation helfen kann. Ich war über diese furchtbare Tragödie sehr erschüttert, und ich wollte irgend etwas tun. Ich muß Ihnen wohl nicht sagen, daß ich Sie beide sehr mag.

Mrs.: Das weiß ich. Für mich ist das etwas Besonderes. Es kam alles sehr spontan. Als ich Sie zum ersten Mal sah, da gingen wir gerade den Korridor hinunter, und Sie kamen uns entgegen. Ich wußte sofort, wer Sie waren, und plötzlich spürte ich, wir würden uns verstehen. Sie wissen ja, man kann nicht allen Menschen immer die volle Wahrheit sagen. Ich habe mich manchmal gefragt, ob Sie wohl Kinder haben. Nein, ich glaube nicht. Schreiben Sie noch?

S: Ja, ich bin mittendrin.

Mrs.: Ich hab ein paar Mal Ihren Namen in der Zeitung gelesen und dachte, Mann, das ist ja mein Therapeut. Es war purer Zufall, daß wir es gelesen haben.

S: Okay, Freunde. Darf ich Sie zu Ihrem Wagen bringen?

Mrs.: Gern. Müssen Sie weg?

S: Ich bringe Sie nur zu Ihrem Wagen.

Diese Sitzungsprotokolle lassen erkennen, daß die seelische Belastung bei einem plötzlichen und unerwarteten Todesfall – sei es nun ein natürlicher Tod oder ein Tod durch Unfall, Selbstmord oder Mord – schlimm genug ist, daß ein Mord (und Selbstmord) aber für die Hinterbliebenen besonders schwer zu verkraften ist. Dafür gibt es zumindest vier schwerwiegende Gründe: die Schande, die Mord und Selbstmord anhaftet; die Tatsache, daß ein Angehöriger ermordet wurde, kann zur Folge haben, daß der Hinterbliebene fürchtet, selbst ein ähnliches Schicksal zu erleiden; die beunruhigende Vorstellung von Blut und Gewalt, die dabei wachgerufen wird; und die fixe Idee des Hinterbliebenen, immer wieder nach dem Wer, Warum, Was und Wenn zu fragen. Diese Obsessionen verfolgen einen jahrelang. Sie lenken die Gedanken bei Tag und die Träume bei Nacht. Das kann der Fluch eines plötzlichen, unerwarteten und gewaltsamen Todes sein; man verschmerzt ihn nicht so leicht wie den sogenannten normalen Tod eines Angehörigen, den man bereits erwartet hatte.

Wieviel Wahrheit steckt hinter der Behauptung, daß die Zeit alle Wunden heilt? Was ist in den sechs Jahren nach dem Mord geschehen? Inwieweit haben sich die Eltern in dieser Zeit verändert? Wenn ich davon ausgehe, was mir bei diesem und bei anderen Beispielen aufgefallen ist (und was ich über die menschliche Natur weiß), scheint folgendes der Fall zu sein.

Im Verlauf des ersten Jahres nach dem Tod der Tochter legte sich der heftige Zorn auf die Behörde, auf deren Parkplatz der Mord geschehen war. Auch die feindselige Haltung gegenüber dem Therapeuten, den die Eltern zu Beginn der Behandlung mit der »mörderischen« Behörde assoziierten, wurde aufgegeben. Statt dessen entwickelte sich eine herzliche Zuneigung zu dem Therapeuten, die das Entstehen einer positiven Übertragung widerspiegelt. Die irrationale, feindselige Haltung war völlig verschwunden. An ihre Stelle trat eine etwas übertriebene Zuneigung, die sich darin äußerte, daß der Therapeut als gütiger, väterlicher und fürsorglicher Freund angesehen wurde.

In der Zeit zwischen dem ersten und dem sechsten Jahr bestanden zwei Möglichkeiten, eine Gefahr und eine Chance: entweder würden sich die Eltern auseinanderleben und sich sogar scheiden lassen, weil sie sich wegen dem Tod der Tochter gegenseitig Vorwürfe machen und unterschiedlich mit der Belastung umgehen würden; oder aber der gemeinsame Schmerz würde sie noch stärker zusammenwachsen lassen. In diesem Fall trat die zweite Möglichkeit ein.

Außerdem ließ sich ein allgemeiner Reifungsprozeß beobachten, ein offensichtlich vorzeitiges Altern sowie eine ständig spürbare leichte Niedergeschlagenheit. In diesem Fall, wo das Opfer noch das einzige Kind war, wurden die natürlichen Bande zu künftigen Generationen durch Enkel (und deren Kinder usw.) durchtrennt, und das Gesichtsfeld des Paares engte sich, in diesem psychobiologischen Sinn, verständlicherweise ein. Ein wesentlicher Teil ihrer »Zukunft« war ihnen nun unwiderruflich versagt.

Andererseits zeigten sich einige (typische) Verhaltensweisen, die für eine Rückkehr ins normale Alltagsleben charakteristisch sind: man geht auf Reisen, arbeitet wieder und trifft sich mit Freunden. Oberflächlich betrachtet scheint alles wieder in Ordnung zu sein, aber bei näherem Hinsehen entdeckt man die Narben, die für immer bleiben.

Trauer ist eine der tiefgreifendsten Erfahrungen im Leben eines Menschen. Auch wenn es dem einzelnen nicht möglich ist, sich seinen eigenen Tod vorzustellen, so kann er doch den Tod eines anderen erfahren – und das Gefühl der Leere, des Verlusts, der Angst und der Verwirrung empfinden.

Schmerz und Trauer können bewirken, daß sich ein gesundes Kind oder ein ganz normaler Erwachsener in ein jammerndes und wehklagendes Geschöpf verwandelt, in ein Wesen, das beinahe an ein Tier erinnert. Doch selbst in solchen Augenblicken noch legt der Trauernde die menschlichste aller Eigenschaften an den Tag: das Bedürfnis und die Fähigkeit, soziale und persönliche Bindungen einzugehen. Und eben darum ist die tief verankerte Fähigkeit, um eine geliebte Person zu trauern und sie in liebevoller Erinnerung zu bewahren, eine der edelsten Eigenschaften des Menschen.

Vierter Teil

Schlußbetrachtungen

Für einen besseren Tod

Oft ist ein guter Tod
der beste Lebenslauf.
JOHANN CHRISTIAN GÜNTHER
(1695 – 1723)

Einige Todesarten, die in diesem Buch beschrieben werden, sind ungewöhnlich. Es ist äußerst unwahrscheinlich,
daß viele von uns hingerichtet werden; und nur relativ
wenige von uns werden Selbstmord begehen. Doch vielleicht kommt eine beträchtliche Zahl von Lesern dieses
Buches eines Tages mit einer lebensbedrohlichen Krankheit in Berührung – sei es, daß sie ihn selbst oder einen
Angehörigen betrifft. Ich habe eingangs den Wunsch
geäußert, dieses Buch möge ein Lotsenbuch des Todes
sein, das durch persönliche Dokumente dem Leser den
Weg weisen und ihm eine Vorstellung davon geben könnte, wovor er sich auf seiner Lebensfahrt, vor allem gegen
Ende der Reise (unabhängig vom Alter), in acht nehmen
sollte, und auch eine Vorstellung davon, welche Entscheidungen möglich sind.
Durch diese persönlichen Dokumente wollte ich den
verschwisterten Themen Tod und Sterben eine gewisse
Unmittelbarkeit verleihen. Ich habe versucht, das Material für den Leser wie ein Drama zu gestalten, um eine
ganze Fülle möglicher Szenarien für seinen eigenen Tod
aufzuzeigen.
Es gibt keinen Tod, der der beste wäre. Ein guter Tod –

im Sinne von Avery Weismans Begriff des »angemessenen Tods«[1] – muß mit den jeweils besonderen Bedürfnissen eines Menschen übereinstimmen, gleichsam für
ihn maßgeschneidert sein: nur so bekommt er einen
Sinn. Bei einem guten Tod gleitet die »Hand« des Sterbens ganz leicht in den »Handschuh« des Todes. Ein
guter Tod wird den Bedürfnissen des Sterbenden im
Rahmen der Wünsche und Bedürfnisse seiner Angehörigen und seines sozialen Umfeldes gerecht. Er ist »Ich-
justiert« – er paßt zu dem Betreffenden. Selbst wenn
man sich die Art seines Todes nicht aussuchen kann, ist
doch wichtig, daß man über die Art seines Sterbens
nachdenkt und sie vielleicht ein wenig beeinflußt, damit
der Tod für einen selbst und für die Angehörigen an-
nehmbarer wird.

Man kann auf sehr verschiedene Weise an einer lebensbedrohlichen Krankheit sterben. Man kann in die Nacht
hinausschreien (wie der Dichter Dylan Thomas es wollte), wie ein braves Kind ins Bett gehen, den ganzen
Vorgang als eine neue Erfahrung ansehen, als wäre man
nur ein interessierter Zuschauer (immerhin ist man
noch nie zuvor gestorben); man kann Angst haben und
vor lauter Verzweiflung am ganzen Leibe zittern, Bedauern, Reue, ja Wehmut empfinden, besinnlich sein
oder sich ergeben. Es gibt die Hingabe (»Komm, süßer
Tod«), die Resignation und Kapitulation; es gibt den
Kampf um Selbstbehauptung und Kontrolle, aber auch
die passive Übergabe des eigenen Körpers an die Ärzte
und Techniker; es gibt den kritischen Optimismus und
den an Verneinung grenzenden Optimismus, und so
weiter und so fort. Mit anderen Worten: es gibt eine

Vielzahl von Möglichkeiten, passend für eine Vielzahl von unterschiedlichen Menschen.

Es folgen nun die ersten Abschnitte eines Sterbeberichts, den eine gerade zwanzigjährige junge Frau geschrieben hat. Sie war nicht sonderlich gebildet, und sie hatte keinen festen Beruf. Sie war ein paar Jahre verheiratet und hatte eine einjährige Tochter. Sie hatte ein Knochenmarksarkom. Die folgenden Passagen von Lyn Helton wurden wenige Monate nach ihrem Tod unter dem Titel *Soon There Will Be No More Me* (»Bald werde ich nicht mehr sein«) veröffentlicht.[2]

Sterben ist schön – auch wenn es das erste Mal ist, und das im reifen Alter von zwanzig Jahren. Meistens ist es nicht leicht, aber es ist wirklich schön zu wissen, daß es schneller mit einem zu Ende geht, als man dachte, und daß es bald mit dem Lieben und Lachen und Weinen vorbei sein wird...

Ich tue, was ich kann, damit ich mit diesem Buch fertig werde...

Es gibt so viel, worüber ich schreiben muß, so viel, was ich vor jemandem ausschütten möchte, der bereit ist, mir zuzuhören. Aber es ist schwer, über Sachen zu schreiben, die einem weh tun, und über Sachen, über die man sich vorher im stillen eine Meinung gebildet haben sollte, wenn man weiß, daß es hinterher jemand anders liest.

Am Anfang habe ich immer versucht, mich zu beruhigen. Ich habe mir gesagt: »Mach dir keine Sorgen, die Diagnose ist falsch«, oder: »Sicher gibt es irgendein Mittel dagegen!«

Aber als ich allmählich den Ernst meiner Krankheit erkannte, da änderte sich meine Einstellung. Ich kriegte Angst. Manchmal konnte ich nachts nicht schlafen. Ich saß dann so lange in eine Decke eingehüllt in meinem alten grünen Schaukelstuhl, bis mir schlecht wurde – und ganz allein übergab ich mich, im Dunkeln, während mein Mann und mein Baby schliefen, und ich hatte einfach Angst.

Wie ist das, wenn man stirbt? Wenn mir das jemand sagen könnte, würde es mir vielleicht bessergehen.

Es gibt mehrere Aspekte in diesen ergreifenden Passagen, die wir beachten sollten. Da ist zunächst einmal der Wunsch nach Vollständigkeit, nach einem Abschluß, nach Vollendung: die Verfasserin möchte ihr Buch zu Ende schreiben, eine Spur hinterlassen, etwas, das nach ihrem Tod bleibt, um ein Pfand auf ihren Mann und insbesondere auf ihre kleine Tochter zu haben: um auf irgendeine, wenn auch noch so vergängliche Weise über ihren Tod hinaus weiterzuleben. Ich habe dieses Bedürfnis mit dem Begriff des »Post-Ego« zu kennzeichnen versucht. Damit meine ich die Sehnsucht – »O meine Sehnsucht«, schrieb die Dichterin Anne Sexton – des Sterbenden, nicht ganz aus den Gedanken und Herzen seiner Angehörigen verbannt zu werden und allzu schnell in völlige Vergessenheit zu versinken.

Betroffen sind wir auch von den Worten der jungen Frau: »... es ist wirklich schön zu wissen, daß es schneller mit einem zu Ende geht, als man dachte.« Jean Cocteau, der große französische Dichter und Schriftsteller, hat einmal gesagt: »Die Schönheit des Scheiterns ist die einzige Schönheit, die nicht vergeht. Wer das Scheitern nicht begreift, der ist verloren.« Der Krebsspezialist Dr. Victor Richards führt dieses Thema im letzten Abschnitt seines Buches *Cancer: The Wayward Cell* (»Krebs: die unberechenbare Zelle«) näher aus und stellt folgende Überlegungen zum Scheitern im Tod an:

> [Wer das Scheitern nicht begreift,] wird nie die Hoffnung und die tiefe Erfahrung kennenlernen, die im Scheitern liegt. Auf dem Gipfel des Erfolges werden wir von dem Gefühl der Macht geblendet. Erfolg ist berauschend, und dieser Rauschzustand ist echt wie alle unsere Erfahrungen. Aber Erfolg ist nicht alles. Im Wellental, im Scheitern und in der Annäherung an den Tod erfahren wir eine bescheidene Kraft und erkennen den wahren Frieden. Ärzte und Angehörige sorgen dann am besten für den Sterbenden, wenn sie ihm helfen, den Tod, der keinem von uns erspart bleibt, als etwas Unabänderliches und gleichzeitig als etwas Positives zu erfahren.[3]

Cocteau und Richards vertreten anscheinend die Meinung, daß sich hinter dem Scheitern eine mystische, erhabene und läuternde Kraft verbirgt; daß unter bestimmten Umständen Scheitern (sprich: der Vorgang des Sterbens) gut für die Seele ist, den Menschen adelt, erhebt und stärkt. Vielleicht. Vielleicht auch nicht. Man kann das sicher auch anders sehen. Eine solche Gegenansicht müßte mit der Frage beginnen: Wem nützt das?
Das Scheitern zu preisen und seine Vorzüge aufzulisten ist in meinen Augen eine trügerische Rationalisierung. Lassen wir einmal Cocteaus klugen Satz beiseite und fragen wir uns: stimmt es, daß ein Mensch, der noch nie einen Mißerfolg einstecken mußte, tatsächlich verloren ist? Doch die Frage an sich ist schon sinnlos, weil wir genau wissen, daß der Mensch bereits Zurückweisungen und Niederlagen hinnehmen muß, bevor er noch das

Kindergartenalter erreicht hat. Deshalb braucht niemand im Sinne Cocteaus Angst zu haben, er sei verloren. Aber sollen wir das Scheitern gezielt aufsuchen? Das, so müssen wir uns sogleich klarmachen, bedeutet nicht dasselbe wie die Frage: Sollen wir gezielt den Tod aufsuchen?

Der englische Psychiater John Hinton vertritt eine andere Meinung als der Amerikaner Richards. Er schreibt folgendes:

> Gerade diejenigen, die unzufrieden sind mit sich selbst, angeödet vom täglichen Einerlei ihres Lebens und häufig erschöpft von ihren innerlichen Gefühlskonflikten, denken an die Ruhe, die der Tod bringen mag. Die scheinbare Einwilligung in den Tod ist jedoch meistens nicht echt. Obwohl diese Menschen oft meinen, sie sehnten sich nach der Erleichterung durch den Tod, wäre dies doch eine Ruhe um den Preis des *Scheiterns*. Ihr Wunsch nach einem Ende des Kampfes, der auf dem Verlangen nach größerer Erfüllung im Leben beruht, kann nicht durch das *Fiasko* des Sterbens erfüllt werden. So verlockend eine Rast vom Tumult des Alltags scheinen mag, durch den Tod würden doch so viele Dinge unerledigt, so viele Wünsche unerfüllt bleiben. Erst wenn alle Hoffnung gesunken ist, kann die Verzweiflung mit Tod und Scheitern versöhnen. [Hervorhebungen vom Autor].[4]

Jory Graham ist Journalistin. Sie hat Krebs. In einer Kolumne, die alle vierzehn Tage in einer Chicagoer Zeitung abgedruckt wird, hat sie über ihre Krankheit geschrieben. Auch sie hat sich über die Frage des Scheiterns Gedanken gemacht:

260

> Wenn unser Leben einen Sinn haben soll, dann liegt es
> an uns [an den Krebskranken], unsere Tragödie [Schei-
> tern] in irgendeine Art von Triumph zu verwandeln. Das
> können wir schaffen, indem wir nach denen die Hand
> ausstrecken, die bereit sind, unsere Last mit uns zu
> tragen.[5]

In diesem kurzen Auszug geht Jory Graham auf drei wichtige Dinge ein: erstens ist es das beste, auf »irgendeine Art von Triumph« zu hoffen, wenn man sich in einer ernsten Notlage befindet; damit sind keineswegs spektakuläre Triumphe gemeint, sondern durchaus bescheidene Erfolge. Zweitens muß man die Hand ausstrecken, um diese Triumphe zu erlangen, obwohl genau das so schwierig ist (wenn man von Krebs, Angst und Schmerzen bedroht wird). Drittens kann man Triumphe miteinander auskosten, Schmerz und Scheitern aber sind persönliche Erfahrungen des Sterbenden, die er mit niemandem teilen kann.

Es gibt keine einzig richtige Art zu sterben (sei es an Krebs oder einer anderen Ursache). Bei meiner Suche nach einer magischen Faustregel fand ich den stärksten Trost in den klugen Worten meines geschätzten Mentors und Freundes Dr. Henry A. Murray. Er spricht von einer » *freimütigen Bereitschaft zur Pflicht*«[6]. Bezogen auf Tod und Sterben bedeutet dies meiner Ansicht nach, daß zwischen Verpflichtung und Pflicht ein großer Unterschied besteht. Einen vorgesetzten Offizier bei bestimmten feierlichen Anlässen zu Hause zu besuchen ist eine Verpflichtung; Sterben dagegen ist eine Pflicht – es bleibt *keine* Wahl. Der Schlüssel zur bereitwilligen Übernahme dieser Pflicht liegt darin, daß man an seinem eigenen

Leben, seinem Schmerz und seinem Sterben mit soviel *Anstand* (Würde, Haltung, Selbstbeherrschung, Stolz, Entschlossenheit, gutem Benehmen und Zuversicht) Anteil nimmt, wie nur möglich.

Baldassare Castiglione, ein italienischer Diplomat und Schriftsteller des sechzehnten Jahrhunderts, hat uns mit seinem bekannten Werk *Il libro del Cortegiano*[7] (»Der Hofmann«) über Jahrhunderte hinweg einen Wegweiser solchen Anstands hinterlassen. Würde »ist die Würze, ohne die alle anderen Güter und guten Eigenschaften nur wenig Wert hätten ... , sie umgeht jegliche Affektiertheit, als ob diese ein gefährliches Riff wäre ... , sie verbirgt alle Künstlichkeit und läßt, was immer auch gesagt und getan wird, mühelos und beinahe gedankenlos erscheinen. Viel Würde kommt daher, weil jeder die Schwierigkeit von Dingen kennt, die selten und gut sind« – wie mit Anstand zu sterben, vor allem, wenn man Angst und Schmerzen hat.

Und was ist mit dem Schmerz beim Sterben? Soweit ich beurteilen kann, verursacht das Sterben nur wenig oder gar keine konkreten Schmerzen. Zugegeben, man kann bei einer Krankheit sehr leiden, aber Sterben bedeutet das Ende der Krankheit und somit das Ende aller Qualen. (Natürlich gibt es auch den schmerzhaften Tod, wenn man zum Beispiel mißhandelt oder zu Tode geprügelt wird; aber das werden die meisten von uns wohl kaum erleben.) Was beim Sterben hauptsächlich Schmerz verursacht, ist die Angst vor der vermeintlichen Todesqual. Das ist deshalb so, weil man dem Tod fälschlicherweise ein »Eigenleben« zugeschrieben hat, als ob er eine Erfahrung wäre, ein Seinszustand oder eine Übergangsphase vom Leben zu einer bedrohlichen, mythologischen Unterwelt. Heute können wir das Sterben realistischer als einen relativ kurzen Zeitraum betrachten, in dem der einzelne Mensch in einen letztlich biologischen Organismus zurückkehrt, in dem er sich in den letzten Augenblicken seines Lebens (oftmals im Koma) in sich selbst zurückzieht. Diese letzten Momente sind frei von Schmerz; das Gehirn arbeitet noch und ist gegen nahezu alles gewappnet, außer gegen seine eigenen, letzten Gedankenbruchstücke, während es unbedingt versucht, sich so gut es geht vor dem Schmerz zu schützen, vor dem es früher vermutlich Angst hatte.

In die Pflicht des Todes einzuwilligen bedeutet, in Einklang zu stehen mit dem stetigen Kreislauf der Natur, vor allem der menschlichen Natur, und zu begreifen, daß niemand (ganz gleich ob sein Leben einen Sinn hatte oder nicht), absolut niemand dem Tod und dem Ende entfliehen kann. Aber auch: es zu wissen, dann es zu akzeptieren, schließlich es zu wollen, statt in nutzloser Angst, Auflehnung und Schrecken zu verharren.

Es gibt eine Verbindung zwischen dieser Idee einer Einwilligung in die Pflicht des Todes und Ernest Hemingways Definition des Mutes als »Anstand unter Belastung«. Die Einwilligung in die Pflicht ist nicht nur eine passive Kapitulation vor dem Unausweichlichen, sondern vielmehr ein kompliziertes Geflecht aus Wahrnehmung, Einbildungskraft, Willen und Verhalten. Und hier bietet sich jedem die Möglichkeit, von seinen erhabensten und reinsten Eigenschaften Gebrauch zu machen, um die schwierigste Aufgabe des Lebens so gut wie möglich zu meistern.

An dieser Stelle drängt sich ganz logisch die Frage nach der Bedeutung von Religion und Glauben auf. Im Kapitel über Hinrichtungen begegneten wir in den Briefen der Verurteilten oft dem Bild vom Baum als Symbol des Lebens. Hier nun ein weiteres Beispiel, diesmal in Beziehung zum Glauben. Den Brief schrieb ein deutscher Pfarrer aus einem Gefängnis der Nazis an seine Frau.

> Wieder predigt mir der Kastanienbaum und streckt mir nun von seinen kahlen schwarzen Zweigen so verheißungsvoll die braunen kleinen Knospen für nächstes Frühjahr entgegen. Man sieht sie nahe vor dem Fenster und sieht sie auch in den obersten Zweigen. Sie waren schon da, als das gelbe fallende Laub sie noch verhüllte. Sollten wir in Undank und Kleinglauben unter den fallenden welken Blättern der Kirche die auch hier vorhandenen fest an Stamm und Zweigen gewachsenen Knospen übersehen wollen?... Wir wollen es ferner nur immer mehr und immer eindeutiger halten mit diesem Glauben, aus ihm leben und aus ihm handeln als die reich »Getrösteten«, weil dieser Glaube allein der Sieg ist, der das Gefängnis und die Todesmacht dieser Welt überwunden hat.[8]

Diese großartige Passage könnte geradezu als ein spiritueller Rorschach-Test dienen. Jeder von uns kann in den Text den Grundstein seines ganz persönlichen Glaubens hineinprojizieren: Jesus, Jehova, Konfuzius, Mohammed, Buddha, Krishna, Zeus oder den Glauben an die eigene Integrität als sterblicher Mensch. Das heißt nicht, daß jeder, der sich nicht zu einer organisierten Religionsgemeinschaft bekennt, verloren sei. Der ist vielmehr verloren, dem es an einem festen Glauben fehlt – auch, oder sogar vor allem, dem Glauben an sich selbst.

Man muß die Hoffnungslosigkeit bekämpfen – selbst unter Qualen, trotz allen Elends und wie trostlos die Aussichten auch sein mögen. Hoffnung ist der Grundstein; Glaube und mit Stolz gepaarter Mut sind die beiden Stützen, auf denen sie ruht. Diese Worte – Glaube, Mut, Stolz und Hoffnung – können leicht falsch gedeutet werden. Jedes dieser Worte besitzt großes Gewicht.

Welche Bedeutung haben nun Philosophie und Weltanschauung? Betrachten wir dazu die Frage des Philosophen Stephen Pepper: »Kann eine Philosophie jemanden zum Philosophen machen?«[9] Das heißt: können Gedanken einen Menschen bewegen, sein Sterben gelassener hinzunehmen?

Pepper behauptet, daß es in der ganzen Menschheitsgeschichte nur wenige umfassende und zulängliche Philosophien gegeben habe, die er als »Welt-Hypothesen« bezeichnet. Dann fährt er fort:

> Eine ausgewiesene Philosophie ist ein weitaus besserer Leitfaden als eine lediglich institutionalisierte Ideologie oder ein Glaubensbekenntnis. Denn selbst wenn diese nicht unzulänglich sind, bleiben sie doch starr und dogmatisch, während eine Philosophie flexibel ist und offen für eine Revision.[10]

Als klinischer Thanatologe gehe ich sogar noch weiter und behaupte, daß in erster Linie nicht der Inhalt einer Lebensphilosophie, einer Religion oder Glaubensüberzeugung von Bedeutung ist, sondern die Frage, wie entschieden, mühelos und einfach diese Weltanschauung aufrechterhalten werden kann.

Wenn ein Mensch stirbt, ist der wichtigste Maßstab für die Nützlichkeit einer Überzeugung oder eines Glaubensbekenntnisses nicht der Wahrheitsgehalt, sondern der innere Trost, den diese Weltanschauung dem Sterbenden spenden kann. Das scheint der Fall zu sein, ob ein Mensch nun ein Glaubensfanatiker, ein ruhiger Agnostiker oder ein verdrossener Atheist ist – solange er nur (wie es in der Sicht eines Außenstehenden erscheinen mag) den Mut zur eigenen Verwirrung aufbringt. Das ist ganz ähnlich, wie wenn man verliebt ist. Die rationale Frage »Was findest du gerade an *diesem* Menschen?« ist nicht so wichtig wie die Fähigkeit, ruhig (aus welchen rationalen, emotionalen oder unbewußten Gründen auch immer) darauf zu antworten: »Ich bin gern mit diesem Menschen zusammen. Seine Gegenwart tut mir gut.« Wenn man mit Martin Luther sagen kann – und zwar in des Satzes unterschiedlichster Bedeutung: » *Ich kann nicht anders*«, dann ist man sich selber treu und wird sterben, so gut man kann.

Zum Abschluß noch einige persönliche Bemerkungen: Es war mir natürlich unmöglich, mich mit Selbstmördern und Sterbenden zu beschäftigen – oder dieses Buch zu schreiben –, ohne dabei immer wieder über meinen eigenen Tod nachzudenken. Ich sehe jetzt, daß dieses Buch mein persönliches Todesdokument ist. Es ist ein Tagebuch, das ich nicht schreiben, eine öffentliche Trauer, die ich nicht durchmachen, eine Mitteilung von

Gefühlen, die ich nicht verstecken muß; vor allem aber ist es für mich – wie jede längere Auseinandersetzung mit einem Sterbenden – eine schmerzliche, doch wie ich hoffe, heilsame Probe auf meinen eigenen Tod.

Aber was bedeutet dann sterben? Um das zu erklären, brauche ich ein neues Wort, das irgendwo zwischen den Worten »Angst« und »Grauen« angesiedelt ist. Vielleicht kommt das Wort »Qual« der Sache am nächsten. Was mich am meisten quält, ist die Vorstellung vom Nichts: meine Angehörigen zu verlassen, zu verschwinden, als hätte es mich nie gegeben, »der Vergessenheit anheimzufallen«. Ich weiß, daß es geschehen wird, und dennoch setze ich tiefes Vertrauen in mein »Post-Ego«, meinen Ruf und mein Andenken in der Erinnerung anderer, vor allem meiner Kinder und wiederum deren Kinder (die ich nie kennenlernen werde). Ich unterscheide also zwischen meinem Schlußakt – wenn ich das Bewußtsein verliere, das ich vollständig mit »meinem Leben« gleichsetze (»Kein Geist, kein Ich«) – und meiner Annullierung, meinem völligen Verschwinden als ein Objekt der Geschichte.

In einer seiner Kurzgeschichten schreibt Melville: »Denk daran, daß du eines Tages nur ein Haufen verkohlter Eingeweide bist, nicht mehr als ein Pferd, das angebunden in seinem Stall verbrennt; und alles geschieht im Nu!« Ich gerate ein wenig in Verzweiflung, wenn ich mir diese psychologische Einäscherung vorstelle, aber eine vernünftige Leitlinie fürs Leben bewahrt mich davor, völlig zu verzweifeln: daß ich mich so anständig wie möglich auf die großen Regeln und Grenzen der biologischen Grundbedingungen des Menschen einstellen kann (soll, muß, versuche, beschließe), in dem Bewußtsein meiner eigenen Endlichkeit; wohl wissend, daß meine Tage begrenzt sind (wenn auch nicht durch irgendeine Vorherbestimmung »gezählt«); mich weder der Erniedrigung noch dem Aberglauben beugen werde, sondern allein dem greifbar Unvermeidlichen, wobei ich mir stets – solange dieser faszinierende Drahtseilakt dauert, der das Leben ist – die Verantwortung vor Augen halte, die ich gegenüber bestimmten Menschen in meinem Leben empfinde, denen ich, soweit es *mir* menschenmöglich ist, unnötiges Leid ersparen will.

Das Drama meines eigenen Todes fasziniert mich, wenn ich daran denke. Es ist ein Drama in meiner Phantasie, das ich manchmal probe und einmal so, dann wieder anders durchspiele. Ich hoffe dabei inständig, daß ich keine allzu schlechte Figur abgebe, wenn es tatsächlich einmal zur Aufführung gelangt. Im großen und ganzen denke ich nicht allzuoft über meinen Tod nach – mich beschäftigen vielmehr lebendige Handlungen, lebendige Tatsachen. Aber wenn ich es tue, dann wünsche ich mir, daß die »Kritiken« meines Sterbens (die ich, wie auch meinen Totenschein, nie zu Gesicht bekommen werde) nicht zu hart über meinen Part urteilen werden. Das ist für mich eine Frage des Stolzes.

Wenn ich eine wiederkehrende Vorstellung vom Sterben habe, so ist sie recht kindlicher Natur: Ganz plötzlich und mit voller Absicht opfere ich mein Leben, um eine Vaterfigur zu retten. Doch mein eigenes Unterbewußtsein hintergeht mich dabei. Meine eigentlichen Todesphantasien sind dem völlig entgegengesetzt: Ich phantasiere, daß ich heldenhaft und vergeblich sterbe, drama-

268

tisch und sinnlos – ein Beinahe-Erfolg, wie vielleicht so manches in meinem Leben.

Ich habe jeden Grund zu der Annahme, daß ich dieses Buch gedruckt sehen werde. Dennoch, und dies ist kein Widerspruch, hege ich die Hoffnung, daß es eines Tages – in absehbarer Zukunft – nach meinem Tod gelesen wird. Und dann wird sich mein Lebenskreis schließen. Der Gedanke an diese Abrundung des Lebenslaufs erfüllt mich mit tiefer Befriedigung darüber, dieses Buch geschrieben zu haben. Diese Aspekte des Lebens – Frau und Kinder, zusammen mit lieben Lehrern, Freunden und Verwandten, meine Bemühungen um Patienten und Studenten: Liebe und Arbeit – machen zu einem Großteil mein Leben aus: das Leben eines glücklichen Sterblichen. Ich trauere um jeden Menschen auf Erden, der aus unerträglicher innerer Qual oder zugefügtem Kummer und Schmerz ein persönliches Todesdokument schreiben mußte. Doch versöhnt mich ein wenig der Gedanke, daß es Briefe, Aufzeichnungen, Tagebücher, Äußerungen und sogar Bücher gibt, die einem Menschen, der vom rechten Weg des Sterbens abgekommen ist und nach einer Richtung sucht, als Lotsenbücher dienen können.

Anhang

Anmerkungen

Lotsenbücher des Todes

1 *The First Voyage Round the World by Magellan, from the Accounts of Pigafetta, and other contemporary writers, Accompanied by Original Documents, with notes and an Introduction by Lord Stanley of Alderley*; London: Hakluyt Society, 1874.
2 Gordon Allport: *The Use of Personal Documents as Psychological Science;* New York: Social Science Research Council, 1942. Allport hat selbst auch ein Buch herausgegeben: *Letters from Jenny* (New York: Harcourt, Brace & World, 1965); es handelt sich dabei um eine besonders anschauliche und teilnahmsvolle Studie zu einer Reihe von persönlichen Dokumenten – Briefe einer Mutter an ihren Sohn.
3 In: *The New York Times Book Review*; 27. Juni 1976.
4 Dieses Buch enthält keine Dokumente, die sich auf einen *unterbeabsichtigten* Tod oder auf indirekte oder hineinspielende Sub-Suizide beziehen. Hier geht es um den »natürlichen«, den »zufälligen« oder den »mörderischen« Tod, bei dem der Verstorbene eine partielle, versteckte oder latente – *unbewußte* – Rolle bei der *Beschleunigung* seines eigenen Todes gespielt hat. Beispiele dafür sind der Mißbrauch oder die Vernachlässigung einer notwendigen medizinischen Behandlung (wie z. B. bei Diabetes, Nierenerkrankungen, Herzkrankheiten, Zirrhose, ja sogar bei Krebs), durch riskantes Verhalten, Mißbrauch von Drogen oder Alkohol, indem man einen Anfall nach dem anderen provoziert etc. In meinem Buch *Deaths of Man* (New York: Penguin Books, 1974) habe ich über den unterbeabsichtigten Tod geschrieben.

Selbstzerstörung

1 Paul Friedman, ed.: *On Suicide*; New York: International Universities Press, 1967.
2 Paul Friedman: »Suicide Among Police: A Study of 93 Suicides Among New York City Policemen, 1934-1940«; in: Edwin S. Shneidman, ed.: *Essays in Self-Destruction*; New York: Science House, 1967;

273

und Michael F. Heiman: »Police Suicides Revisited«, *Suicide*; Frühjahr 1975, Vol. 5, No. 1, pp. 5-20.

3 Yvonne Kapp: *Eleanor Marx*; New York: Pantheon, 1977.

4 Arthur Koestler: *Der Krötenküsser: der Fall des Biologen Paul Kammerer*; Verlag Fritz Molden, Wien-München-Zürich, 1972.

5 Quentin Bell: *Virginia Woolf – eine Biographie*; Suhrkamp TB 753, 1. Auflage, 1982.

6 Walter Edwin Peck: *Shelley: His Life and Work*; Vol. I, p. 493; Boston: Houghton, Mifflin Co., 1927; London: Chatto and Windus, Ltd.

7 Ein faszinierender Bericht vom Leben Elton Hammonds sowie eine Reihe von Briefen und sein Abschiedsbrief sind erschienen in: *The Diary, Reminiscences and Correspondence of Henry Crabb Robinson*; Vol. 3, Chap. 5; London: Macmillan and Co., 1869.

8 Edwin S. Shneidman: »Suicide Notes Reconsidered«, *Psychiatry*; November 1973, Vol. 36, No. 11, pp. 379-394.

9 Margarethe von Andics: *Suicide and the Meaning of Life*; London: William Hodge & Co., 1947.

10 Erwin Ringel: »Das Präsuicidale Syndrom«, in: *Der Selbstmord. Abschluß einer krankhaften psychischen Entwicklung;* Verlag für medizinische Wissenschaften Wilhelm Maudrich; Wien-Düsseldorf, 1953; S. 104-153.

11 A. Alvarez: *The Savage God: A Study of Suicide*; New York: Random House, 1972.

12 Boris Pasternak: *Über mich selbst. Versuch einer Autobiographie*; Frankfurt/Main: S. Fischer Verlag, 1959.

13 Auszüge aus *Der Zwerg*, von Pär Lagerkvist; aus dem Schwedischen übertragen von Verner Arpe; Stockholm: Bermann-Fischer, 1946.

Hinrichtungen

1 Norman Ault, ed.: *Elizabethan Lyrics*; New York: Capricorn Books, 1949; pp. 120-121.

2 Gil Elliot: *The Twentieth Century Book of the Dead*; New York: Charles Scribner's Sons, 1972.

3 Jadwiga Bezwinska: *Inmitten des grauenvollen Verbrechens*. Handschriften von Mitgliedern des Sonderkommandos; Verlag Staatliches Auschwitz-Museum, 1972.

4 Karl Brocher, ed.: *Last Letters from Stalingrad (Letzte Briefe aus Stalingrad)*; Copyright 1961 by The Hudson Review, Inc.

5 Helmut Gollwitzer, Käthe Kuhn, Reinhold Schneider, Hg.: *Du hast mich heimgesucht bei Nacht*. Abschiedsbriefe und Aufzeichnungen des Widerstandes 1933-1945; Chr. Kaiser Verlag, München; S. 271.

6 Ebd., S. 291-292.

7 Ebd., S. 218.

8 Ebd., S. 448ff.

9 Es gibt mehrere traurige Bücher, in denen sich die millionenfach begangenen Morde widerspiegeln und die Briefe von Opfern des Naziterrors enthalten. Neben den oben zitierten Titeln *Du hast mich heimgesucht bei Nacht* und *Inmitten des grauenvollen Verbrechens* sind noch folgende Bücher erschienen: *The Last Hours*, das unten zitiert wird; *I Never Saw Another Butterfly: Children's Drawings and Poems from Terezin Concentration Camp*; New York: McGrawhill, n. d.; und Terrence Des Pres: *The Survivor*; New York: Pocket Books, 1977. Des Pres' Buch enthält eine umfassende Bibliographie von Überlebenden der Konzentrationslager.

10 *The Last Hours: Farewell Letters of Danish Patriots (De Sidste Timer: Afskedsbreve fra danske Patrioter)*; Copenhagen: Berlingske Forlag, 1945.

11 Vibeke Malthe-Bruun: *Heroic Heart – The Diary of Kim Malthe-Bruun*; New York: Random House, 1955.

12 M. Lincoln Schuster, ed.: *A Treasury of the World's Great Letters*; New York: Simon and Schuster, 1960; pp. 334-338.

13 Noch im selben Monat, in dem John Brown hingerichtet wurde, schrieb kein Geringerer als Herman Melville ein eindringliches Gedicht – es ist eines der besten Gedichte, das je von einem Amerikaner geschrieben wurde – über dieses Ereignis und dessen versteckte Bedeutung für die ganze Nation. Melville beschwört in seinem Gedicht ein erschreckendes Bild von einem unheimlichen, gottähnlichen John Brown herauf, der am Galgen baumelt. Über sein gequältes Gesicht ist die schwarze Henkerskapuze gestülpt; nur der Bart ist noch zu sehen, der unter der Maske hervorzufließen scheint, ominös in seiner symbolischen Bedeutung. Prophetisch, als ob er in die Zukunft blicken könnte, nannte Melville sein Gedicht »Böses Omen«.

Am Galgen hängt er,
Schaukelt sacht (nach dem Naturgesetz);
Dürr liegt der Schatten auf dem Anger,
Shenandoah!
Die Narbe quer über den Schädel

(Weh, John Brown!)
Und die Wunden werden nie verheilen.

In der Mütze tief verborgen
Ist die Angst, die keiner ahnt;
So verhüllt sein Schicksalsantlitz
Shenandoah!
Nur der wehende Bart ist zu sehen
(Unheimlicher John Brown)
Als Meteor des Krieges.

Aus: Herman Melville: *Der Rosenzüchter* und andere Gedichte; Claassen Verlag Gmbh, Hamburg und Düsseldorf, 1969; S. 7.

14 *A Treasury of the World's Great Letters*; pp. 497-499.
15 Frederick F. Wagner: »Suicide Notes«, *Danish Medical Journal*; 1960, Vol. 7; pp. 62-64.
16 Eugen Loebl wurde 1907 in der Slowakei geboren und war bereits in den dreißiger Jahren einer der führenden marxistischen Wirtschaftswissenschaftler seines Landes. Als Außenhandelsminister geriet er in einen Konflikt mit der Sowjetunion und wurde 1952 im sogenannten Slansky-Prozeß zu lebenslangem Kerker verurteilt. 1963 wurde er nach elf Jahren Haft rehabilitiert und zum Direktor der Staatsbank in Bratislava ernannt. Als die Russen 1968 in die ČSSR einmarschierten, floh er in den Westen. Er lehrte als Professor für Wirtschaft und politische Wissenschaften am Vassar College, wo er bis zu seiner Emeritierung 1976 blieb. Von ihm sind folgende Bücher erschienen: *Geistige Arbeit – die wahre Quelle des Reichtums*; *Stalinismus in Prag*; *Die intellektuelle Revolution*; *Marxismus: Wegweiser und Irrweg*; *Wirtschaft am Wendepunkt*; *Humanomics*; *My Mind on Trial* (1977); *The Responsible Society* (1978, zusammen mit Stephen Roman). Loebl ist Mitglied des Aufsichtsrates des Slowakischen Weltkongresses. Er lebt heute in New York City.
17 *A Treasury of the World's Great Letters*; pp. 299-304.

Heimtücke

1 A. Draper, C. W. Dupertuis and J. L. Caughley: *Human Constitution in Clinical Medicine*; New York: Hoeber, 1944.
2 Elisabeth Kübler-Ross: Interviews mit Sterbenden; Kreuz-Verlag, Stuttgart-Berlin, 1971.

3 Loma Feigenberg: *Terminal Care: Terminal Friendship Contracts*; New York: Brunner and Mazel, 1977.

4 Henry A. Murray: *Explorations in Personality*; London and New York: Oxford University Press, 1938.

5 John Hinton: »The Influences of Previous Personality on Reactions to Having Cancer«, *Omega*, 1975; Vol. 6, No. 2; pp. 95-111.

6 Susan Sontag: *Krankheit als Metapher*; Carl Hanser Verlag, München-Wien, 1978.

7 Edwin S. Shneidman: »Some Aspects of Psychotherapy with Dying Persons«, in Charles A. Garfield, ed.: *Psychosocial Care of the Dying Patient*; New York: McGraw-Hill, 1978.

8 Cicely Saunders: »St. Christopher's Hospice«, in E. S. Shneidman, ed.: *Death: Current Perspectives*; Palo Alto, Cal.: Mayfield Publishing Co., 1976; pp. 516-522.

9 Archie Hanlan: »Notes of a Dying Professor« and »More Notes of a Dying Professor«, *Pennsylvania Gazette*; März 1972, Vol. 70, No. 3; pp. 18-24; und Februar 1973, Vol. 71, No. 4; pp. 29-32. Nachdruck mit Erlaubnis von Mrs. Mary S. Hanlan. Ebenfalls veröffentlicht als Teil von Archie J. Hanlan: *Autobiography of Dying*; New York: Doubleday & Co., 1978.

10 Vilhelm Moberg: *The Emigrants*; New York: Popular Library, 1978.

11 Hans Zinsser: *As I Remember Him*; Boston: Little, Brown, 1940; pp. 439-440.

12 Stewart Alsop: *Stay of Execution*; pp. 9-11. Copyright 1973 by J. B. Lippincott Co.

13 Eugene Trombley: »A Psychiatrist's Response to a Life-Threatening Illness«, *Life-Threatening Behavior*; 1972; Vol. 2, No. 1; pp. 26-34.

14 Hubert H. Humphrey: *The Education of a Public Man*; Garden City, New York: Doubleday and Co., 1976.

15 *Reader's Digest*; August 1977.

16 *The New York Times*; 26. Oktober 1977. Copyright by The New York Times Company.

17 *Minneapolis Tribune*; 23. Dezember 1977.

Trauer

1 Edwin S. Shneidman: *Deaths of Man*; New York: Penguin Books, 1974; pp. 33-42.

2 Erich Lindemann et al.: »Preventive Intervention in a Four-Year-Old Child Whose Father Committed Suicide«, in: Albert C. Cain, ed.: *Survivors of Suicide*; Springfield, Ill.: C. C. Thomas, 1972.

3 Colin Murray Parkes: *Vereinsamung*; Reinbek bei Hamburg: Ro-
wohlt, 1974.

4 Erich Lindemann: »Symptomatology and Management of Acute
Grief«, *American Journal of Psychiatry*; 1944; Vol. 101; pp. 141-148.

5 Chad Varah: *Samariter*; Stuttgart-Berlin: Kreuz-Verlag, 1966.

6 Martha Wolfenstein: *Disaster: A Psychological Essay*; New York:
Macmillan, 1957.

7 Paul Friedman and L. Lum: »Some Psychiatric Notes on the *Andrea
Doria* Disaster«, *American Journal of Psychiatry*; 1957; Vol. 114;
pp. 426-432.

8 A. Wallace: *Tornado in Worcester*; Washington, D. C.: National Research Council, 1956.

9 Robert Jay Lifton: *Death in Life: Survivors of Hiroshima*; New York:
Random House, 1967.

Für einen besseren Tod

1 Avery D. Weisman: *On Dying and Denying*; New York: Behavioral
Publications, 1972.

2 Lyn Helton: »Soon There Will Be No More Me«, *West*, Magazin
der *Los Angeles Times*; 16. Januar 1972; pp. 8-13. Copyright 1971.
Nachdruck mit Erlaubnis von Jennifer Elizabeth Helton Trust,
Denver, Colorado.

3 Victor Richards: *Cancer: The Wayward Cell*; Copyright 1972 by
University of California.

4 John Hinton: *Dying*; Baltimore: Penguin Books, 1967; mit freundli-
cher Genehmigung des Verlags.

5 Jory Graham: »A Time to Live . . . «, *Chicago Daily News*; 9. Juli 1977.

6 Henry A. Murray: »Dead to the World: The Passions of Herman
Melville«, in: E. S. Shneidman, ed.: *Essays in Self-Destruction*; New
York: Science House, 1967; pp. 7-29. Dr. Murray erinnerte mich
daran, daß Otto Rank als erstem Anerkennung für diesen Ausdruck
gebührt, der in seinem Buch *Art and the Artist*; New York: Alfred
A. Knopf, 1932; p. 64 – in dem die theoretischen Unterschiede
zwischen dem Künstler und dem Neurotiker erörtert werden – von
der »freimütigen Bereitschaft zur Pflicht« spricht, im Falle des
Künstlers sogar vom Ödipus-Komplex.

7 Baldassare Castiglione: *Der Hofmann*; 2 Bände; Verlag Georg Mül-
ler, München, 1907.

8 Brief von Pfarrer Paul Schneider an seine Frau, geschrieben am

7. November 1937. In: Helmut Gollwitzer, Käthe Kuhn, Reinhold Schneider: *Du hast mich heimgesucht bei Nacht*; Chr. Kaiser Verlag, München; S. 30-31.

9 Stephen C. Pepper: »Can a Philosophy Make One Philosophical?«, in: E. S. Shneidman, ed.: *Essays in Self-Destruction*; New York: Science House [jetzt Jason Aronson], 1967; pp. 114-128.

10 Stephen C. Pepper: *World Hypotheses*; Berkeley and Los Angeles: University of California Press, 1942.

Für folgende Titel erhielt ich die
Genehmigung zum Nachdruck:

Danksagungen

Im Verlauf der zwölf Monate, die ich gebraucht habe, um dieses Buch zu schreiben, haben folgende Personen durch ihre freundliche Unterstützung dazu beigetragen, daß ich erstens noch einiges an meiner Arbeit verbessern und zweitens sie überhaupt zu einem Abschluß bringen konnte: Regina Ryan, eine Herausgeberin mit einer glücklichen Kombination goldener Fähigkeiten; Corona Machemer von Harper & Row und Grace Bechtold von Bantam Books, zwei hilfreiche Lektoren; Melinda Bertolet, Jane Neff und Annelisa Frolov, die als Hilfs-Stenographinnen fungierten; Lois Janis, die mir einige scharfsinnige Vorschläge unterbreitete; Donna Stephen, Mary Carol Rudin, Judith Moreno, Deborah Boehm und Carol Heukrodt, die mir in vielerlei Hinsicht sehr geholfen haben; Lawrence Pitts, ein Student aus meiner Vorlesung über Tod und Selbstmord, der mir das Material über das Konzentrationslager Auschwitz beschaffte; Eugen Löbl, von dem ich die Briefe erhielt, die Wladimir Clementis in sowjetischer Gefangenschaft geschrieben hatte; Dr. Rollo May, der im Verlauf eines denkwürdigen Gesprächs den Charakter dieses Buches radikal veränderte; meine geschätzten Kollegen an der University of California (UCLA) Nancy Allen, Dr. Kenneth Colby, Dr. Robert Pasnau und Dr. Sidney Cohen, die mein Manuskript gelesen und Anmerkungen dazu gemacht haben; und schließlich Dr. Louis J. West, Leiter der psychiatrischen Abteilung der Universität, der mir 1978 einen Forschungsurlaub gewährte, in dem ich eine Zeitlang Gast von Dr. Loma Feigenberg am Karolinska-Krankenhaus in Stockholm war.

Im Verlauf der vergangenen dreißig Jahre, die ich mich mit diesem Buch beschäftigte, haben mir vor allem drei Leute immer wieder Mut gemacht und Anregungen gegeben, ohne die ich meine Ideen nie hätte verwirklichen können: mein Mentor Dr. Henry Murray, meine Freundin Dr. Evelyn Hooker und meine Frau Jeanne Shneidman. Und schließlich bin ich denjenigen zutiefst verbunden – die meisten von ihnen sind bereits verstorben –, die mir erlaubt haben, ihre persönlichen Dokumente zu benutzen, mehr noch, die mir das Privileg einräumten, an ihr Leben zu rühren.